La voyance,
ça s'attrape
comment ?

à grands coups
de pieds occultes !

COLETTE OLLIVIER-CHANTREL

La voyance, ça s'attrape comment ?

à grands coups de pieds occultes !

récit autobiographique

MARABOUT

« Nulle femme n'est plus secrète
que celle qui fait profession de se raconter. »
COLETTE (Pas moi, la Grande !)

« Il faut bien que le hasard soit autre chose
que le nom que nous donnons à notre ignorance. »
HENRI POINCARÉ

Les personnages récurrents

Colette : Auteure, et **Coco :** double de Colette.
Alida et **Jacques Chantrel** ***(Mémé et Pépé)*** **:**
parents de Lucette, Henri, Jacqueline, *petite* Colette ;
grands-parents de Alain, Yves/Toto et l'auteure.
Juliette et François Ollivier ***(Mamy et Papy)*** **:**
parents d'André ;
grands-parents de Alain, Yves et l'auteure.
Lucette Chantrel-Ollivier ***(Maman)*** **:**
fille d'Alida et Jacques Chantrel ;
maman de Alain, Yves/Toto et l'auteure.
André Ollivier ***(Papa)*** **:**
fils de Juliette et François Ollivier ;
papa de Alain, Yves/Toto et l'auteure.
Yolande et Henri Chantrel ***(Tata et Tonton)*** **:**
belle-fille et fils d'Alida et Jacques Chantrel ;
parents de Claude, Odile et Michèle ;
tante et oncle de Alain, Yves/Toto et l'auteure.
Claude, Odile et Michèle Chantrel :
cousin et cousines de l'auteure.

Avant-propos

Agacée de devoir sans cesse me justifier, répondre à des questions souvent déconcertantes, parfois inconvenantes, qu'on ne me poserait pas si j'étais charcutière, infirmière, fonctionnaire, je déplore quelquefois cette médiumnité qui me fut infligée, dont je me sens affligée. À demi-mots, à quart-grimaces, des tiers me signifient l'incongruité de mon état, l'impudence de ma clairvoyance, l'insolence de ma claire-audience. Haut levés, leurs sourcils se soucient de savoir ce qui a pu se passer ; raidis d'indignation, leurs index se tendent et me tancent : « Comment ça, pas fait exprès ? rien VU venir ? Elle est bien bonne, celle-là ! » Désappointée, vexée de n'y pouvoir répondre que très évasivement avec force mimiques et onomatopées, j'ai d'abord voulu fuir ces questions imposées et ces interjections insolemment giflées. Je les ai donc enfouies dans le tiroir profond des ennuis à classer avec, sur l'étiquette du dossier, les points de suspension qui promettent « à plus tard » et remettent « à jamais » dans le lexique de ma nonchalance, jusqu'à ce que les franges effilochées de ma chère bohème se soient entremêlées avec le fil du temps.

Par l'entrebâillement du tiroir négligé, une myriade d'arrogants points d'interrogation se sont bientôt lancés à l'assaut du présent, éraflant ma conscience et ravivant ma rage. Incapable d'affronter autrement cet essaim, et puisque à l'évidence, il ne suffisait pas de dire mon innocence pour lever les soupçons et asseoir ma défense, j'ai jugé préférable d'écrire la genèse de cette métamorphose, dans l'espoir de répondre une vraie fois pour toutes aux questions récurrentes, et de comprendre enfin les esquisses progressives du tableau baroque de ma vie.

Pour cet autoportrait, j'ai fouillé mes archives, exhumé mes brouillons, autopsié mes ratures jusqu'à trouver ma place le long de cette fresque décidément surréaliste dont je suis à la fois le modèle et le peintre. Pas certaine d'avoir su percer, dans ces dessins, le dessein du destin, en rebroussant ainsi mon petit bonhomme de chemin, j'ai pourtant découvert que mon intolérance au sentencieux, à la pédanterie et à l'outrecuidance ne datait ni d'hier ni de moi seule, et je souhaite que cet atavisme me protège encore longtemps contre toute velléité de déviance. Naturellement séduite par tout ce qui peu ou prou résiste à l'analyse, j'ai toutefois conscience du danger que les mystères recèlent lorsque d'obscurs vilains feignent d'en être les maîtres. Inquiète de l'étendue des pouvoirs que l'on prête aux praticiens des arts divinatoires, et de ce qu'ils altèrent gravement le libre arbitre des consultants, inquiète surtout à la perspective de m'y complaire un jour, je crois sage et utile de démystifier et démythifier ma fonction, de remettre, pour moi-même autant que pour les consommateurs trop confiants, quelques pendules à la bonne heure.

Par son premier ouvrage, *Pour en finir avec Mme Irma*[1], Maud Kristen a courageusement ouvert la voie de la démys-

1. *Pour en finir avec Mme Irma*, Maud Kristen, voyante et écrivaine française, Calmann-Lévy, 1990.

tification. Yaguel Didier, Georges de Bellerive et d'autres ont, eux aussi, contribué à débarrasser la divination de ses oripeaux sinistres, terrifiants, pire : inutiles. Ceux-là ont eu à cœur de rendre à la véritable « magie » – c'est-à-dire aux phénomènes naturels que certains apprennent à reconnaître, apprivoiser et optimiser en toute conscience et humilité mais que la science n'explique pas encore – ses lettres de noblesse, de prévenir le néophyte des mirages chatoyants des blasons de roture. Est-ce utile, en ce cas, d'écrire un énième livre ? Eh oui ! Justement parce que d'autres, moins scrupuleux mais plus nombreux, racontent leurs histoires en les édulcorant, et que ces dramaturges de basse extraction abusent éhontément de la langue d'Hermès à seule fin de décourager la concurrence et de maintenir leur clientèle en état de dépendance. Leurs récits interdisent à quiconque de s'y retrouver, de s'y identifier tant ces devins-là se représentent impalpables, éthérés, illuminés, inspirés par on ne sait quelle divine faveur. Ils prétendent avoir accès à toutes les grandes choses de ce monde – sauf peut-être à la simplicité et à la modestie – et n'avoir peur de personne ni de rien, ce que chacun peut confirmer après lecture de leurs ouvrages : ils n'ont effectivement pas peur de grand-chose, ni des poncifs ni du ridicule.

Des événements étranges ont jalonné ma route comme celle de centaines d'autres qui ont tenté avant moi de raconter la leur. Mue par de vieux réflexes d'étudiante dilettante, j'ai d'abord eu, je l'avoue, la tentation de tricher. À travers les autobiographies de collègues respectés et respectables, j'ai cherché un tracé où calquer mon récit. En vain. Chacun de nous a le sien. Habituellement pugnace, ma paresse a cédé devant cette évidence que la médiumnité ne se trouve pas en solde dans les rayons commodes du prêt-à-porter, mais au prix fort du sur-mesure proposé en kits modulables dont les éléments de base, communs aux clairvoyants et devins de tout poil, nous sont hélas livrés sans notice d'assemblage.

Si j'avais mes entrées dans les pages du *Who's Who*[1], peut-être un biographe conterait-il mon histoire, compterait mes avatars, en reconstituerait l'exacte chronologie, armé de documents que j'ai dû égarer, de renseignements glanés près d'anciennes relations que j'ai dû oublier. Fort de son exigeante logique éditoriale, il éviterait, lui, toutes les incohérences auxquelles moi, faible de ma bonne foi, je n'échapperai pas. Protégée par un confortable anonymat, je ne risque pas de voir cet hypothétique inquisiteur tourmenter ma mémoire, fomenter mes Mémoires et taillader ma vie à coups d'intercalaires. Me voici libre, donc, de témoigner ici de « ma voyance à moi », en toute subjectivité, et sans rien abîmer du fantastique désordre dont je suis issue et que je perpétue.

Assurée, rassurée aussi de ne pas détenir LA vérité, je peux en toute impunité faire part de la mienne, « *adæquatio rei et intellectus*[2] », empruntée aux Anciens, retouchée à mes mesures et à ma démesure, capable à tout moment d'intégrer MA réalité du monde. En l'état, celle-ci n'étant guère utilisable que par moi seule, j'userai, pour la transmettre, de quelques subterfuges qu'on nomme par indulgence des licences poétiques, petits mensonges involontaires générés

1. Ce célèbre ouvrage appelé « Bible rouge » recense chaque année les « personnalités agissantes », Éd. Lafitte-Hébrard.

2. Saint Thomas d'Aquin (1225-1274), religieux, théologien, philosophe, auteur entre autres de la maxime : *Veritas est adæquatio intellectus et rei* (la vérité est l'adéquation de la pensée et des choses).

par ma subjectivité. Le moyen, d'ailleurs, d'être objectif quand on n'est pas objet ?

J'userai aussi d'une sorte d'autodialogue, de double monologue, ce discours autarcique quasi permanent entre mon cerveau émotionnel et mon cerveau rationnel, entre mon pessimisme gai et mon optimisme triste. Beaucoup de femmes solitaires parvenues à ce que l'on nomme pudiquement « un certain âge » parlent seules, souvent et à voix haute. Pour moi, ce fut à l'âge certain de l'adolescence, période où tous, nous avons marmonné des horreurs pour nous donner l'illusion de détenir un pouvoir sur les autorités contraignantes (parents, enseignants et autres) – « J'm'en fous, je vais foutre le camp de cette maison / Plus tard, je les tuerai, après, ils me foutront la paix / Je vais me tuer, après, ils vont regretter de m'avoir brimée. » –, que je m'adonnai à ce qui devint rapidement un nécessaire dialogue entre l'une, prénommée Colette, et l'autre, qu'à la bonne franquette je surnommai Coco. Ce dédoublement me fit longtemps craindre une possible dérive schizophrénique avant de devenir une ludique soupape de sûreté antidéprime et une arme redoutable pour faire dire par l'autre ce que l'une ne peut dire.

Au quotidien, Coco est une autre-moi facétieuse, peu scrupuleuse, rustique, opportuniste, négligente, railleuse, râleuse, paresseuse, audacieuse, menteuse de haut vol puisque, sans jamais prononcer de mensonge, elle parle de façon que le cerveau d'en face interprète son discours comme elle l'a décidé.

Coco est toujours prompte à déjouer la vigilance de son double.

Colette est besogneuse, loyale, scrupuleuse, respectueuse, courtoise, candide, exaltée, pinailleuse, méticuleuse, traqueuse. Elle tente de raisonner Coco, d'apaiser ses violences, de châtier son langage, de l'empêcher de procrastiner, de calmer ses ardeurs destructrices, la verdeur de sa prose, son affligeante rusticité, sa bohème, son penchant pour le désordre. Le lecteur doit savoir que Je, Colette, suis à la fois l'auteure, la scénariste, la narratrice, la réalisatrice et l'actrice principale de cette étrange histoire.

« Et moi, je suis quoi ? L'arpette de Colette ? l'accessoiriste ? la videuse de corbeille ? la remplisseuse de cafetière ? un élément de décor ? Dis-moi si je dérange…

— Tu me déranges mais je m'en arrange, Coco. À toi seule, tu es le souffleur et le chœur, comme dans le théâtre antique. »

Je n'étais pas trop de deux pour accueillir, subir et résilier les coups de pied au cœur, les coups de pied occultes.

« Tu oublies ceux que notre père nous a distribués : ses coups de pied au cul, et ceux que, en retour, j'ai donnés pour nous venger : mes coups de pied aux cultes !

— Je ne les oublie pas, Coco, je les regrette. Maintenant, laisse-moi écrire. »

Où en étais-je ? Ah ! Ma vérité dans ce rocambolesque parcours sur les chemins de la divination… Le devin – comme l'enfant, l'amoureux, le poète, l'artiste –, par nature, est doté d'une empathie hypertrophiée, ce qui le rend perméable, poreux aux sensations ressenties et sentiments éprouvés par les êtres qui l'entourent physiquement, ainsi que ceux qui le concernent émotionnellement, même à grande distance. La joie, l'exaltation, la souffrance, la peur, l'anxiété et la colère sont ainsi simultanément émises et reçues sous forme d'ondes et de vibrations. Par cet échange – subi puis favorisé –, la consultation du devin consiste en une sorte de dialogue vibratoire le long d'ondes aussi puissantes, précises et invisibles que celles émises et reçues par nos téléphones et nos ordinateurs. Cela suppose que, comme deux candidats à la romance qui se rencontrent, le devin et le consultant parviennent, justement, à accorder leurs longueurs d'onde respectives sur la portée de la confiance. Or, en voyance comme en amour, s'il suffisait de mettre en scène les circonstances idéales et de vérifier les compatibilités point par point, ça se saurait. Pour que l'étincelle de l'adéquation jaillisse, il faut cette « autre chose » inexplicable, improbable et indicible que, faute d'en savoir plus, on nomme « magie ». La consultation peut donc être comparée à un moment d'amour parce que ces parenthèses de temps surviennent entre deux êtres étrangers l'un à l'autre, guidés l'un vers l'autre à un instant choisi par le hasard et la nécessité. L'un et l'autre échappent à l'analyse scientifique et à l'autopsie. L'acte d'amour et l'acte de voyance demeurent-ils longtemps cet arc-en-ciel magique, cette goutte d'éternité, ce pont de fulgurance et d'évidence jeté entre deux êtres dès lors qu'on en confie l'étude à un anatomiste, un cardiologue, un psychologue, un neurologue ? Non, ils se résument à des messages visuels et olfactifs émis de part et d'autre grâce à des neurotransmetteurs qui favorisent l'imprégnation hormonale de certaines zones du cerveau, entraînant des actes réflexes programmés génétiquement depuis la nuit des temps. Mon propos n'est pas de démonter les rouages de l'échange privilégié qui peut se produire entre deux êtres – j'en serais incapable –, mais de présenter cette surprenante faculté qu'ont des êtres humains de se rencontrer intimement en atteignant un haut niveau de compréhension mutuelle, en absolue sincérité et totale bientraitance, sous ses aspects les plus quotidiens et quelquefois les plus divertissants. On l'aura deviné, ce livre raconte une histoire d'amour et de voyance.

« Eh ben ! T'avais qu'à le dire tout de suite au lieu d'ajouter des mots aux phrases, des phrases aux lignes, des lignes aux pages, des…

— Que veux-tu dire ?

— *Que ce serait bien de commencer par le commencement, histoire de faire simple. »*

Coco a raison, au fond, mais il m'est difficile de dire quand tout a commencé puisque ce tout-là s'est constitué à partir de plein de petits riens et de quelques grandes choses. Tentée d'inaugurer ce récit par l'instant de ma naissance, aussitôt j'hésite : laquelle ? Et l'on verra plus loin qu'il est malaisé de trancher. Je fais donc l'impasse sur mes deux naissances en supposant, de façon plus globale, que la médiumnité a dû me frôler tôt et souvent avant de me tomber dessus sans me laisser le choix. Longtemps repoussée par de solides anticorps rompus aux exercices du bon sens et de la dérision, la sournoise profita d'un moment où j'étais affaiblie. D'ailleurs, en parcourant les biographies consacrées à d'éminents collègues, j'ai constaté que la graine de voyance germait de préférence en terre de douleur. Il serait dommage, voire dommageable, d'ériger en système la genèse inquiétante de ce phénomène – cela pourrait pousser des « non-médiums » à se blesser gravement ou à fuir les joies dans l'espoir imbécile et vain d'acquérir un quelconque pouvoir. Cependant, je dois reconnaître que ma graine a germé dans un terreau idoine. Après une période d'incubation d'une trentaine d'années ponctuées de symptômes apparemment bénins, la médiumnite aiguë s'est vraiment déclarée à la fin de l'été 1988. Dans l'espoir de garder une distance hypoesthésique avec les événements tour à tour tragiques, cocasses et terrifiants qui me submergeaient, je les ai notés au jour le jour, sans objectif précis. Pourquoi en avoir si longtemps différé le récit ? Pour que s'apaise en moi… *(« En moi aussi ! »)…* et en Coco l'envie de régler des comptes avec ce qui m'a choquée, entrechoquée et finalement un peu tuée cette année-là, et pour mûrir mon désir d'apporter ma pierre – tout au moins mon petit grain de sable – à l'édifice paranormal. Alors, sur les cendres enfin refroidies de la rancœur, a poussé l'impérieuse nécessité de témoigner en faveur de l'humour, d'assurer preuves en pages qu'on peut survivre à l'odieux et vouloir vivre encore. Autrement, voilà tout.

Quelques mois après ma première naissance – dûment enregistrée auprès de l'état civil –, semblables en cela à tous les parents du monde, Lucette et André, mes parents, espéraient obtenir mon tout premier mot en répétant devant moi « Dis Pa-pa » ou « Allez, dis Ma-man ». Au début, leurs grimaces articulantes durent m'amuser, ensuite m'intriguer, enfin m'inquiéter par l'incompréhension persistante dans laquelle ils me laissaient de ce qu'ils attendaient de moi. L'explication rationnelle de mon refus de prononcer les deux mots suggérés était simple : première-née de parents très jeunes, entourés d'amis très jeunes aussi et pas encore parents, qui évidemment s'adressaient à mes parents en les nommant André, Lucette, je n'entendais personne prononcer les mots Papa et Maman qui n'avaient aucun sens pour moi.

Un dimanche matin enfin, dans la salle à manger de mes grands-parents Chantrel, tandis que Pépé, Mémé, André et Lucette prenaient leur petit-déjeuner autour de la table que je surplombais, assise dans ma chaise haute, le curé de l'église de Saint-Samson[1], lui, procédait à l'appel de ses ouailles.

1. Commune du Morbihan.

Fut-ce un soudain élan mystique ? Une exaltation bucolique ? Nul ne sut ce qui, en cet instant, me fit regarder ma mère en prononçant à haute et claire voix : « Lucette, tu entends les cloches qui sonnent ? » Ma phrase complète en guise de premier mot laissa l'assemblée coite. Le premier à se ressaisir fut Pépé : « Je crois qu'on ne l'arrêtera plus », prédiction jamais démentie à ce jour. On s'accorda tout de suite à dire que j'étais précoce au niveau du langage. Et, peu de temps après s'en être félicité, on s'accorda de même à déplorer cette précocité fatigante pour l'entourage.

En 1955, le 1er novembre était un mardi. À cette époque, toutes les festivités, même funéraires, faisaient le bonheur des photographes de rue à l'affût de clichés à prendre puis à vendre. D'habitude agacées par ces voleurs d'instants privés, les grandes personnes de mon entourage répugnaient à acheter d'avance une photo possiblement ratée.

Pourquoi la photo prise en ce jour de Toussaint, à Rennes fut-elle bien accueillie ? Le thème en était banal : une dame et sa fille tenant chacune une main de l'enfant attentive à bien poser ses pieds l'un devant l'autre, toutes trois près de la poste, en partance pour le cimetière du Nord.

Trois personnages ordinaires que M. Hasard venait de placer devant la « Confiserie Angélus ». Or, si « confiserie » évoque le doux péché de gourmandise, « Angélus » évoque le récit évangélique de l'Annonciation, le mystère de l'Incarnation, ce qui prendrait un sens particulier moins d'une heure après le cliché. Pourquoi, sur cette image, Lucette souriait-elle au photographe au lieu de l'évincer comme à son habitude ? Pourquoi sa mère la couvait-elle du regard ? On s'en fera une idée d'après la suite de l'histoire…

Après cet arrêt sur image, nos trois générations firent le trajet entre la poste et le cimetière du Nord dans l'énorme Chenard et Walcker conduite par Pépé. Quand la voiture fut garée devant le cimetière, ma mère et ma grand-mère firent leur choix parmi les plantes présentées sur des tréteaux. Lucette ouvrit ensuite le coffre, passa le bras gauche dans l'anse de l'arrosoir, prit le pot de bruyère et, de l'autre main, le pot de cyclamens. Mémé passa un bras dans l'anse de son sac, puis retint contre elle le chrysanthème, et de l'autre main attrapa la mienne. Ensuite nos six chaussures firent crisser le gravier des allées jusqu'à la tombe des Chantrel, placée par M. Hasard ou Mme Coïncidence – mais était-ce bien l'un d'eux ? – auprès de celle des Léofanti[1], remarquable par la sublime statue posée dessus.

Après un moment passé assise sur le rebord de la tombe à regarder mes deux dames à genoux en train d'en nettoyer le marbre blanc, est-ce que je levai la tête vers la statue qui, pour moi, était immense ? Est-ce que je me remis debout pour la voir de plus près, oubliant de regarder où je posais les pieds ? Toujours est-il que je chutai brutalement, heurtant du front le bord tranchant de l'arrosoir en zinc. Hurlement, puis plus rien. Croyant à une simple syncope, Lucette me suspendit par les pieds et me frotta vigoureusement en tous sens pour me ranimer. En vain. Alertés par ses cris et les « Au secours ! » de ma grand-mère, des gens nous encer-

1. Certaines sources affirment que la tombe est celle de Mme Léofanti, d'autres qu'elle est celle de son fils, Adolphe. Peut-être y furent-ils inhumés l'un après l'autre ? Adolphe Léofanti (1838-1890), sculpteur et peintre français, ancien élève de Jean-Baptiste Barré (1804-1877), fut l'auteur de nombreuses œuvres conservées au musée des Beaux-Arts de Rennes.

clèrent, nombreux en ce jour de Toussaint. Après un long moment, Lucette et Alida entendirent des murmures apitoyés : « Pauvre femme, elle ne s'aperçoit pas que sa fille est déjà morte ! » Alors, réflexe de tout mammifère confronté à son petit devenu poupée de chiffon molle et glacée, Lucette me colla contre elle, referma sur moi son manteau de fourrure et suivit sa mère vers la sortie. Soudain, un cri rauque, « inhumain, presque bestial » jaillit du manteau. Je revins là de l'au-delà. Seconde naissance, non inscrite sur le livret de famille, celle-là. J'étais trop petite pour me souvenir ensuite de ce jour funeste dont ni Pépé ni Mémé ne me parlèrent mais que Lucette évoquerait un demi-siècle après.

Indifférente à mon retour à la vie, j'étais avant tout une môme appliquée à maîtriser ses gestes. La seule conséquence tangible de cette chute douloureuse fut de m'enseigner que marcher s'avérant un exercice périlleux, potentiellement douloureux, mieux valait rester assise et contempler ce qui bougeait autour de moi. D'après les membres de ma famille encore de ce monde, je fus très tôt attirée par l'esthétique des choses, de toutes les choses, depuis les sillons laissés par la fourchette à la surface de la purée jusqu'à l'accord parfait dans le kiosque à musique du Thabor, en passant par la dentelle qui bruissait dans la fente arrière des jupes droites. Très tôt aussi révulsée par la laideur des autres choses. Avant de maîtriser l'art de se bien conduire en société, ce sens du beau et du laid suscita, on s'en doute, quelques gros embarras.

Lorsque j'étais assise dans la poussette conduite par Lucette, donc les yeux au niveau des genoux des adultes que nous croisions ou suivions, j'observais, enchantée, les orteils joyeux et laqués de frais, les genoux élégants, les mollets longs, nerveux et hâlés ; je humais, enivrée, les sillages vanillés, sucrés, poivrés, poudrés, ambrés, fleuris, fruités des parfums raffinés. Avec la même acuité, je regardais, choquée, les gros genoux marbrés, les pastilles de vernis à ongles rose nacré censées empêcher les échelles de grimper le long des bas, les souliers déformés de mauvaise qualité dont les semelles cliquetaient sur les trottoirs, les pieds vilains ou négligés, et me détournais, écœurée, des odeurs verdâtres qui les précédaient avant de les suivre, m'en indignant parfois à voix haute et aiguë : « Maman, regarde ! La dame qui pue, elle a des poils sur les pieds et son vernis est tout cassé ! » Cette faculté d'observation, de perceptions et d'expression simultanées fit souvent manquer d'air à mes infortunés parents.

Deux ans et demi après, de plus en plus intriguée par les cris et les rires qui explosaient derrière les grilles de l'école que Lucette et moi longions pour atteindre le marché de Rocabey[1] chaque semaine, je demandai à ma mère si je pouvais aller rire, moi aussi, avec les autres enfants. Elle éclata… de rire et m'expliqua ce qu'était l'école maternelle, entre autres que ce n'était pas une récréation permanente. Son discours m'enchanta pourtant, au point que je demandai à y entrer, et ma détermination l'intrigua au point qu'elle accepta de m'y inscrire. Mme Bossard, l'institutrice pour la première année, s'en réjouit et allait rapidement rire, elle aussi, de mes questions insolites et de mes distractions. Une terrible épreuve nous était réservée après Noël : la photo de classe ! Le vendredi 10 janvier 1958, pourtant pas timide, je fus impressionnée, comme mes camarades de cette classe, par le photographe qui, après nous avoir alignés dans la cour, disparut sous un grand drap noir en nous avertissant qu'un petit oiseau allait sortir de l'appareil. Cette photo témoigne de ma peur autant que de l'impatience d'apercevoir l'oiseau.

1. Quartier de Saint-Malo où se trouve la maison de mes parents.

Dix-sept années après, le jour de mes vingt ans, je parcourus d'une même candeur les allées de la cité d'Aleth à la recherche du Dahu… Pas plus timide, pas moins naïve. Cette capacité déconcertante à croire d'emblée tout ce qui m'est conté justifiera longtemps la défiance de mon entourage à l'écoute et à la lecture de mes récits…

Deux mois après mon quatrième anniversaire, je fis ma seconde rentrée à la maternelle, dans la classe de Mme Hervé dont la mission consistait à nous inculquer les rudiments du calcul, de la lecture et de l'écriture. J'étais aux anges de voir que des paroles pouvaient prendre forme, devenir dessins. Seule me gênait l'absence de couleur. Comment pouvait-on prononcer un **A** tracé à la craie blanche sur un tableau noir ? Encore, le tableau aurait été vert, mais non. J'avais beau imiter la voix de Mme Hervé en prononçant cette lettre, je n'en démordais pas, la première voyelle ne pouvait qu'être verte. Le lendemain, ce fut le tour du **E** qui, lui, me séduisit tout de suite puisque le blanc de la craie s'accordait parfaitement avec le son de la deuxième voyelle. Pour les autres voyelles, nous dûmes attendre le lundi suivant. Entre-temps, sur du papier kraft[1], je me régalai à dessiner des **A** verts et des **E** blancs, minuscules, majuscules, l'un après l'autre, l'un au-dessus de l'autre, etc.

— Pourquoi n'essaierais-tu pas d'en faire d'autres en rouge, en bleu ou en jaune ?

— Parce que ça ne leur va pas.

1. Pourquoi du papier kraft ? Essayez donc de colorer en blanc des E, ou toute autre figure, sur du papier blanc… Plus tard, je découvrirais qu'en 1918, un certain Kazimir Malevitch en avait fait un chef-d'œuvre bien avant que j'aie réglé ce problème à ma façon…

Pourtant dotée d'un sens affûté de la repartie, Lucette ne trouva rien à dire et me laissa à mes dessins, amusée et songeuse.

Le **I** du lundi m'enchanta comme une bougie allumée ; je sus qu'il serait jaune pour toujours. Le mardi, l'**O** me réjouit comme une balle de Jokari prête à rebondir, rouge évidemment. Il était temps qu'arrive le mercredi parce que, sans le **U**, j'aurais dû passer le jeudi à dessiner des mots sans **U**, donc sans bleu car, d'aussi loin que je m'en souvienne, le **U**, dans ma tête, ne pouvait qu'être bleu ou, à la rigueur, violet. Quant à l'**Y** dont le graphisme me ravissait, je n'avais aucune couleur à lui consacrer. L'**Y** serait la voyelle neutre. Qui, de Lucette ou de l'institutrice, en parla la première à l'autre ? Qui sait si elles se parlèrent ? Après tout, je n'en sais rien. Je me rappelle que, sur mon cahier de classe – celui que nous déposions au bord de notre pupitre avant de rentrer chez nous et que nos parents devaient lire et signer chaque mois –, il y avait eu un petit mot destiné à mes parents, que je ne sus lire qu'après plusieurs semaines : « Colette écrit bien mais elle passe trop de temps à colorier les voyelles. » Mme Hervé est morte sans jamais savoir que son appréciation s'avérerait une prédiction. Toujours prompte à nous instruire en toute occasion, Lucette pensa encourager mon intérêt pour la lecture en évoquant le « célèbre poète » Arthur Rimbaud qui, comme moi, avait coloré les voyelles. Sans rien savoir encore de la loi de transitivité dont j'userais et abuserais plus tard, je songeai à cet instant que, si j'avais la même manie qu'un poète célèbre, je serais moi aussi poète et célèbre. Lucette ouvrit pour moi le recueil à la page de « Voyelles » et le lut devant moi en suivant les mots avec son doigt (pour elle, nous élever signifiait déjà nous élever jusqu'au plus haut de nos capacités) :

A noir, E blanc, I rouge, U vert, O bleu : voyelles,
Je dirai quelque jour vos naissances latentes :
A, noir corset velu des mouches éclatantes
Qui bombinent autour des puanteurs cruelles

Golfes d'ombre ; E, candeurs des vapeurs et des tentes,
Lances des glaciers fiers, rois blancs, frissons d'ombelles ;
I, pourpres, sang craché, rire des lèvres belles
Dans la colère ou les ivresses pénitentes ;

U, cycles, vibrements divins des mers virides,
Paix des pâtis semés d'animaux, paix des rides
Que l'alchimie imprime aux grands fronts studieux ;

O, suprême Clairon plein des strideurs étranges,
Silences traversés des Mondes et des Anges ;
— O l'Oméga, rayon violet de Ses Yeux !

Trop jeune pour comprendre la grandeur du poème, je retins uniquement que ce poète et moi n'étions d'accord que sur la blancheur du E. Comme je m'en plaignais, Lucette – que Rimbaud avait enchantée autant que désorientée autrefois – m'assura que c'était déjà bien. En vain. Déçue, je comprenais que je ne serais jamais poète, pire : jamais célèbre. Prévoyante et intuitive, elle rangea le livre dans une niche aménagée sur le manteau de la cheminée :

— Tu sauras où le trouver si tu as du chagrin.

Ce n'était pas du chagrin que je ressentais ce jour-là, mais elle n'avait pas de livre contre la déception. Les chagrins que j'eus ensuite, je les soignerais plus volontiers dans les pages de la Bibliothèque rose, puis verte, puis rouge et or.

L'année suivante, à cinq ans, je fus autorisée à passer en troisième année de maternelle et en première année de solfège à l'école de musique, ce qui donnerait à mes parents une nouvelle occasion de s'interroger plus encore sur mon fonctionnement cérébral. En effet, les notes de musique et les clés musicales furent une illumination : cette écriture-là permettait de chanter, de jouer des sons et même de se taire, de faire du silence ! Mon cerveau affamé s'empressa de colorer également les mélodies, en toute impunité cette fois, puisque, de l'inaudible à l'ultra-audible, comme de l'ultraviolet à l'infrarouge, il n'y aurait de limites qu'à mes propres perceptions.

Dès l'entrée à l'école primaire, nous cessâmes d'articuler à l'unisson : « P, A, PA, Pas à Pas, faire la liaison : pazapa », etc., pour aborder enfin de vraies histoires à réciter. La merveilleuse Mme Le Guennec nous initia à l'art de lire à haute voix autrement qu'en suivant l'éternel balancement d'un pied sur l'autre. Maintenant, nous pouvions et devions « y mettre le ton », enrichir le texte des couleurs de la voix, enrichir cette voix d'une sorte de mélodie, entraînante ou traînante selon que l'histoire était gaie ou triste. Je me rappelle avoir été heureuse et soulagée en découvrant qu'apprendre me permettait de comprendre, petit à petit, ce qui m'arrivait quotidiennement, et que mes pauvres parents avaient, eux, du mal à suivre. Après une matinée consacrée à la composition mensuelle de calcul, l'institutrice franchit la grille de l'école en même temps que moi pour parler à Lucette :

— Bonjour madame Ollivier, je suis tellement désolée… il faut que je vous dise…

— Me dire quoi, madame Le Guennec ? Colette se seraitelle mal conduite ?

— Oh ! Non, ce n'est pas ça du tout... Ce matin, c'était jour de composition. J'avais écrit au tableau les additions, soustractions et multiplications afin que les élèves les recopient et trouvent les résultats...

— Elle s'est beaucoup trompée dans les calculs ?

— Non ! Elle ne risquait pas de se tromper... Elle a déposé, sur mon bureau, son cahier ouvert à la bonne page, comme ses camarades, mieux que beaucoup puisqu'elle a recopié mes opérations de façon symétrique avec de belles couleurs et des traits parfaitement droits. Elle est très artiste, votre fille !

Fière que l'institutrice ait apprécié la présentation sur mon cahier, j'écoutais plus encore, espérant d'autres compliments.

— Madame Le Guennec, vous m'inquiétez... Colette peut se tromper comme les autres, surtout avec les chiffres.

— Jamais. Et surtout pas ce matin parce que son problème, c'est qu'elle n'a pas donné de solution !

Lucette se pencha vers moi comme si je devais me justifier, mais je ne voyais pas de quoi.

— Elle a passé tout le temps de cette composition à faire une mise en page du problème. Quand je pense qu'elle aurait eu dix sur dix, ça me navre. Toujours dans la lune !

En entendant Lucette éclater de rire devant l'institutrice consternée, je compris mon étourderie. Aux deux femmes qui me demandèrent ce qui m'était passé par la tête, que pouvais-je répondre ?

La vérité était simple et inavouable : comme chaque matin, j'avais profité des minutes où l'institutrice nous tournait le dos, le temps d'écrire au tableau la date du jour suivie de la leçon de morale, pour prier Jocelyne, ma voisine de classe, de me raconter la suite des aventures de sa petite poupée.

Pas plus grande que la main de Jocelyne, cette poupée[1] vivait « pour de vrai » dans une petite maison installée dans la chambre de ma camarade ; elle parlait, pleurait, riait, mangeait, dormait, faisait sa toilette… exactement comme nous, mais elle n'était pas obligée, elle, d'aller à l'école. Sauf les fois où Jocelyne disait l'avoir emmenée dans son cartable.

Fascinée par ma voisine, je n'avais pas entendu les paroles de l'institutrice. Seul le silence dans la classe m'avait fait lever la tête. Constatant, par les mouvements de leurs yeux et de leurs mains – yeux-tableau, yeux-crayon-cahier, yeux-tableau, yeux-crayon-cahier, etc. – que nos camarades copiaient ce qui était inscrit au tableau, j'en avais fait autant. Rien de plus. Ma voisine, d'autant moins distraite qu'elle pouvait se régaler de ma crédulité tout en suivant ce qui se passait alentour, avait, elle, calculé et écrit correctement les solutions sous les opérations.

— Zéro solution, zéro pour la note, madame Le Guennec ! Ça lui passera peut-être l'envie de rêvasser au lieu de vous écouter.

Hormis mes fantaisies et mes étourderies, mes résultats restaient satisfaisants d'après les appréciations plutôt élogieuses de l'institutrice sur le livret scolaire, dûment ratifiées, commentées et signées par Mme Dy, la directrice. J'étais bonne élève, obéissante, pas exigeante. Sauf une fois, une seule.

1. Si j'avouais le nombre d'années pendant lesquelles j'ai rêvé d'avoir la même poupée, sans douter de son existence, vous ne me croiriez pas ou vous refermeriez tout de suite ce livre.

Le jour de la rentrée en classe de dixième, il y avait quelques « nouvelles » parmi lesquelles une dénommée Fanchon que je trouvais magnifique : cheveux foncés bouclés, yeux noirs, silencieuse, forte en gymnastique, bref, le contraire de moi. Un mercredi[1] après-midi, Fanchon arriva à l'école avec un pull-over bleu indigo, tout neuf, qui la rendait encore plus belle. Loi de transitivité aidant, je songeai que, avec un pull du même bleu, je serais forcément aussi belle que Fanchon. Cette évidence tourna et demi-tourna dans ma tête jusqu'au lendemain matin. Jeudi étant alors jour de repos des écoliers, j'en profitai pour tenter de convaincre Maman de la nécessité d'acheter un pull bleu pour moi.

Elle venait d'installer, sur la table de cuisine, le molleton en double épaisseur, puis la vieille couverture de l'armée, le tout recouvert par le drap plié et replié aux dimensions de la table, sauf un coin relevé pour laisser place à mon bol de petit-déjeuner. Tandis que je lui racontais comment Fanchon était belle avec son pull bleu, Maman attendait que le

---

1. Oui, il y avait « école » le mercredi à cette époque. On se « reposait » le jeudi.

fer à repasser soit chaud en projetant des gouttes d'eau sur la semelle. Commença alors l'opération de repassage. La pile de linge posée sur la chaise auprès d'elle était suffisamment haute pour que j'aie le temps d'argumenter. J'argumentai donc longuement, une fois interrompue par :

— Je t'ai tricoté un pull rouge qui te va très bien ; il est presque neuf.

Une fillette de sept ans ne s'en laissant pas conter si facilement, je repris ma plaidoirie :

— Mais pourquoi je n'en ai pas un bleu, moi ? Tu t'en fiches que je sois moche et malheureuse, hein ? C'est injuste !

Hélas, la pile de linge diminuait plus vite que la silencieuse résistance maternelle. Alors que j'allais m'avouer vaincue avant les deux dernières chemises de mon père, Maman débrancha la prise du fer qu'elle posa verticalement sur l'évier, écrivit un mot sans doute destiné à Papa, emmena mon frère Alain chez la voisine, puis revint sans expression particulière pour me dire :

— Lave ton bol et prends ton manteau, on s'en va.

Fut-ce prudence ou intuition ? C'est en mon for intérieur seulement que je m'écriai : « Chic ! Je vais avoir un pull bleu comme Fanchon ! »

Manteau boutonné, j'attendais que Maman ait enfilé le sien et pris son sac à main. Elle sortit de la maison, je la suivis. Elle referma la porte et me fit signe de monter dans la voiture. J'obtempérai, toujours ravie, mais quelque chose m'intimait le silence. Le sien, certainement. Et nous voilà parties mais pas en direction de la vieille ville où étaient les magasins. Pour l'avoir souvent empruntée lors de nos visites chez les grands-parents, tous rennais, je reconnus rapidement la route qui conduisait à Rennes. C'était alors une simple départementale à nids-de-poule et faux plats dangereux où Maman conduisait prudemment, donc lentement. Enfin, nous arrivâmes sur un grand parking devant un bâtiment austère que je n'avais jamais vu mais le mot « Pontchaillou[1] » m'évoquait plus du drame que du prêt-à-porter pour fillette. Le quelque chose mystérieux qui m'intimait silence et distance devenait plus lourd. Nous sortîmes de la voiture et, au lieu de marcher près de ma mère comme j'en avais l'habitude, je crus bon de rester en arrière, allongeant mes pas sur les siens.

Nous pénétrâmes dans un long couloir dont toutes les portes étaient ouvertes sur des chambres moches et tristes. Je vis, dans la première, un garçon très maigre allongé à plat ventre sur un brancard, avec un miroir incliné sous son visage pour qu'il puisse voir ce qui se passait sans bouger la tête. Plus loin, une petite fille au visage si étrange qu'il me fallut plusieurs secondes pour réaliser qu'elle n'avait plus de nez. Ailleurs, une fille de ma taille nous croisa, marchant avec deux cannes et une jambe, une seule. À mesure que nous avancions, je découvrais presque à chaque pas une tragédie, de l'irréparable, de l'immérité. Demeurée muette par instinct pendant le trajet, j'étais dans ce couloir muette d'émotion, de compassion, de honte surtout. Maman et moi marchâmes ainsi très lentement jusqu'au bout du pavillon des enfants malades et, au lieu d'ouvrir la porte de sortie, Maman fit demi-tour, déterminée à m'inculquer une fois pour toutes le moyen de relativiser les notions de malheur et d'injustice. Nous revînmes sur nos pas, toujours très lentement.

En refermant sur moi la portière de la 203, je pris conscience des bruits que je n'entendais plus : des rires, des

---

1. Le centre hospitalier universitaire de Rennes.

cascades de rires avaient résonné d'une chambre à l'autre sans interruption et continuaient après notre départ. Ils étaient heureux quand même ! Toujours sans un mot, nous reprîmes la route de Saint-Malo. Maman arrêta la voiture devant la maison, ouvrit la porte d'entrée, ôta son manteau pendant que je retirais le mien, retourna dans la cuisine pour rebrancher la prise du fer à repasser – il restait les deux chemises – pendant que je sautais pour accrocher mon manteau à la patère.

Quand j'aurais acquis la vraie notion du temps accordé aux mères pour s'occuper de nous, dessiner sur nos têtes la raie rectiligne, repasser et déposer une goutte d'eau de Cologne sur le mouchoir propre à glisser dans notre poche, nous emmener à l'école, préparer nos repas, laver, repasser et ranger nos vêtements, nous inculquer les règles du savoir-vivre en société, attendre, glacées, la fin de nos tours de manège, etc., je réaliserais qu'elle avait, ce jour-là, sacrifié plus de quatre heures sur l'autel de l'élévation morale d'une gamine encline à devenir capricieuse. Rien ne fut dit, ni ce jour-là ni après. Je ne lui en donnai plus jamais l'occasion.

« *Moi non plus, Colette. De toute façon, moi, le pull de Fanchon, j'en avais rien à f...*

— Rien à faire, Coco, je sais. Tu n'y étais pour rien ; d'ailleurs, je t'en avais demandé pardon à l'époque mais tu ne t'en souviens plus.

— *Oh ! Que si, je m'en souviens ! Et je me souviens aussi ne pas t'avoir accordé mon pardon, Colette. Alors viens pas te plaindre de...*

— ... »

Déjà excessive en tout, vaccinée contre le caprice, la névrose de persécution, l'égoïsme, et déterminée à ne jamais redevenir cette mauvaise fille, j'adoptai l'attitude inverse en ne demandant plus rien, ne me plaignant plus de rien et offrant alentour ce dont j'étais pourvue. Impatiente d'expier, je gardais ma tartine de petit-déjeuner pour l'offrir à celles et ceux dont la minceur m'évoquait l'indigence et qui, je l'apprendrais plus tard, avaient droit aux brioches tous les jours. De plus, ayant un jour surpris mes parents discutant de la pertinence d'un achat domestique ordinaire, donc comprenant que l'argent pouvait manquer chez nous, j'entrepris de leur faire faire des économies en gommant tout mon cahier de brouillon dès qu'il était rempli. À l'institutrice qui s'en inquiétait, j'en expliquai la raison à voix basse. Elle fit part à Maman – à voix basse aussi – de ma gêne à « coûter » puisque, sur le chemin du retour à la maison, Maman me remercia pour cette aide inattendue, tout en m'expliquant que la gomme, qui raccourcissait à chaque page, coûtait plus cher que le cahier de brouillon.

La conscience apaisée par ce que je pensais être mes bonnes actions, je me demandais naïvement pourquoi, au lieu de s'en réjouir, ma famille s'inquiétait plus encore de mes actions et réactions quotidiennes. À l'unanimité jugée trop grave, trop sensible et affublée d'un imaginaire hypertrophié, je devenais incapable de gérer la réalité, donc inapte à en digérer les cruautés. Le cercle de famille décida carrément de me les épargner en ne racontant plus rien devant moi.

« *Pourquoi tu parles de tout ça, Colette ? Nos trucs d'enfance n'ont aucun rapport avec la médiumnité !*

— Si, Coco, justement il existe le rapport. Cette hyperémotivité annonçait l'empathie qui, elle-même, préfigurait la faculté de se mettre non seulement à la place de l'autre, mais aussi à l'intérieur de l'autre.

— *Tu causes trop riche, je n'y comprends rien.*

— Je m'en réjouis, Coco, parce que si tu étais comme moi, nous serions restées une Je unique, asociale et délirante ou primaire et obtuse.

— *Ouf ! Donc, tu me dois beaucoup ?*

— Plus que tu ne le penses ! »

Peut-être en effet l'hyperémotivité entraînait-elle, au fil des turbulences alentour, des réponses excessives de mon jeune cerveau émotionnel. Comme mes proches ignoraient alors l'incidence salvatrice de cette Coco encore enfouie en moi – d'autant que je l'ignorai moi-même –, je peux rétrospectivement comprendre leur inquiétude. Cependant, même les enfants moins sensibles, moins curieux, dépourvus de « double », sentent quand des adultes leur dissimulent quelque chose et s'efforcent de découvrir en quoi consiste ce quelque chose. N'échappant pas à cette règle, je me focalisais sur tout ce qu'on tentait de me cacher. Animée du désir de leur mettre à tous « le nez dedans », je fis de la découverte de leurs secrets une quête obsessionnelle, une fouille minutieuse dont je sortais souvent victorieuse. Victoire décevante quand je ne mesurais pas l'importance de ce que je découvrais, victoire éclatante quand, devant ma trouvaille fièrement désignée ou brandie, les adultes pris en faute faisaient morne mine. Il arrivait aussi que, me voyant pointer l'index inquisiteur sur LA chose cachée ou ses effets secondaires, les grands continuassent à nier l'évidence, niant en même temps mon intelligence, notamment au rayon « histoire familiale, psycho-généalogie » où je reniflais des mystères dans deux cadres suspendus chez mes grands-parents Chantrel.

L'un d'eux recelait, sous une vitre, une photographie sépia présentant trois visages d'enfants. J'y avais reconnu mon oncle, Henri Chantrel, pour l'avoir déjà vu sur d'autres photos d'enfance. J'y voyais aussi deux intrus, et mon sens esthétique butait sur celui, un peu flouté, qui portait des cheveux trop bruns et trop courts. N'ayant pu obtenir de réponse cohérente concernant les deux autres enfants, notamment celui à cheveux courts dont j'ignorais s'il s'agissait d'une fille ou d'un garçon, je tentai un jour de ruser, histoire de vérifier la sincérité des adultes, en inaugurant sans m'en douter la technique dite « du pied dans la porte ».

De façon maligne, je désignai celui pour lequel j'étais sûre d'obtenir une réponse claire :

— Lui, là, c'est bien Tonton Henri, hein ?

À quoi deux des adultes présents dans le séjour répondirent tranquillement :

— Oui, c'est lui.

Encouragée par cette affirmation et ne reconnaissant pas, dans les deux autres visages, celui de ma mère dont j'avais également déjà pu voir des photos d'enfance, je m'enhardis :

— Pourquoi elle est pas sur la photo, Lucette ? Pourquoi Tonton et pas elle ? Et qui c'est les deux autres sur la photo ? C'est un garçon ou une fille qui a les cheveux courts ?

En guise de réponses, Pépé se vissa les yeux et les lunettes sur un émerillon et une mouche à fixer au-dessus d'un hameçon, Mémé quitta la pièce, et Lucette feignit de s'être endormie sur le petit carré d'un jeu de mots croisés. Puisque, à l'évidence, on ne voulait pas me répondre, j'y reniflai du grave, du drame. Entendant le pas de mon père sur le seuil, j'y reniflai aussi la probabilité de recevoir une pédagogique raclée si j'insistais.

L'autre cadre, tout en couleurs, représentait une jeune fille très belle dont le visage reflétait une douceur angélique[1]. Ce portrait me fascinait comme un miroir, alors que ma bouille ronde n'avait rien de commun avec l'ovale du visage représenté, que mes yeux pâles gris-jaune ne pouvaient rivaliser avec le grand regard brun, doux et profond de la jeune fille, et que mes cheveux châtains en queues-de-rat faisaient offense aux longs cheveux blonds ondulés sur la robe rouge du tableau. Pourtant, je sentais que quelque chose me reliait à elle, bien qu'elle m'intimidât jusqu'à inhiber mon envie d'interroger mon entourage, ce qui continue à m'étonner, n'ayant jamais souffert de cette infirmité qu'est la timidité. Le fait que ce tableau fût situé beaucoup plus haut que moi participait sans doute au respect qu'il m'inspirait.

À l'évidence plus réceptive, sensible et curieuse que d'autres dès ma petite enfance, je me dis aujourd'hui que cela annonçait la réelle clairvoyance et l'empathie hors normes que l'on

1. Malgré l'absence de croyance religieuse dans mon entourage, j'avais déjà vu des images pieuses dans le missel d'Aldina, la jeune employée de mes grands-parents à cette époque.

me reconnaîtrait plus tard. Ou le contraire. Après tout, peut-être étaient-ce mes facultés particulières qui me rendaient à ce point poreuse, douloureuse et inquiète que, voulant tout savoir et tout comprendre, je ne quêtais somme toute que de quoi me rassurer. Ce qui est certain aussi, c'est que ces deux cadres auraient, on le verra plus loin, des répercussions phénoménales – littéralement – sur le cours de ma vie. Il me faudrait patienter quelques années avant de découvrir le secret de la toile, et plus longtemps encore pour comprendre la photographie dont deux visages semblaient n'avoir jamais été personne.

« *Pour l'heure, ma chère Colette, la bienséance éditoriale impose de terminer notre septième année avant de conter la huitième.*

— Pour l'heure à laquelle se déroule le récit, ma chère Coco, je te rappelle que tu n'étais pas encore ma dissociée… Mais je rends grâce à ton bon sens et, pour une fois, à l'excellence de ta rhétorique. »

Mai 1961. Avant l'âge de raison, j'avais du sacré des notions imprécises et contradictoires. Tenus à l'écart de toute éducation religieuse, donc sans le « Notre Père » quelquefois évoqué par nos camarades, mon frère Alain et moi recevions une éducation laïque, d'ailleurs tout aussi sévère grâce, d'une part, à la méthode encore très en vogue des gifles et coups de pied au c… aux fesses, dûment distribués par « notre père à nous » et, d'autre part, grâce aux leçons de morale calligraphiées chaque matin au tableau de la classe de dixième. Moralisée et fesses serrées, je grandissais sans déranger. Jusqu'à ce qu'un murmure grandît et s'amplifiât à la fin du printemps, gagnant toute la classe, bousculant ma quiétude. Les récréations bruissaient de chuchotements méfiants, confidences échangées à l'ombre du préau ; un mystérieux complot se fomentait entre initiées : « la communion privée » !

Mes questions pendant la récréation m'ayant valu des exclamations horrifiées : « Quoi ? Tu ne la fais pas ?! Et tu n'as pas peur d'être damnée ? », je m'inquiétai d'être ainsi tenue à l'écart de festivités auxquelles participaient toutes mes camarades. Toutes car, fussent-ils inscrits à l'école laïque, la plupart des enfants d'après-guerre suivaient le cursus complet de tout bon catholique. Avant cette histoire de communion, et aux heures où, dans la sacristie de l'église de Rocabey, mes camarades recevaient l'enseignement d'une « dame de catéchisme », je recevais, sur la place de cette même église, celui de Melle Guerrier et de Maryvonne Hilaire, organiste à la cathédrale, professeur de piano de haut vol, donc je ne souffrais pas d'une quelconque injustice. Mais là, je me sentis privée de communion. Qu'avais-je fait de mal pour être ainsi brimée ?

En sortant de l'école à l'heure du goûter, Lucette n'étant pas encore rentrée, je soumis à André, mon père, ce questionnement métaphysique. Devant l'ampleur du programme, il renonça :

— Hou là ! Demande à ta mère, je n'ai pas le temps de…

Il faisait déjà sienne la joyeuse rhétorique d'un Gaulois truculent en début de carrière, un dénommé Brassens. À longueur de temps libre, André chantait comme l'on prêche les paroles subversives de ce libre-penseur, chiffonneur de jupons et froisseur de morale, sans penser que ma jeune mémoire affamée les enregistrait déjà, les graverait à jamais. Les mièvres mélodies et les molles paroles imposées à l'école ne pouvaient rivaliser avec l'éclatante robustesse de l'héritier moustachu de François Villon.

Pour preuve, avant le dessert d'un déjeuner dominical chez la mère d'un ami, une violoniste renommée, l'on me pria de chanter une petite chanson :

— « Il pleut bergère », tu sais la chanter ?

Je fis non de la tête. La dame réitéra avec un autre titre :

— « Cadet-Roussel » peut-être ?

Je réitérai de même. Bien sûr, je connaissais ces comptines mais elles ne me plaisaient pas, alors, agacée de voir toutes ces grandes personnes tournées vers moi avec du reproche dans les yeux, et supposant que c'était le prix à payer pour ensuite manger du dessert, je grimpai sur la chaise et entonnai « Marinette[1] » :

Quand j'ai couru chanter ma p'tit' chanson pour Marinette
La belle, la traîtresse était allée à l'opéra
Avec ma p'tit' chanson, j'avais l'air d'un con, ma mère
Avec ma p'tit' chanson, j'avais l'air d'un con

Quand j'ai couru porter mon pot d'moutarde à Marinette
La belle, la traîtresse avait déjà fini d'dîner
Avec mon petit pot, j'avais l'air d'un con, ma mère
Avec mon petit pot, j'avais l'air d'un con

Quand j'offris pour étrenne un' bicyclette à Marinette
La belle, la traîtresse avait acheté une auto
Avec mon p'tit vélo, j'avais l'air d'un con, ma mère
Avec mon p'tit vélo, j'avais l'air d'un con

Quand j'ai couru tout chose au rendez-vous de Marinette
La bell' disait : « J't'adore » à un sal' typ' qui l'embrassait
Avec mon bouquet d'fleurs, j'avais l'air d'un con, ma mère
Avec mon bouquet d'fleurs, j'avais l'air d'un con

Quand j'ai couru brûler la p'tit' cervelle à Marinette
La belle était déjà morte d'un rhume mal placé
Avec mon revolver, j'avais l'air d'un con, ma mère
Avec mon revolver, j'avais l'air d'un con

1. « Marinette » : chanson écrite, créée et chantée par Georges Brassens en 1956.

Quand j'ai couru lugubre à l'enterr'ment de Marinette
La belle, la traîtresse était déjà ressuscitée
Avec ma p'tit' couronn', j'avais l'air d'un con, ma mère
Avec ma p'tit' couronn', j'avais l'air d'un con

Cela vous a semblé long à lire ? Cela leur a semblé plus long encore à entendre, car rien, ni Lucette m'intimant l'ordre de me taire, cramponnée à ma robe pour me forcer à me rasseoir, ni les sourcils froncés d'André sur ses yeux métalliques, ne put m'interrompre avant le mot final. Cette anecdote fit si vite le tour des relations de mes parents que jamais plus on ne me demanda de chanter. Il existe quelque part une bande magnétique enregistrée ce jour-là. Aux membres de cette merveilleuse famille rennaise, je tiens à faire savoir que Lucette et moi serions très heureuses d'entendre cet enregistrement ou d'en recevoir une copie.

« *Moi aussi j'adorerais, parce que, comme j'y étais, et que je chantais avec toi une strophe sur deux, on verrait qui chantait le mieux...*

— Je peux te le dire tout de suite : c'était toi la meilleure, Coco ! Mais j'en reviens au temps de la communion privée... »

Dès que Lucette rentra, je l'interrogeai. Elle n'était pas femme à hausser les épaules en soupirant : « Plus tard. » Pourtant, elle prit son temps. D'abord, elle versa le chocolat fumant dans mon bol, le café dans sa tasse, me tendit une tranche de pain grillé où le beurre fondait déjà d'avoir été gardé au chaud sur la rondelle extérieure de la cuisinière en fonte. Ensuite, elle arracha une page du journal, la tortilla en mèche fine, l'insinua dans le trou de la rondelle centrale de la plaque de cuisson jusqu'à ce qu'elle s'enflamme et y alluma sa cigarette. Enfin, elle s'assit devant moi et en inspira lentement la fumée avant de l'exhaler en touillant le sucre dans son café. Et elle m'expliqua tout un tas de choses savantes, sorte de raccourci théologique à l'usage d'une petite fille soucieuse. Mettant son agnosticisme à ma portée, elle me confia que Dieu était le père Noël des grands, leur papa de rechange, leur pépé de secours, bref, une invention commode à l'usage de gens pas solides qui avaient besoin d'être rassurés. Elle me recommanda de ne pas le répéter : « Il ne faut blesser personne. » Se souvenait-elle de sa propre solitude à l'école en la même circonstance une vingtaine d'années auparavant ? En tout cas soucieuse de m'élever bien, c'est-à-dire vers le haut, elle me révéla qu'en échange de la robe blanche avec couronne de fleurs – qui me faisaient rudement envie, pourtant – et de ce Notre Père – qui ne donnait ni gifle, ni fessée, lui –, j'avais la chance, moi, d'avoir une conscience ! Comprenant, devant mes yeux fixes et ronds d'interrogation, que l'importance du cadeau m'échappait, que je n'étais pas certaine d'avoir gagné au change, elle m'offrit, la veille de la communion des autres, une robe « sans fleur ni couronne » très jolie tout de même. Peut-être fallait-il en passer par l'âge d'Oraison avant de célébrer l'âge de Raison ?

Enfant gâtée, puisque riche de cette conscience toute neuve, je devins exigeante : je voulus savoir pourquoi ma mère – la même pourtant – m'incitait à écouter religieusement de la musique sacrée. Son embarras m'enseigna que des choses inutiles pouvaient quand même être belles. Docile, je voulais faire plaisir à mes deux parents. Excessive, j'adoptai, en les exagérant, leurs inclinations respectives, parcourant larmes aux yeux *Le Rêve* d'Émile Zola[1], et éructant un chapelet de très gros mots lorsque je trébuchais.

Onze années plus tard, parvenue en classe de philosophie, je compris, grâce aux excellents cours dispensés par M. Albert Smague[2], que j'avais eu une mère butée mais courageuse, un père furtif mais nécessaire.

---

1. *Le Rêve*, publié en 1888, est le seizième roman de la série *Les Rougon-Macquart.*
2. Albert Smague (1931-2017) : professeur honoraire de philosophie, agrégé de l'université.

Juillet 1961. Tandis que mes jeunes camarades communiées rangeaient leurs médailles et gourmettes dorées, repliaient leurs aubes et dépliaient leurs serviettes de plage, je m'apprêtais à souffler ma septième bougie chez Pépé et Mémé à Saint-Samson où nous rejoignaient mon oncle Henri, ma tante Yolande, mes cousines Odile et Michèle et mon cousin Claude, pour y passer les grandes vacances. Depuis plusieurs jours, chacun autour de moi y allait de sa plaisanterie – Claude : « Alors, comme ça, tu vas avoir l'âge de raison ? » Odile : « Toi, Colette ? L'âge de raison ? Pfffuuu ! » Yolande : « Ça te fait quoi d'avoir bientôt l'âge de raisonner ? » – sans que personne n'eût pris la peine de m'expliquer le sens réel de l'expression qui me tourmentait. Cela signifiait-il que j'aurais désormais raison sans discussion ? Que personne ne douterait plus de mes récits ? Que j'aurais bientôt autant raison que Papa ? Je me réjouissais à l'avance de tout ce que cette raison nouvellement acquise allait imposer aux adultes, à commencer par l'interdiction de m'envoyer la moindre gifle ni, *a fortiori*, le moindre coup de pied au derrière ; venait ensuite la permission de lire le soir jusqu'au matin.

Le 15 juillet, avant le déjeuner, je faisais part de mes réflexions à ma cousine Odile, mon aînée de deux ans, qui avait donc plus raison que moi – en tout cas elle faisait en sorte que j'obéisse à tout ce qu'elle imposait –, quand notre Pépé qui, pouffant sans doute sous sa moustache, n'avait rien perdu de nos bavardages dans le séjour, sortit de son bureau pour mettre fin à mes délires de toute-puissance :

— Non, Colette, tu n'auras pas raison plus qu'avant. En atteignant l'âge de raison, et je parle aussi pour toi, Odile, vous perdez justement le droit de vous défiler en disant « je n'ai pas fait exprès de mal faire », et vous gagnez le devoir de faire exprès, à l'avenir, de bien faire.

Sa sentence figea notre enthousiasme et, jusque et par-delà sa mort, continuerait à agir chaque fois que je voudrais imposer ma raison… sans raison. Pour l'heure et notre bonheur, il était encore bien vivant. Il l'aurait été mieux encore si un méchant cancer ne s'était pas emparé de son épouse adorée. Vénérée aussi : lorsqu'il me voyait dessiner des personnages féminins, il se penchait parfois sur mes feuillets en soupirant : « Tes dames, elles sont trop maigres pour être belles. Ta grand-mère, elle, est une Vénus… »

L'état de santé de Mémé « Vénus » s'étant aggravé au printemps suivant, Maman dut partir s'installer chez ses parents, à Rennes, afin d'accompagner sa mère. Ne pouvant en même temps s'occuper de mon frère et moi, mais souhaitant nous voir aussi souvent que ce serait possible, elle nous confia à Juliette et François Ollivier, nos grands-parents paternels, eux aussi installés à Rennes.

Autre ville, autre école, autres rites. En facteur commun de ces bouleversements, je pensais à Mémé ; j'en parlais beaucoup, trop peut-être. Mamy Juliette fut-elle irritée de m'entendre radoter ? Voulut-elle se montrer plus qu'à la hauteur de la tâche qui lui incombait ? m'encourager à affronter une période compliquée ? Alors que je m'enquerrais une nouvelle fois de l'état de Mémé, Mamy me recadra :

— Si tu veux que ta Mémé guérisse, tu dois bien travailler à l'école, encore mieux que d'habitude.

Convaincue de remplir cette fois plus qu'un devoir, je travaillai très dur. Ma mémoire rangeait, engrangeait tout et le reste : les plissés jurassiques, les boucles de la Seine, les couronnes des rois de France, les sujets, verbes et adjectifs, les chiffres soustraits, additionnés, multipliés, divisés, sans oublier ceux qu'il fallait retenir avant de les relâcher.

Et puis, un matin pas tout à fait comme un autre, nous recopiâmes, plus fébriles que d'habitude, sur une page neuve de notre cahier, la date du jour joliment dessinée en pleins et en déliés en haut du tableau noir : jeudi 14 juin 1962. Nous allions connaître les résultats de la dernière composition de l'année. Mme Leroy arborait une robe neuve en jersey bleu pâle. Elle ouvrit un dossier cartonné, neuf aussi mais vert, se leva de sa chaise et, debout sur l'estrade, lut à haute voix, dans l'ordre alphabétique, le résultat obtenu par chaque élève. Il y avait sur sa liste tant de « A », de « B », de « C » et autres initiales de tous les noms de famille que je bouillais en attendant les « O ». Enfin elle prononça : « Colette Ollivier, première à toutes les compositions. » Première partout, même en gymnastique, pour la première fois de ma vie d'écolière ! J'exultais.

Quand la cloche de l'école sonna enfin, je courus le long de la route de Lorient jusqu'à la maison du boulevard Marbeuf :

— Papy ! J'ai eu dix sur dix partout, même en gymnastique !

Dans son atelier, rabot dans la main droite et pièce de bois maintenue fermement sous l'autre, Papy François hocha la tête en grommelant :

— C'est bien. Maintenant, va voir ta Mamy, je travaille.

Dans le séjour, Mamy Juliette et ses deux amies du club tricot-potins levèrent les yeux de leurs ouvrages sans interrompre le cliquetis de leurs aiguilles :

— C'est très bien. Pose ton cartable dans l'escalier et va prendre ton goûter ; le bol et la tartine sont prêts.

Quoi ? c'était tout ? Je venais de sauver Mémé et c'est tout ce que ça leur faisait ?! Sur la table de la cuisine, une vilaine peau blanchâtre et fripée frissonnait déjà à la surface du lait dans le bol. Tant pis, Maman, elle, serait bientôt rudement contente que sa mère soit guérie, vivement qu'elle revienne.

Maman revint le dimanche suivant, habillée tout en noir. Mémé était morte le jeudi, justement le jour où j'apprenais mon triomphe scolaire. Je n'avais pas encore huit ans et je découvrais que mon travail n'avait servi à rien. Ou que je n'avais pas travaillé assez. Ou qu'en en faisant trop, j'avais tué ma grand-mère. Ou qu'on m'avait menti. D'ailleurs, on continuait. On avait déjà cru préférable de me tenir éloignée de son agonie, puis de la cérémonie ; on jugea suffisant de me dire : « Mémé est morte, ça veut dire qu'elle va dormir longtemps. »

On eut tort. Une enfant de mon âge, normalement intelligente, vigilante et sensible ne pouvait se contenter d'une réponse aussi peu cohérente. Puisque visiblement on ne m'en dirait pas plus, je refis dans ma tête l'histoire de cette fin en y introduisant les mots volés à l'inattention des adultes, puis en comblant les vides du mieux que je le pouvais, c'est-à-dire en imaginant des choses plus horribles encore que la réalité dont on avait tenté de me protéger.

Je n'ai plus jamais avalé de lait. Longtemps, je n'ai pu travailler avec une telle ferveur puisque faire tout et trop bien, c'était tuer. Longtemps, je n'ai pu m'endormir avant l'aube puisque dormir, c'était mourir.

Automne 1962. André avait passé sa jeunesse, entouré de chiens, chez ses parents et chez son grand-père maternel, Jules Maniez, qui faisait concourir ses chiens de chasse avec lesquels mon père jouait étant petit. Lucette, de son côté, n'éprouvait pas le besoin d'un animal pour être heureuse ; au contraire puisque, comme toute épouse d'un homme à chiens, c'était à elle que revenaient les soins à apporter aux bêtes. Devinant le désir de chien de son mari, elle l'avait averti : « Si tu amènes un nouveau chien, j'aurai un nouvel enfant. » Nous en étions là quand, à la fin de l'automne, André rentra de son travail avec le visage d'un gamin qui a fait une bêtise. Exceptionnellement, il nous souriait, à mon frère et à moi, avec un peu de timidité, expression complètement nouvelle ! Profitant de ce que Lucette était sortie, il entrouvrit son veston devant nous, laissant voir la truffe d'un petit épagneul. Alain et moi, ravis, laissâmes éclater notre joie sous forme de : « Oh ! Qu'est-ce qu'il est mignon… » et « Comment tu vas l'appeler ? » à l'instant où Lucette entrait dans la maison. Sa réponse fut brève : « Ah ! bon. » Et sa revanche immédiate puisque, quelques semaines après, elle annonça à la cantonade : « Bientôt nous serons cinq. » Si

Alain se contenta de se réjouir à l'idée d'avoir bientôt un petit frère – il n'en doutait pas – avec qui jouer, je profitai de l'occasion pour me faire déniaiser l'intellect :

— Comment ça s'attrape, les enfants ?

S'ensuivirent moult discussions, quelques-unes accordées avec bienveillance, plutôt scolaires, et beaucoup d'autres, dérobées aux bavardages entre Lucette, Yolande et leurs amies. De leurs conversations je ne comprenais pas tout, mais je retenais qu'une naissance était une loterie que notre mère semblait appréhender :

— J'étais là quand Jacqueline est morte ; mes parents avaient même insisté pour que je l'embrasse, déjà froide, alors tu comprends… J'ai déjà averti le docteur que…

Que quoi ? Qui était Jacqueline ? Comment interroger Lucette à ce sujet sans me trahir ? Ne rien comprendre me rongeait, à juste titre comme je le découvrirais un peu plus tard.

Enfin, le 8 août 1963, l'enfant parut. Yves, rapidement surnommé Toto à cause de sa véloce turbulence : quand Lucette tentait de le faire revenir de ses escapades en hurlant : « YYyyves !!! » le son « I » demeurait inopérant. Comme Alain ânonnait sur un manuel de lecture dont les héros, Lili et Toto, rencontraient des tas d'embûches sur leur chemin grammatical, l'affaire fut promptement réglée : « TOTOooo !!! » fonctionnait d'autant mieux que ce ridicule surnom faisait de notre frère un enfant « unique » identifiable par tous, que ce fût dans la rue ou sur la plage. Aujourd'hui garagiste respecté, mais entouré d'amis fidèles depuis l'enfance, il a encore du mal à se faire appeler Yves.

Devinant que sa naissance s'était bien déroulée puisqu'il était vivant, toujours content, très marrant, et que tous s'en félicitaient, je continuais de chercher le moyen d'en savoir plus sur ce qui avait tant inquiété notre Lucette. Les ruses que j'employais avec elle se révélant vaines, je me tournai vers Jackie, une voisine gentille et plus jeune que Maman – donc plus facile à embobiner – que j'avais quelquefois entendue chuchoter avec elle dans le salon. Leurs voix respectives avaient alors la couleur et le parfum reconnaissables du secret. Aussitôt envisagé, presque aussitôt réalisé…

J'allai sonner à sa porte sous prétexte de jouer avec Corinne, sa fille aînée, que j'avais vue partir juste avant avec le porte-monnaie et le panier à pain. Une fois dans la place, je demandai à Jackie ce qu'elle pensait de Toto. Bien sûr, elle s'exclama comme il est d'usage dans ce cas-là :

— Oh ! Il est superbe !

J'en profitai sournoisement pour glisser mon petit papotage-percuteur :

— Je suis bien contente pour Maman, elle avait très peur…

Et hop ! La réponse tomba sans qu'elle s'en rendît compte :

— La pauvre, c'est vrai qu'un enfant mongolien, ç'aurait été difficile à élever.

Sa fille n'étant pas encore revenue de la boulangerie, je repartis à la maison en me répétant à voix basse « mongolien… mongolien… mongolien… » J'attendis que Lucette soit occupée à la cuisine pour ouvrir le *Larousse illustré* et découvrir enfin ce qui m'avait dérangée sur le troisième visage de la grande photo à Saint-Samson. Je refermai le dictionnaire, le remis exactement à sa place, et fermai pour longtemps mon infernal clapet.

Le temps et la bibliothèque aidant, je compris, petit à petit, que, à trente-deux ans, Lucette avait été considérée comme une parturiente d'autant plus « à risque » que sa propre mère avait mis au monde une petite fille trisomique. J'appris ensuite que Lucette avait beaucoup aimé cette grande sœur Jacqueline qui l'accompagnait en lui tenant la main jusqu'à son école, revenait la rechercher à la fin de la classe, qui mourut, et qu'elle dut embrasser, déjà froide. Ayant assimilé tout ça, je décidai, avant d'entrer en sixième, de ne jamais avoir d'enfant, déjà certaine d'être plus douée pour créer que pour procréer. Je tins parole, sans regret.

Malgré l'arrivée de son dernier petit-fils, ce Toto tout neuf qui le régalait, Pépé Jacques s'était voûté, enraidi dans la peine. Il décida de vendre l'appartement rennais pour replier son deuil à Saint-Samson, son bourg natal. Ajouté à l'affliction générale, ce déménagement entraîna un si grand désordre que je pus à loisir farfouiller partout dans la maison sans qu'aucun adulte ne s'en soucie. Entre autres trésors, je me retrouvai face à face avec le tableau qui, dressé contre le dossier d'un fauteuil, attendait un crochet X, un marteau et une bonne volonté. Nos deux regards ainsi à la même hauteur, je réalisai que nous devions avoir à peu près le même âge et que la fille si belle me regardait, moi, pour la première fois. Le souvenir de l'étrange face-à-face demeure intact, cependant que je l'écris à deux mètres de ce tableau désormais suspendu au mur de mon bureau. Est-ce à ce moment précis ou un autre jour que Maman, enfin, me parla d'elle ? Je ne m'en souviens pas ; en revanche, je me rappelle sa phrase : « C'était ma sœur Colette. Elle est morte avant ma naissance. »

Elle s'appelait Colette. Comme moi ?! Profondément bouleversée, incapable de prononcer la moindre syllabe, je devinai aussitôt que cette Colette était la seconde des deux enfants mystère du cadre aux trois visages, celle aux cheveux blonds et bouclés. C'eut été le moment d'interroger Lucette sur la dernière énigme, celle aux cheveux bruns et courts, mais, d'instinct, je sus que Lucette n'en dirait pas plus ce jour-là. Par bribes éparses sur le fil du temps, j'appris à connaître cette petite fille, à l'aimer aussi, ce que je ne peux toujours pas expliquer mais que j'aurais plus tard l'occasion de prouver en la « sauvant » au début de l'été 2005. En attendant, les années 1964, 1965, 1966 passèrent sans laisser de traces mnésiques particulières.

« *Parle pour toi ! si c'était moi l'auteur de ce livre, j'en aurais des choses à écrire... Ah ! mais...*

— Coco, promis, le prochain, c'est toi qui l'écriras. »

En septembre 1967, ce fut l'entrée en quatrième. L'année où, dans ce lycée de filles, les mathématiques nous furent enseignées par un professeur mâle – ils n'étaient que trois dans tout le lycée – si beau que nous devînmes une classe de bécasses entassées devant lui, empressées à lui plaire. Ne détenant encore aucune des vraies clés de la séduction, notre ambition se restreignait à l'épater en devenant, toutes, la meilleure en maths. C'est ainsi que nous découvrîmes à l'unisson une soudaine affinité avec les chiffres, une fascination suspecte pour les théorèmes et, envers les fonctions, un engouement relevant du surnaturel autant que de la progestérone. J'obtins des notes inespérées.

À la rentrée suivante, je redeviendrais – une fois pour toutes – nulle en mathématiques, absolument rétive aux abstraites formules. De ce fatras de chiffres et théorèmes étranges, j'avais tout de même retenu l'éblouissant principe du « raisonnement par l'absurde » que j'utilise toujours avec grand intérêt mais pas pour des calculs, et ma mémoire conserve le « si et seulement si » dont j'ignore encore la raison d'être en mathématiques mais qui n'en finit pas de me séduire par sa résonance métaphysique et sa cruauté littéraire. Enfin, la formule « tout et le reste » m'enchante jusqu'à ce jour comme une dérision, une autre dimension. Que ce professeur, M. Raymond Aubry, en soit ici remercié, car ce fut à ses cours que ces perles poétiques furent dérobées. On l'aura compris, je n'étais pas une surdouée, loin de là. Dilettante et distraite, je portais à bout de bras le cartable avachi d'une « Paresseuse douée. Pourrait tellement mieux faire ! »

Six ans après le décès de sa chère Alida, Pépé, fatigué de survivre sans elle, lassé d'aller cacher sa peine entre les plants d'oseille et les groseilliers dans le fond de son jardin, tomba malade. « Tomber malade » est un poncif dont je n'abuse pas mais, ce jour-là, nous étions tous à table pour le déjeuner quand sa tête tomba vraiment dans l'assiette devant lui, renversant le vin sur la toile cirée jusque sur moi. Je crus voir son sang qui s'échappait de lui. Mon père et ma mère se précipitèrent pour le relever, mais je compris qu'il ne savait pas où il était. J'ouvris la porte de sa chambre où mes parents le transportèrent jusqu'à son lit. Soucieux de ne pas déranger les gens, il s'efforça, je crois, de partir le plus vite possible. Quand il pouvait encore balbutier quelques mots, il offrit à Maman ses tendres prophéties sur les devenirs respectifs de celles et ceux qu'il allait quitter. Parmi elles : « Colette est intelligente, elle sera heureuse. » Ce que Maman m'apprit plus tard, quand, me devinant chancelante en pension, elle l'inséra dans l'une de ses merveilleuses lettres. Cette phrase fut et demeure l'un des plus efficaces antidotes contre le suicide[1] !

---

1. L'autre fut écrite par Jacques Prévert : « Des fois, j'ai pensé mettre fin à mes jours. Mais je ne savais jamais par lequel commencer. » Celle-ci est également efficace car, à chacune de mes tentatives, elle resurgissait et me faisait rire. Or, deux choses s'avèrent incompatibles avec le fou rire : se suicider et faire l'amour.

Le vendredi 15 mars 1968, il mourut dans le parfum insolent et entêtant de l'immense mimosa qui jouxtait la fenêtre de sa chambre. Cette fois, on m'entrouvrit les portes de la vraie vie en laissant grande ouverte celle de sa chambre mortuaire.

Mourir à la campagne était en ce temps-là un grand événement. On ne se hâtait pas d'expédier la dépouille. On en parlait, on accueillait les amis, vieux camarades d'école, voisins venus dire « au revoir » à cet ancien vivant ; on prenait le temps de se quitter. Cette fois, j'avais plus de treize ans, ça aide à mieux souffrir ; j'avais aussi, comme toutes les filles de mon âge, un certain goût du drame et de la mise en scène. Me vêtir d'un pull noir et d'une jupe grise, marcher très lentement à côté de ma mère, traverser le village derrière le cercueil et me dire que cette boîte était vraiment petite pour un si grand monsieur. Impressionnée, flattée par la foule des gens venus de loin exprès pour mon grand-père à moi, me retenant de pleurer même si tout alentour les visages affligés autorisaient à le faire. En long voile posé sur les cheveux des femmes, en ruban cousu au veston des hommes, le crêpe noir permettait d'arborer son chagrin sans intriguer personne. Savoir, brutalement, que le bruit de la terre jetée sur le cercueil me fermait pour toujours les portes de l'enfance et de l'insouciance. Sortir du cimetière, redescendre hébétée le chemin vers le bourg, entrer dans l'affreuse salle aux murs peints en jaune pâle de l'unique restaurant du bourg de Saint-Samson, m'astreindre à regarder les vivants mastiquer, parler bas tout d'abord, la mine compassée, puis de plus en plus fort, s'oubliant même à rire, distraits de leur chagrin par moult bolées de cidre. Surmonter vaillamment mon envie de vomir, de hurler et de fuir, sentir confusément que ça devait être normal de continuer à vivre. Telles furent les épreuves du concours d'entrée à l'école des grands.

En fin d'après-midi, après avoir remercié et salué tous les gens du cortège, mes parents, mon oncle, ma tante, mes frères et moi revînmes dans la maison de Pépé où lui-même ne vivrait plus ; j'eus instantanément l'absolue conviction qu'il n'était pas absent, enfin, pas complètement.

Un peu avant le dîner, accroupie devant la cheminée où une bûche de chêne presque entièrement consumée rougeoyait dans le foyer, j'attendais le bon moment pour y ajouter un beau tronçon de peuplier. Les yeux fixés sur les dernières flammèches, j'allais l'insinuer entre la bûche et la plaque en fonte de la cheminée quand, soudain, une main se posa sur la mienne, comme pour m'enjoindre d'attendre encore un peu. Tournant mon regard vers cette main, je ne vis rien d'autre que la mienne. En écrivant cela, je me demande comment je n'ai pas sursauté et, en même temps, je me rappelle avoir « su » qui attendait près de moi, avec moi, l'instant juste pour nourrir le feu.

Comme tous les gamins nés et élevés à la campagne, Pépé savait allumer, entretenir et faire durer le feu à l'économie. Il posait d'abord la bûche à l'entrée du foyer avant d'embraser un fagot sec de fines brindilles de poirier et de pommier, puis y ajoutait quelques branchettes pour chauffer le foyer, sécher le conduit et préparer la bûche à se consumer sans fumer. Toujours accroupie, je laissai cette main guider la mienne jusqu'à ce que le tronçon de peuplier soit installé un peu en biais, à deux centimètres des ultimes flammèches.

Je chuchotai : « Merci, Pépé. » La main laissa la mienne. À la fois bouleversée et rassérénée, je me demandais si j'allais raconter ce bel instant aux autres…

Percevant alors, de la cuisine à la salle à manger, les allers-retours de ma tante Yolande occupée à mettre le couvert, je me relevai pour l'aider. Dans le sas entre la salle et la cuisine, je croisai Alphonsine, l'employée de Pépé, qui emportait les assiettes et la bouteille de vin. Dans la minuscule cuisine, attentive à ne pas gêner ma mère occupée à mouliner les légumes de la soupe, j'entrouvris le tiroir du buffet pour prendre les fourchettes, cuillères et couteaux puis retournai vers la salle quand je vis Alphonsine déposer une assiette à la place de Pépé ; je criai :

— Non !! Pas à sa place… Pas déjà !

Se croyant prise en faute, la pauvre sursauta. Moi aussi, sous la gifle que Maman venait de m'asséner :

— Tu ne vas pas commencer ton cirque !

Joues rougies par le feu, l'émotion et la gifle, au bord des larmes, baissant la tête pour les cacher sous mes cheveux, je disposai à toute vitesse les couverts de part et d'autre des assiettes et filai me réfugier dans le bureau de Pépé pour sangloter tout mon soûl. La première et dernière gifle de Maman… Pourquoi avait-elle tapé si fort ? En réfléchissant, je supposai qu'elle aussi avait eu mal en voyant ce couvert devant la place de son père. Lucette avait d'emblée préféré s'occuper du repas, afin de rester le plus longtemps possible dans la cuisine dont elle n'était sortie que pour me gifler. Mieux aguerrie que moi aux choses de la vie donc de la mort, elle s'était préparée à cet incident d'autant moins évitable que, pendant quelques jours, nous étions plus nombreux que d'habitude. M'entendre hurler ce qu'elle s'efforçait de taire l'avait prise de court.

D'ailleurs, quand tout le monde fut rassemblé autour de la table, elle vint elle-même me chercher dans le bureau, la voix adoucie :

— Allez, viens avec nous maintenant.

Et personne ne fit de commentaire. Chacun y alla de son anecdote tendre ou rigolote vécue avec lui. Devinant que c'était leur façon de le garder auprès de nous encore un peu, d'oublier qu'il n'était plus là, je jugeai inopportun de leur raconter sa main sur la mienne. Sans en rien savoir, je sentais que, alors que chacun s'efforçait de le faire revivre tant sa mort était pénible, leur expliquer qu'il n'était pas vraiment mort, pas complètement, serait peut-être une bonne nouvelle mais pas tout de suite. Comment occuper le temps, ainsi attablée avec une famille en plein chagrin, alors que je n'avais aucun moyen de les consoler ? Manger ? Se nourrir était difficile pour tout le monde ce soir-là, et impossible pour moi. Mourir, nourrir… Les deux verbes rimeurs s'affrontaient pour la première fois dans ma tête ; j'ignorais qu'ils se feraient ainsi la guerre en moi très longtemps, l'un inhibant l'autre.

Après ce repas, au moment où tous, éprouvés par une journée hors du temps, se levaient pour débarrasser la table, envahie par une irrépressible envie de pleurer, je pris d'autorité la place devant l'évier pour que mes larmes, au moins, coulent et tombent discrètement dans la bassine à vaisselle. Tout le monde s'en douta, personne n'en fit la remarque et je continue à les en remercier.

Quand tous eurent rejoint leurs chambres respectives, comme j'avais installé ma couchette sur le petit divan du bureau de Pépé, j'y fis semblant de dormir jusqu'à ce que Lucette – pas dupe de ma feinte – vînt poser un baiser sur ma tempe :

— Essaie de dormir si tu peux.

Elle avait respecté mon insomnie, je respectai son respect en attendant encore un peu avant de me relever.

Chaussons aux pieds, emmitouflée dans de la laine des Pyrénées[1], bouillotte coincée contre mon dos entre le pyjama et la robe de chambre ceinturée, je m'assis, un peu intimidée, dans la chaise de bureau de Pépé, devant sa table à plein de tiroirs qu'aucun enfant n'avait le droit d'ouvrir quand il vivait encore. Moi seule avais obtenu l'accès à celui où étaient rangées mes affaires de coloriage et de peinture. En avais-je toujours le droit désormais ? Je décidai que oui, puisque personne d'autre ne s'en servirait. Par habitude, je commençai par dessiner. Faire le portrait de Pépé ? J'en fus incapable. Autre chose ? Rien ne venait. Les pudiques symboles et gracieuses figurines que j'avais adoré dessiner s'avéraient, cette nuit-là, incapables de rendre compte vraiment des sentiments nouveaux qui m'assaillaient. Seul restait le besoin de me pencher sur du papier pour y tracer des choses.

Submergée de chagrin, je remisai le crayon à papier, le pinceau, la boîte de peinture et les feuilles Canson recouvertes des couleurs d'avant-deuil. C'est de ce moment-là que j'eus besoin d'écrire. Je devais pour cela ouvrir un autre tiroir, celui où se trouvait la liasse des feuillets vierges de couleur

1. On peut bien la gloser, en glousser, la mépriser, la laine des Pyrénées fut longtemps et demeure la bouée de sauvetage des frileux noctambules, supérieure en tout point au « polaire » qui vous transforme en pile électrique.

beige. À l'origine quatre fois plus grandes quand elles étaient chemises neuves protégeant les dossiers, elles devenaient peaux de chagrin – je venais de lire le livre de Balzac[1] – à mesure de leur vétusté, minutieusement divisées par le coupe-papier de Pépé qui, d'une part, n'aimait pas gâcher et, d'autre part, souhaitait que lesdites feuilles pussent entrer dans ce tiroir sans être pliées. Or, son bureau ayant été fabriqué en 1916, rien n'y avait été prévu pour la norme A4 qui n'arriverait en France qu'un demi-siècle plus tard, en 1967.

Certaine que l'ailleurs où Pépé existait désormais se trouvait tout près de là, en tout cas suffisamment près pour qu'il fût arrivé juste à temps devant la cheminée avant le dîner, j'hésitais à ouvrir ce tiroir d'où, jusque-là, seuls les adultes pouvaient prélever quelques feuilles pour prendre des notes ou établir la liste des courses à faire. Et puis, au souvenir de sa main calme et douce sur la mienne, je m'enhardis. Sans bruit, j'ouvris ce tiroir, y prélevai une dizaine de feuilles, le refermai, choisis un porte-plume[2] dans le plumier et dévissai le bouchon de l'encrier bleu Waterman.

Sur le plateau de table en partie recouvert de moleskine, je posai, bien centrées, les fines feuilles de ce papier lisse et doux sous la plume à condition de ne pas trop l'y appuyer. Ce fut donc avec une écriture en pattes de mouches que j'inaugurai ce qui deviendrait une passion, puis un métier.

---

1. *La Peau de chagrin*, publié en 1831, est un roman de *La Comédie humaine*.

2. Le baron Bich avait déjà sorti le stylo-bille « Bic Cristal » en 1950, mais c'est seulement en 1965 que ce stylo fut autorisé dans les écoles françaises. Quant au professeur Jacques Chantrel, mon grand-père, il rechigna longtemps, puis l'adopta.

Ce furent pour commencer des mots aussi lourds que ma peine, séparés de virgules, puis groupés et hachés de points d'exclamation. Au bout de quelques heures, grâce à l'enseignement reçu jusqu'en classe de cinquième, je parvins à écrire plusieurs phrases correctes, c'est-à-dire sans faute ni répétition, plaisantes à lire à voix basse, mais finalement convenues et sans saveur, donc dûment raturées. Un peu honteuse d'ainsi gâcher les feuillets de Pépé, je réalisai qu'écrire était plus difficile que parler. J'aurais pu m'en tenir là et retourner me coucher. J'aurais pu aussi bien attendre que se lève le jour pour prendre un vélo et suer ma peine à coups de pédales sur le chemin de halage du canal de Nantes à Brest. Au moins, j'aurais économisé du papier, musclé mes jambes et, comme tout le monde, me serais endormie de fatigue à la nuit. J'aurais pu. Je ne l'ai pas fait. La campagne m'ennuyait et il fallait attendre, pour retrouver la mer, que Lucette et Henri eussent achevé les démarches, rangements, distributions et réaménagements que le décès de leur père rendait obligatoires.

Esthète et orgueilleuse, soucieuse de ne pas « mal écrire », je m'imposai, pour commencer, de voir comment écrivaient les autres, ceux dont les noms s'alignaient sur la tranche des ouvrages sévères – c'est-à-dire sans images – de la bibliothèque de Pépé. Je consacrai les trois semaines suivant son décès à dévorer une étagère et demie de livres, les prenant l'un après l'autre de gauche à droite depuis la rangée la plus haute – sans doute l'habitude de lire et écrire dans cet ordre-là. Aucun interdit ne venait m'interrompre puisqu'on ne s'inquiétait guère de ce que pouvait faire une gamine aussi sage.

Ainsi me cultivai-je dans le plus grand désordre, de Musset à Boccace, de Shakespeare à Breton (je veux parler de Guy, n'ayant découvert André que plus tard et l'ayant trouvé nettement moins rigolo que le premier), passant par Marivaux et même les cours d'optique écrits par ce grand-père du temps qu'il enseignait… Tour à tour attristée, amusée, passionnée, enchantée, ennuyée, je me fis de la vie et de nombre de vivants une idée personnelle. Je me bricolais une philosophie rudimentaire mais j'étais bien dedans. J'apprenais que l'on pouvait pratiquement tout dire si on le disait bien, et tout faire si tant est que l'on pût se justifier ou mentir avec art.

Dès que je relevais une phrase compliquée, une expression jolie, une remarque amusante, une locution mystérieuse, je posais le livre en cours, ouvert à la page idoine, pour recopier consciencieusement ces « morceaux choisis » de littérature sur les petits feuillets. Posé auprès de moi, un énorme dictionnaire encyclopédique me révélait le sens des mots nouveaux et celui, caché parfois, des mots connus utilisés, leur contresens, leur histoire. J'oubliais la campagne alentour, parfois même j'oubliais l'absence de Pépé. Le dialogue immatériel entre mes pensées et les phrases que je découvrais sur le papier me ravissait au sens propre, puisque je m'y adonnai comme à une drogue. Au bout de quelques jours de lecture frénétique et de copies surprenantes, je décidai d'écrire « pour de vrai » en racontant tout ce qui m'envahissait et que personne, autour de moi, n'aurait pris le temps d'écouter tant les adultes étaient eux-mêmes peinés, préoccupés, post-occupés.

Or, il arriva qu'en recopiant le début d'une phrase, sans que j'en eusse conscience, une autre fin se profilât qui, à la lecture, me semblait meilleure, tant sur la forme que sur le sens. Ce phénomène m'aurait intriguée s'il ne m'avait aussitôt ramenée à ce qui s'était parfois produit quand je dessinais. C'était bien moi qui décidais de prendre le crayon, de lui tailler une pointe fine, puis de le promener sur le papier, tenant sa pointe verticalement pour ciseler un trait précis, puis la couchant pour épaissir une ombre portée, sans idée préalable, jusqu'à ce qu'une forme se silhouette entre mes yeux et le papier – un peu comme l'on voit un éléphant, un vieux bonhomme courbé ou un visage gigantesque dans les nuages – et devienne un projet. Si je n'y prêtais pas d'attention particulière, c'était que je n'en percevais pas l'anomalie. C'était comme ça, rien de plus.

Tandis que là, assise dans la chaise de bureau de Pépé, en relisant les bouts de phrases tracées involontairement, je prenais un recul suffisant pour en être intriguée. Il eût été logique de croire qu'en plus de m'enseigner l'art du feu de cheminée, mon grand-père m'initiât à l'écriture, d'autant qu'il écrivait lui-même très bien. Pourtant, ce ne fut pas à lui que j'attribuai d'emblée ces appréciables coups de pouce. Ce fut à une autre fille, une sorte de double grâce ou à cause de qui, de singulière, je devins plurielle.

Je n'en aurais pas eu l'idée si je n'avais lu, deux ou trois ans auparavant, une histoire similaire dans un des *Selection du Reader's Digest* qui traînaient dans la maison. Une femme y décrivait les jeux et les palabres qu'elle avait partagés avec une amie extraordinaire que, hélas, personne d'autre ne voyait. L'histoire m'avait rappelé la « petite poupée vivante » de Jocelyne, ma camarade d'école primaire, sauf que l'histoire contée dans ce magazine évoquait une amie du même âge et de la même taille que l'enfant réelle. Bien que déjà âgée d'une dizaine d'années, j'avais adhéré sans réserve à cette histoire. J'aurais même pu « y croire » sans la vigilance maternelle. Me sachant suffisamment crédule, imaginative et exaltée pour croire tout ce qui me séduisait, Maman s'était empressée de conjurer toute velléité de m'inventer une compagne virtuelle en insistant sur le fait que « ce n'était pas une réalité, juste une illusion élaborée par la fillette pour lui tenir compagnie, pour remplacer une sœur qu'elle aurait voulu avoir, pour vivre à travers elle ce qu'elle-même n'avait pas le courage d'entreprendre ». J'avais compris le discours et l'objectif maternels, sans pour autant renoncer à avoir, moi aussi, une copine visible de moi seule, une amie secrète qui saurait tout de moi, à qui je pourrais faire confiance, qui m'aiderait à supporter mes chagrins, mes révoltes et partagerait mes victoires. Quel enfant n'en a pas rêvé ?

« C'est alors que tu nous as divisée... Allez, Colette, avoue !

— Oui, Coco, ce fut à ce moment-là. Mais ça ne se fit pas...

— *... d'un claquement de phalange de pouce sur phalangette de majeur, c'est ça ?*

— C'est ça. »

C'est fou ce qu'un mort prend de place. Et justement, quand je n'étais pas absorbée dans mes lectures et écritures, mon Pépé mort prenait tant de place au fond de moi que j'étouffais. Comment m'y prendre pour écrire tout ça de façon jolie, sans rien oublier, sans rien inventer, sans occulter, minimiser ni exagérer non plus car il n'aurait pas aimé ça ? Coude gauche sur le bureau, porte-plume dans la main droite et regard posé sur la page beige – qui donnait en ce temps-là le même vertige que les blanches aujourd'hui –, j'attendais une sorte de révélation, d'inspiration. Mais rien. Alors, encouragée par mes petits égarements scribatoires lors des recopiages, j'écrivis simplement : « Maintenant, Pépé est mort. »

« Et rien d'autre, Colette. En tout cas à cet instant-là.

— Pourquoi dis-tu ça ?

— *Parce que j'y étais, tiens ! C'est à ce moment-là que tu m'as baptisée Coco.*

— C'est vrai. Merci de me le rappeler. Justement, je m'apprêtais à raconter que la suite était venue toute seule et que j'avais rempli plusieurs pages.

— *Ç'a été vrai après. N'empêche que sans moi, t'aurais rien écrit du tout. Aujourd'hui, au lieu d'écrire ce livre, tu...*

— Stop, Coco ! »

En effet, après avoir écrit cette courte phrase, j'eus beau plonger le porte-plume dans l'encrier et le poser sur le papier plusieurs fois de suite, je ne trouvai rien d'autre à dire. Je sentis l'impérieux besoin de me confier à quelqu'un en qui j'aurais entièrement confiance, qui m'écouterait vraiment, m'encouragerait, me corrigerait. Qui mieux que moi-même pouvait remplir cette fonction ?

Autant que Coco et moi nous en souvenions, ce fut à cet instant que je commençai à parler à voix haute, d'abord seule et consciente de l'être, puis en imaginant qu'une autre partie de moi allait me répondre. Et cette supercherie devint en quelques phrases une réalité tout à fait acceptable, en tout cas efficace, sauf qu'il était compliqué d'appeler cette autre quand j'avais besoin d'elle : « deuxième Colette » sous-tendait une hiérarchie possiblement vexante. « Andrée », mon second prénom, aurait créé une confusion avec le prénom dc mon père. Alors quoi ?

« Coco, c'est rigolo ! »

L'avais-je prononcée ou entendue, cette réponse ? Sans doute était-ce elle. En tout cas, nous inaugurâmes sans préambule un dialogue qui, je le crains et l'espère, n'aura de fin que la nôtre. Dialogue précieux puisque chacun de nous a besoin d'un « tiers », un autre regard sur soi. Dialogue astucieux parce que, la malice et l'humour venant, j'userais et abuserais dc ce subterfuge chaque fois qu'une vérité s'avérerait moins dangereuse pour moi lorsqu'elle serait prononcée par l'autre :

« Qu'essaies-tu de me dire, Coco ? Parle plus fort, je t'entends mal…

— *Puisque cette bonne femme te demande ce que tu penses de sa nouvelle coiffure, dis-lui que ses cheveux, on dirait une pelote de chanvre à calfatage, et qu'il n'y manque plus que de la fiente de pigeon pour faire un nid.*

— Oh ! Je n'oserais jamais lui répéter ça…

— *Dis-le, sinon c'est moi qui…*

— D'accord !

« Désolée de cet aparté mais Coco tient à vous remercier, au nom de tous les oiseaux, de leur offrir ce nid douillet. »

Ce qui déclencherait à la fois le fou rire dans l'assemblée et le départ – définitif – de ladite personne. Pour en revenir au jour précis de cette première conversation entre Coco et moi, c'est bien de là que jaillit l'étincelle nécessaire à la suite de ma rédaction.

« Merci qui ?

— … »

Un matin d'avril, il fallut refaire les valises pour repartir. N'aimant alors pas la campagne, j'aurais dû m'en réjouir ; ce ne fut pas le cas. J'avais mal à la maison de Pépé ; elle allait rester là, vide de vie jusqu'aux prochaines vacances scolaires. Quand Maman eut tourné la clé pour la seconde fois dans la serrure de la porte d'entrée devenue tristement la porte de sortie, j'eus l'impression qu'un peu de moi restait derrière cette porte, oubliée dans le silence et dans le froid. Laisser les livres pas encore lus dans la bibliothèque et les précieux feuillets dans le tiroir du bureau m'était un tel crève-cœur que je faillis demander à mes parents de rouvrir la maison pour en emporter quelques-uns. Le visage crispé de Maman m'en dissuada. Pour me distraire durant ce trajet, j'expérimentai le dialogue avec Coco sur le mode chuchotement, sans chuintement susceptible d'irriter Papa.

De retour à Saint-Malo, chacun de nous était tenu de reprendre le tricot de sa vie là où elle s'était arrêtée à la mort de Pépé, avec plus ou moins de facilité car beaucoup de mailles avaient sauté. Nos activités, obligations et habitudes respectives étaient restées les mêmes, pourtant nous n'y retrouvions plus exactement la place que nous avions laissée. Nous avions changé. L'absence de Pépé avait bouleversé l'ordre des choses. Du décès de Mémé, je me rappelais surtout mes propres bouleversements, trop jeune alors pour m'inquiéter sérieusement du chagrin des autres. Cette fois, je ressentais qu'il y aurait à jamais un avant dont l'après s'annonçait incertain, voire imprévisible pour ma famille. Maman, à trente-six ans, ressemblait par moments à une jeune fille orpheline. Papa, qui avait admiré, respecté et pleuré sincèrement son beau-père, semblait s'en affranchir, par exemple en s'adressant à Maman avec une désinvolture qui me faisait pressentir un avenir moins rieur.

Avant que cet avenir ne confirme mes impressions, j'étais très occupée par ma vie de lycéenne et, surtout, par ma vie de lectrice-écrivaine. Encore pour quelques semaines élève du lycée de filles, je ne percevais rien du grondement sourd de la jeunesse parisienne. Complètement ignorante de la vie sociale, politique, économique, je fis fi des échos qui nous en parvenaient pendant les récréations et au réfectoire *via* les « grandes de terminale ». Mai 68 passa sur moi sans me déranger. Sauf ma reconnaissance envers les aînées qui avaient obtenu, pour toutes les élèves de l'enseignement public, l'autorisation de porter des pantalons en classe, ce qui nous permettait d'avoir plus chaud et, dans mon cas, de cacher aux regards moqueurs la paire de cure-dents dont seules les fibres longues semblaient obéir aux exercices de danse classique, je me sentais peu concernée par les « événements » d'un mois de mai que je me rappelle fleuri et très ensoleillé.

Cependant, sensible aux mots, aux slogans et aux photos, je pus savourer, dans le journal *Ouest-France* du samedi 18 mai, le communiqué explicite diffusé par le général de Gaulle : « La réforme, oui, la chienlit, non ! » Quatre jours après, alors que Dany le Rouge était expulsé de France vers l'Allemagne, l'on promettait, sur les murs de Paris : « Sous les pavés, la plage[1] », ce que je me rappellerais un an après, en découvrant une photo du général, visage et attitude moroses autant que son pardessus, marchant sur la plage irlandaise de Derrynane. Les phrases et les images avaient déjà un impact formidable sur mon cerveau émotionnel.

---

1. Bernard Cousin, alors âgé de vingt-cinq ans, étudiant en médecine et employé dans une agence de publicité, conçut ce slogan le 21 mai avec le publicitaire Killian (Bernard Fritsch) « Nous voulions réaliser un graffiti sur lequel nous serions d'accord, lui, le situationniste révolutionnaire et parisien, et moi, le bourgeois catho et provincial. » Bernard proposa : « Il y a de l'herbe sous les pavés. » Mais Killian craignait que le mot herbe ne soit assimilé au haschich. Ce fut donc « la plage ». Bernard Cousin est l'auteur du livre paru en mai 2008, soit quarante ans après Mai 68 : *Pourquoi j'ai écrit « Sous les pavés, la plage »*, Éditions Rive droite.

Poursuivant ma boulimie bibliophile, je commençai à piocher dans la bibliothèque de mes parents. Maman, devinant que le séisme hormonal de l'adolescence m'orienterait plus volontiers sur des romans d'amour, ce qu'elle m'autorisait, tout en voulant diversifier ma culture littéraire, recourut à une ruse – recommandée à tous les éducateurs – que ma candeur d'alors ne découvrirait que beaucoup plus tard. Après que j'eus dévoré *Le Lys dans la vallée* de Balzac, j'étais impatiente de terminer la lecture du *Grand Meaulnes* d'Alain-Fournier en rentrant du lycée.

« Moi, je voulais lire les San Antonio. Tu rigolais bien quand on en piquait un à Papa, avoue !

— J'avoue mais…

— *Mais Melle Colette voulait épater, être admirée, alors elle m'imposait des livres qui causaient comme du théâtre antique, en toc surtout. La barbe !* »

Maman n'était pas au rez-de-chaussée mais des bruits venant de l'étage me la firent découvrir perchée sur un escabeau, occupée à nettoyer et ranger la bibliothèque. Pressée de reprendre le livre commencé l'avant-veille, je profitai de ce qu'elle était descendue répondre au téléphone pour faire l'impasse sur le goûter et retrouver le grand Meaulnes dans ma chambre. Parvenue au mot « Fin », je rapportai le livre dans la bibliothèque avec l'intention, évidemment, d'en choisir un autre, du même auteur si possible. Hélas, Maman, remontée après sa conversation téléphonique, m'annonça :

— Alain-Fournier n'a écrit que celui-ci. Il est mort trop jeune pour continuer, mais tu tombes bien ; j'ai réorganisé le rangement des livres. Ceux pour Alain et Toto sont dans leurs chambres ; ceux pour ton âge et tes goûts occupent les deux étagères du bas. Au-dessus, les bouquins de navigation, philosophie, histoire, politique. Tout en haut, j'ai installé ceux que tu pourras lire quand tu seras plus grande.

On s'en doute, dès qu'elle eut le dos tourné, je grimpai sur une chaise et attrapai au hasard un des livres « pour plus tard »… Est-il besoin de préciser que, en lieu et place de ce que mon imagination supposait, il y avait sur cette corniche tout le programme de littérature couvrant les classes de la troisième à la terminale, peut-être même celle d'hypokhâgne. C'est ainsi que j'abordai Rabelais avec, dès la première page, un gros dictionnaire pour essayer de comprendre cet étonnant langage. Pourquoi ne l'avoir pas aussitôt échangé contre un autre livre moins rebutant ? Parce que la couverture de *Gargantua*[1] ressemblait à la pochette d'un disque de chansons paillardes que, naturellement, mes parents réservaient aux soirées « entre copains adultes » mais dont j'avais de temps en temps perçu des extraits croustillants donc attirants.

Mon cheminement dans les pages de *Gargantua* fut laborieux – très laborieux – et dura plusieurs semaines. L'un

1. *Gargantua* (1534), second roman de François Rabelais (1483 ou 1494-1553), prêtre, médecin, humaniste, écrivain français précurseur du roman réaliste et satirique.

après l'autre, les chapitres défilaient sous mes yeux avides de découvrir les mystères de la vie, et j'y ressentais tour à tour dégoût, amusement, gêne ou intérêt.

« *Moi, ce qui m'avait régalée, c'était l'invention du torche-cul par Gargantua et le récit de sa journée ordinaire observée par Ponocrates !*

— Forcément. Je suppose d'ailleurs que tu n'as retenu que ces discours scabreux... »

Comprendre que François Rabelais, médecin épicurien paillard, chrétien, athée anticlérical, comme Maman – athée convaincue qu'après la mort rien ne restait de nous –, écoutait religieusement la musique sacrée et visitait les tombes avec recueillement, s'adonnait au paradoxe et le revendiquait sans vergogne, me confortait dans mes propres contradictions. C'était comme si ces deux personnages importants m'octroyaient, à cinq siècles d'écart, le droit d'être un jour gourmande, rustique, grossière, pragmatique, et le lendemain anorexique, délicate, raffinée, onirique. Le droit, donc, d'être tour à tour Coco ou Colette à ma, sa, notre guise !

Parvenue non sans peine au chapitre 57, j'y savourai les règles de l'abbaye de Thélème : « Toute leur vie était dirigée non par les lois, statuts ou règles, mais selon leur bon vouloir et libre arbitre. Ils se levaient du lit quand bon leur semblait, buvaient, mangeaient, travaillaient, dormaient quand le désir leur venait. Nul ne les éveillait, nul ne les forçait ni à boire, ni à manger, ni à faire quoi que ce soit... Ainsi l'avait établi Gargantua. Toute leur règle tenait en cette clause : Fais ce que voudras. » Je... pardon... Coco et moi puisque, pour une fois, nous étions d'accord, devions donc faire notre bonheur sans tenir compte des critiques ou encouragements extérieurs. Sans savoir que c'était la base du cynisme, nous adhérions avec conviction. Restait à convaincre la haute autorité parentale de nous laisser « vivre notre vie ». Devinant que ma métamorphose existentielle ne serait pas immédiatement applaudie, j'attendis le dimanche matin pour plaider ma cause. Papa étant parti bricoler sur son bateau, je commençai par Maman.

D'abord elle me réprimanda pour avoir pris ce livre sur l'étagère de « pour quand je serais grande » – en se félicitant secrètement de l'effet escompté. Je bafouillai de l'invraisemblable :

— Mais pas du tout ! Je regardais en bas de la bibliothèque ; j'ai dû faire bouger trop de livres et il est tombé...

Elle n'usa pas de sa technique « grands yeux interrogateurs sur sourire moqueur » qui venait à bout de tous nos mensonges. Au contraire, pour me donner le temps de reprendre une contenance, elle déplia sur la table le journal de la veille pour y récupérer les épluchures de carottes. Ensuite, en écalant les œufs durs, elle m'écouta vanter ce que j'avais retenu de la morale rabelaisienne : « La liberté totale pour tout le monde, donc pour moi ! » Sans rien montrer de sa surprise, elle sortit du placard la moutarde, le vinaigre, l'huile, le sel et le poivre pour préparer la vinaigrette du hors-d'œuvre. Fine mouche connaissant, elle, tout ce que supposait le mode de vie des cyniques anciens, notamment leur sexualité, elle parait au plus urgent : me passer l'envie d'être une vraie cynique. Alors elle résuma pour moi l'histoire du cynique le plus légendaire, celui qui avait, d'après elle, inspiré Rabelais : Diogène de Sinope[1], qui déambulait dans les rues d'Athènes

1. Diogène de Sinope (412-324 ou 327 av. J.-C.), ou Diogène le Cynique, se faisait appeler également Diogène le Chien. Philosophe grec et représentant de l'école cynique, rendu célèbre par son choix de vivre dans un tonneau et dans le mépris absolu du regard d'autrui.

quasiment nu, passait ses nuits dans un tonneau, riche seulement de sa sacoche, sa gamelle et sa liberté, la vraie, c'est-à-dire sans le moindre superflu. Là, elle marquait des points ; la perspective de vivre sans pantalons ni pull-overs ni bottes ni lit ni rien ne m'enchantait guère. Pour digérer l'information, je commençai à mettre en place le couvert du déjeuner dans la salle à manger. Papa arriva peu après, ce qui reporta la suite de mes revendications.

Après que Papa fut reparti, la table desservie et la vaisselle rangée, Maman s'était assise à la table de la cuisine, attendant que le café se réchauffe sans bouillir. Je m'installai devant elle, lourde de ce repas et de ma déception. Rétrospectivement, je pense qu'elle avait envie de rire devant ma posture, mélange de Cosette et des deux orphelines à la fois.

— Tu nous demandes ta liberté. Commence par expliquer ce que ça signifie pour toi.

— Ben… Heu… C'est faire ce que je veux quand je veux sans être obligée d'en demander l'autorisation.

— Développe. Par exemple, là, tout de suite, si je te laissais toute liberté, que ferais-tu ?

— Je ne mangerais pas avec vous ce soir. Je partirais avec mon vélo n'importe où et je rentrerais seulement quand j'en aurais envie.

— Je m'attendais à pire, sauf que, à treize ans, même dépassés de dix douzièmes, tu es tout à fait capable d'imaginer ce qui te tente, pas ce à quoi tu pourrais être confrontée, depuis le pneu crevé en passant par la faim, la mauvaise rencontre, l'accident et j'en passe. Tu risques de regretter rapidement ta fugue… Au fait, en cours de route, si tu dois faire réparer ton pneu, si tu as envie de manger quelque chose, si tu es face à un dingue dangereux, si tu te fais renverser par une voiture dont le conducteur ne s'arrête pas pour te porter secours, tu fais quoi ?

— Pour le pneu crevé et pour manger, il suffit d'avoir de quoi payer ; il me reste l'argent de poche des trois derniers mois. Pour le reste… je me débrouillerai, je crois.

— Te débrouiller ? C'est possible, après tout. Alors je te propose de vivre libre toute cette journée, à condition que tu écrives d'abord une phrase que je vais te dicter.

— Oh oui !

Folle de joie à la perspective de cette journée de liberté, je courus dans le séjour pour prendre, dans le tiroir du buffet, une feuille de papier et un crayon, et m'assis devant elle, très attentive.

— Vivre libre signifie que je suis capable de me suffire à moi-même sans attendre rien de personne – virgule – sans dépendre de mes propres envies – virgule – en assumant seule mes vrais besoins – point.

— C'est tout ? Là, tout de suite, je peux donc faire tout ce que je veux ?

— C'est tout. Garde seulement cette phrase dans ta poche.

Séduite par cette autonomie gagnée presque facilement, je m'apprêtai à inaugurer la nouvelle Colette qui serait désormais au-dessus de tout ou au moins à côté… Dictée et argent de poche… en poche, j'enfilai mon manteau, ouvris la porte de la maison « sans me retourner » – j'avais adopté cette expression lue dans un magazine – et, déjà transformée, je marchai près de mon vélo jusqu'au portail. Où aller ? Peu importait mais vers aucune destination menant à une contrainte comme le lycée, le cabinet du dentiste ou l'épicerie. Allez, roule Colette, te voilà libre !

Ensuite ? Eh bien ! Quoique généreusement dotée à la naissance pour ce qui était du langage, du dessin et, tout récemment, de l'écriture, la fée de l'orientation dans l'espace n'étant pas arrivée à temps le 15 juillet 1954, je me retrouvai penaude dans un quartier inconnu, incapable de m'y situer, obligée de demander de l'aide à une dame occupée à soigner un rosier de son jardin. Ne voyant d'elle que le dos, je la hélai :

— S'il vous plaît, madame…

— Oui ? Oh ! Ça alors… Colette Ollivier… Ça me fait plaisir que tu viennes me voir !

En m'entendant bredouiller que non, je n'étais pas venue pour la voir, que d'ailleurs je ne savais pas qu'elle habitait là, et que simplement je ne retrouvais pas ma rue (située à moins de huit cents mètres de la sienne), Mlle Salmon, notre institutrice en classe de neuvième, éclata de rire :

— En plus d'être toujours dans la lune, tu n'as pas le sens de l'orientation ! Heureusement que tu es bavarde et pas timide, sans quoi…

Gentiment, elle m'expliqua comment rentrer à la maison jusqu'à laquelle je pédalai à toute vitesse de peur d'oublier ses indications. Un coup d'œil sur ma montre acheva de me mortifier : ma grande évasion avait duré moins d'une demi-heure. Tout en rangeant piteusement mon vélo dans le garage, je cherchai le moyen de ne pas me couvrir de ridicule plus que nécessaire.

En ouvrant la porte et remarquant tout de suite le sourire amusé que ma mère, généreusement, tentait de réprimer, je clamai d'une voix libre que, finalement, ce que je voulais aujourd'hui, c'était rester dans ma chambre pour écrire. Sans attendre mon reste, je grimpai à l'étage et refermai sur mon orgueil froissé la porte de mon refuge.

Plus tard, j'apprendrais que l'institutrice avait, dès mon départ, appelé Maman pour lui conseiller de guetter mon retour… Que l'administration des Affaires maritimes en soit maudite puisque c'est à elle que nous devions d'avoir à la maison un appareil téléphonique. Du départ au retour de cette expédition, Coco ne broncha pas. Rien. Pourquoi ? Parce qu'elle n'avait pas non plus le sens de l'orientation. C'est dit.

« *Comment ça : "C'est dit" ? C'est vite dit ! Si tu m'avais demandé, je t'aurais indiqué le chemin. En attendant, moi, j'aurais bien mangé un petit quelque chose…*

— Pas question, Coco. Une fille libre ne doit pas se laisser gouverner par ses propres désirs, n'est-ce pas ?

— *Si être libre, ça empêche de manger, ta liberté, tu te la gardes. Moi, j'ai faim !*

— Coco, tu es trop terre à terre, il faut qu'on parle de l'ascèse, tu veux bien ?

— *Pas besoin, j'ai déjà une bonne ascèse… assise, pardon.* »

Aussi précieuse fût-elle, la rusticité de ma partie Coco pouvait être décourageante… Appliquée, donc, à feindre le cynisme, je demeurais encombrée d'une sensibilité toujours à fleur de peau. Incapable d'expliquer tout ce qui tour à tour m'étouffait, m'exaltait, je commençais à croire que mes proches ne me comprenaient pas, qu'ils s'intéressaient plus à des choses futiles – travailler, remplir la cuve à fioul et le réfrigérateur – qu'à mon mal de vivre. Comment venir à bout de la blanquette de veau, de la soupe-vermicelle-c'est-bon-pour-c'-que-t'as, de l'ironie adulte et de l'autorité quand on hait la blanquette autant que le vermicelle, qu'on n'a pas encore accès à l'humour salvateur ni à la dérision, qu'on est pleine de rêves, de doutes-certitudes ? Eh bien ! discrètement, on devient anorexique, secrète, romantique, et on passe les nuits à écrire des poèmes, assurée d'être grande puisque tout le monde dort et qu'on vit en secret. Je faisais mon entrée à la fois dans l'âge bête, le premier lycée mixte et la métaphysique.

Septembre 1968, ma rentrée en troisième et en mixité.

Tant que j'étais au lycée de filles, ma léthargique et confortable médiocrité avait maintenu ma conscience relativement paisible. En revanche, la classe de troisième allait, je le savais, me confronter à la cohorte redoutable des forts en gym, forts en maths, forts en gueule, bref, les garçons.

Quand on est allergique aux calculs, réels et figurés, inapte aux exercices de culture physique, qu'on a grandi si vite qu'on est maigre avant qu'enfin, ça devienne la mode – merci, charmante Twiggy[1] –, qu'on passe les dimanches à jouer du piano et une partie des nuits à noircir ses cahiers d'alexandrins houleux, quand on est amoureuse de Frédéric Chopin et qu'on a de l'acné rebelle à tous les soins, les temps de récréation en totale mixité sont des heures de torture ! Il n'est pas évident d'admettre brutalement qu'on est en post-Mai 68, que Franz Liszt n'est pas coté au hit-parade, et que les « jeans » sont des pantalons à ne pas confondre

1. Twiggy Lawson, née Lesley Hornby, mannequin rendu célèbre dans les années 1960 par son insouciance, ses cils allongés, dessinés à l'extrême, et sa maigreur, d'où son pseudonyme, « Twiggy » signifiant « brindille ».

avec les « djinns » des légendes orientales. Convaincue que rien, sur et dans ma personne, ne pouvait séduire, que mon sex-appeal brillait par son absence, la solution pouvait être, comme l'affirmait Lucette, de revendiquer mon droit à la différence. Sur le fond, elle aurait pu avoir raison ; sur la forme en revanche, cela se traduisit par le rejet : « Une romantique, quelle rigolade ! D'où elle sort, cette fille ? »

Afin de dissimuler un torse plat perché sur des jambes trop longues, je longeais la galerie couverte, contournais les petits groupes de filles papotant sans virgules, des lèvres agitées de celle-ci aux oreilles gourmandes de celles-là, sous le sceau du secret, les épaules en avant, les derrières en arrière, jusqu'à la grande porte de la cour, et m'asseyais par terre où il n'y avait personne. Là, adossée au mur, vêtue de mon tout premier jean – en velours milleraies vert foncé – et d'une chemise militaire détournée de l'armoire paternelle, les cheveux non pas coupés « à la Stone », en référence à la chanteuse du groupe « Stone et Charden », comme ça devenait la mode, mais hachés comme ceux de Brian Jones[1] dont le visage douloureux m'évoquait celui de Chopin portraituré par Delacroix – façon toute personnelle d'être fidèle à feu mon cher Frédéric –, je m'appliquais, d'une bouille maussade, à dissuader celles et ceux que je trouvais ennuyeux de m'approcher. En même temps, je cherchais le moyen d'attirer l'attention de celles et ceux, beaucoup moins nombreux, qui me fascinaient par quelque chose que je ne possédais pas : les mollets musclés de l'une, la peau lisse d'une autre, les yeux foncés de celui-ci, les cheveux blonds de celui-là.

1. Brian Jones, de son vrai nom Lewis Brian Hopkins Jones (1942-1969), musicien multi-instrumentiste britannique, est le fondateur des Rolling Stones.

Adolescente complexée (pardon pour ce pléonasme) mais orgueilleuse (autre pléonasme), j'ai cultivé très tôt l'art commode de me débrouiller avec les moyens du bord mais, trop jeune pour savoir tirer parti de tout, je laissai de côté tout ce que je ne pouvais pas changer pour m'occuper d'abord de ce qui regardait les autres. M'inspirant, entre autres, d'Irène Papas dont les sourcils étaient encore plus épais que les miens, et de la comédienne Pauline Carton dont le succès était inversement proportionnel à la beauté, je concentrai mes failles en une arme désarmante grâce à la dérision, en me raillant moi-même avant que d'autres ne le fassent et ne me vexent. Après plusieurs jours d'autodénigrement, l'on me reconnut quelque talent d'amuseuse, mais cela ne suffisait pas ; il fallait détenir un pouvoir unique, un talent que les autres, tous les autres, m'envieraient, tant qu'à prendre ma revanche sur tout ce que personne ne m'enviait…

De quel défaut ou de quelle différence allais-je faire un atout ? J'optai pour mes yeux. L'entourage familial et amical de mes parents avait beau dire que j'avais de grands yeux bleus très beaux, « ça ne prenait pas ». D'abord parce qu'ils me permettaient de voir qu'ils n'étaient ni bleus ni grands, donc pas beaux. Ensuite parce que, dès le début de notre vie scolaire, l'opinion de nos camarades compte beaucoup plus que celle de nos proches. Aucun mystère à cela, d'ailleurs : nos proches, beaucoup moins nombreux que les élèves d'une école, sont censés nous aimer inconditionnellement, alors que nos camarades et nous-mêmes ambitionnons d'être non seulement populaires mais plus populaires que les autres, plus enviés surtout. Mon adolescence fonctionnait sur le mode superlatif.

Surmontés de sourcils noirs épais pesant sur des paupières déjà tombantes sur des cils noirs entourant de petits globes oculaires aux iris jaunes et gris comme la chair d'une huître, tels étaient ces yeux affublés d'adjectifs parfois admiratifs, souvent inquiétants : « Ne me regarde pas comme ça, tu me fais peur avec tes yeux blancs » et : « T'as des yeux bleus bizarres, on a l'impression que tu nous passes à travers » ou encore : « Mademoiselle Ollivier, je vous prie de me regarder autrement ! » et surtout : « Avec tes gros sourcils noirs et tes yeux tout pâles comme ceux des sorcières, tu es sûrement voyante. »

Lasse d'espérer vainement des cuisses rondes, des mollets gracieux, des sourcils fins et, surtout, des yeux noirs ou au moins marron foncé, j'entrepris d'entraîner mes globes oculaires avec autant d'ardeur qu'un gymnaste handicapé sollicite ses membres intacts. Dissimulée par ma frange trop longue, j'appris seule à loucher savamment d'un œil, de l'autre, des deux, de l'intérieur vers l'extérieur et vice-versa. Il m'en reste aujourd'hui un strabisme léger, instable, divergent ou convergent selon mon degré de fatigue. Je maîtrisai aussi les réflexes palpébraux jusqu'à maintenir ouvertes mes paupières plus d'une demi-heure. Exercice très utile les jours d'interrogation orale en classe, car, gênés par ce regard pâle et fixe, certains professeurs préféraient interroger les élèves plus « normaux ». Pour distraire et impressionner mes camarades, je crispais les nerfs optiques jusqu'à faire trembler les globes oculaires à toute allure. Succès assuré. Bref aussi, car, ainsi déchaînés par ce faux nystagmus[1], mes yeux ne détectaient plus le regard courroucé du professeur averti de mes clowneries par les rires, ce qui me valut quelques remontrances et

1. Mouvements saccadés involontaires des deux globes oculaires.

heures de colle au cours de ma scolarité. Surtout, je parvins progressivement à contrôler le diamètre de mes pupilles, et ce quelle que fût l'intensité lumineuse alentour.

Cette « performance » est supposée impossible parce que le sphincter pupillaire est un muscle lisse en forme d'anneau au bord de la pupille, innervé par des rameaux du nerf sympathique, dont les fibres ne répondent en principe qu'à un ordre réflexe donc involontaire. Le hasard, souvent perspicace, m'offrit plus tard de remplacer la secrétaire d'un professeur ophtalmologue à Rennes. Or, à l'un de ses patients atteint de mydriase paradoxale, c'est-à-dire de constriction pupillaire dans l'ombre, et dilatation dans la lumière, j'entendis le docteur répondre : « Non, il n'y a pas de rééducation possible dans votre cas, l'ouverture et la fermeture des pupilles sont des actes réflexes impossibles à contrôler. » J'aurais pu et dû me contenter de classer la fiche dudit client, au lieu de quoi, Coco ne put s'empêcher de réagir : *« Si, c'est possible ! Moi, j'y arrive. »*

Le professeur me regarda avec un mépris professoral, en m'assénant un « Non, mademoiselle » sans appel. C'était mal connaître Coco qui contourna le bureau et planta ses deux yeux dans les siens pour exécuter, face à la fenêtre, son numéro favori. À quoi pensa le professeur à cet instant ? Sans doute à appeler en urgence l'agence d'intérim qui m'avait recommandée. Il m'observa quelques secondes et marmonna de l'inaudible avant de retourner s'enfermer dans son cabinet. Coco aurait sa revanche plus tard grâce à un autre professeur, de psychologie expérimentale celui-là, qui filmerait ces performances oculaires afin d'illustrer son travail sur les corrélations entre l'œil, le cerveau, la perception et la volonté.

Parmi toutes les remarques faites à mes yeux revenaient les mots sorcière et voyante. La seule sorcière dont je connaissais l'existence étant celle qui offrait à Blanche-Neige une pomme empoisonnée, et comme je n'ambitionnais pas d'avoir, en plus de l'acné, des verrues poilues sur la figure, je m'intéressai au mot « voyante » qui m'évoquait précisément les Gitanes rencontrées à Saint-Samson. En bordure du canal de Nantes à Brest, le quai situé à l'entrée de la commune était une halte autorisée aux « gens du voyage ». Quand ils étaient nombreux, ils installaient leurs roulottes – plus tard remplacées par les caravanes – dans le champ reliant le quai au jardin de Pépé. Du temps où les roulottes étaient tirées par des chevaux, ce champ était leur pâturage. Pour une gamine curieuse, ces rassemblements représentaient un monde à part, des coutumes différentes, bref, un spectacle vivant très attirant. Attirée donc, je tournais autour jusqu'à ce que leurs enfants me convient à leurs jeux, par exemple, à l'heure du goûter, comment immobiliser des vairons et goujons vivants entre deux tranches de pain pour les manger… toujours vivants. Inoubliable.

« Inoubliable… Vomitif aussi, tu te rappelles ?

— Oh ! oui, Coco !

— *T'étais prête à tout pour te faire admettre par les gens que tu admirais... Des fois, tu me faisais pitié.*

— Coco, laisse-moi écrire ce paragraphe, s'il te plaît, au lieu de me refaire la guerre de sale temps. »

Donc, voyant que je ne me comportais pas en « gadjii fille de gadjé[1] », les mères de ces camarades acceptaient ma présence et s'amusaient de ma curiosité en me montrant comment elles lisaient l'avenir entre les lignes de la main. Succinctement, en rigolant.

Autre référence en matière de clairvoyance : sur la place du marché de Rocabey, une sorte de cabine de plage étroite en toile rouge, à laquelle était suspendu un panneau annonçant : « Voyante chiromancienne ». Cette dame proposait également des bagues porte-bonheur surmontées de pierres « précieuses parce que magiques » et des lectures de « bonne aventure » dans les lignes de la main. Sous des cheveux très noirs, ses yeux, aux larges iris marron foncé, entourés de crayon noir, m'impressionnaient beaucoup. Lucette, on s'en doute, ne m'autorisa pas à consulter « même rien qu'une fois pour voir », ladite voyante-chiromancienne. Têtue, je feuilletai le dictionnaire de la maison et lus, à la suite du mot « chiromancie » : « Art qui prétend deviner le caractère ou la destinée d'une personne d'après les lignes et les particularités de la main[2]. » Cela me sembla si pauvre que j'empruntai la

1. « Gadjii » : féminin de gadjo. « Gadjé » : pluriel. Est appelée « gadjo » toute personne n'étant pas Rom.

2. Ne disposant plus du dictionnaire de mes parents, j'ai prélevé cette définition sur la copie, imprimée en 1993, du dictionnaire de la langue française Bordas édité en 1976.

carte de bibliothèque de Lucette et pédalai jusqu'à la vieille ville en quête d'un livre relatif à cette technique divinatoire dont je n'avais que les succinctes notions acquises sur les marches des roulottes à Saint-Samson. Le livre que je trouvai m'intéressa, au début, mais les croquis y étaient si moches et si imprécis que je repris mon vélo le lendemain pour le restituer à la bibliothèque. Cependant, ma bonne étoile, très en forme à cette période, veillait à me satisfaire…

Peu après, connaissant mon attirance pour la divination et ma répugnance à ouvrir un livre destiné à l'usage des « non-comprenants[1] », Gilles, mon grand ami d'alors, m'apporta un ancien manuel relatif à la chiromancie exhumé de la bibliothèque grand-parentale. Rien que l'aspect « grimoire flétri par le temps » m'assurait de la pertinence du contenu. De plus, les schémas y étaient esthétiques et explicites. Dotée d'un gros ego et d'un grand sens pratique, je commençai par étudier mes mains.

« Grâce à qui, le sens pratique, hein ? Sans compter plein d'autres qualités dont tu ne parles pas souvent, je trouve.

— Oui, Coco, j'ajoute, puisque tu y tiens, ton immodestie totale, ta suffisance et ta rafraîchissante impertinence dont je ne saurais me passer.

— *Ah ! Quand même... Merci Colette.* »

Comme toute néophyte, j'interprétai ces entrelacs comme les signes indiscutables des talents que je rêvais de détenir. Manquait pourtant une certaine croix témoignant du don

---

1. De même que l'on estime plus séant de dire « non-voyant » au lieu d'aveugle, j'estime prudent d'écrire « non-comprenant » au lieu de c...

de divination… Théorie de transitivité aidant, je creusai à la pointe de compas ladite croix au creux de ma paume gauche. Le résultat fut une plaie douloureuse et vite refermée sans la moindre séquelle.

« Bien fait Colette ! A-t-on idée d'être aussi bête… N'empêche que ça m'a fait mal aussi !

— Pardon, pauvre Coco. »

Ce petit manuel agit comme un précieux coup de pouce mental, en me donnant une plus grande confiance en moi puisque, au lycée, je serais seule à détenir LE savoir ancestral ! Semblable à des millions d'humains éduqués sévèrement par des parents soucieux de l'éthique et une école publique, laïque et drastique, je croyais encore qu'apprendre tout par cœur, m'exercer sans relâche, me concentrer sur tout travail, suer et souffrir, m'assurait d'accéder à un très haut niveau de compétences, donc à la gloire… au moins dans l'enceinte du lycée. Cependant, alors que l'étude de cet ouvrage m'eût d'emblée confortée dans la pertinence de mes lectures palmaires, peu à peu mon oublieuse mémoire sembla perdre cette « science » laborieusement acquise.

« Je l'avais bien dit qu'on aurait mieux fait d'aller dans les rochers chercher des berniques et des bouquets au lieu d'apprendre toutes ces pages !

— Coco, ne te fais pas plus bête que nécessaire ; tu sais que “ne rien apprendre” et “oublier ce qu'on a appris” ne donnent pas du tout le même résultat. Je t'expliquerai tout ça quand ce livre sera terminé. »

Inquiète, donc, de cette amnésie partielle et incompréhensible, et inquiète plus encore d'être prise en flagrant délit d'ignorance, il m'arriva, de plus en plus souvent, d'interpréter telle ligne, tel îlot, tel chaînon encore jamais vu, « à ma façon », comme je le sentais ou, plutôt, comme quelque chose en moi le sentait. Et, alors que je commençais à me sentir illégitime, ces assertions et prédictions prononcées « au petit bonheur la chance » s'avéraient justement les plus « bluffantes ».

« Tant moins qu'on en faisait, tant mieux que ça fonctionnait ! »

Coco ma flemmarde était enchantée de me voir oublier progressivement tout ce qu'elle avait dû apprendre avec moi. Elle avait raison de s'en réjouir, plus encore qu'elle ne le pensait. Nous découvrîmes de concert que moins j'y travaillais, plus j'étais efficace dans mes lectures du passé des individus qui me tendaient les mains, et que plus j'étais distraite au moment de prédire, plus j'étais pertinente ; c'était en tout cas ce que, après coup, mes jeunes consultants m'assuraient en me payant de gros caramels vendus dans une coopérative installée dans la cour. En fait de concentration, je constatai que ma non-méthode fonctionnait à merveille et en tout domaine, que ce fût pour prédire, dessiner, peindre ou écrire. On ne s'étonnera pas de lire que, bien encouragée en cela par Coco, la laborieuse que j'étais devint une paresseuse… assidue. À tort pour d'autres domaines tels que la géographie et les mathématiques qui, forcément, pâtirent de ma négligence.

D'ailleurs, le vrai but de l'exercice chiromantique pendant les récréations était surtout récréatif. J'avais trouvé là un moyen efficace de séduire « autrement » qu'avec les atouts féminins dont j'étais de toute façon dépourvue, jusqu'à faire s'approcher de moi celles et ceux qui me fascinaient. « Autrement », car l'attraction qu'ils exerçaient sur l'adolescente que j'étais n'était, je crois, pas sexuelle.

« Le pire, Colette, c'est que c'est vrai. Une oie, tu étais ! Enfin, deux oies nous étions… »

J'étais certes une oie mais une oie esthète et spirituellement développée. Cette attraction était plutôt comparable à ce que l'on ressent pour un tableau, une sculpture, une musique, un texte ou un parfum. Je misai donc, en plus de mes discours sur leur géographie palmaire, sur mon regard fixe pour dissuader les sceptiques de rigoler, sur mes sensations pour deviner ce qui leur posait problème, et sur les couleurs de leurs auras respectives pour affiner ce que, étonnamment péremptoire, j'affirmais sans discussion possible.

Si j'évoque de façon légère ma capacité à « voir » le halo lumineux entourant tout ce qui vit autour de moi, c'est que j'ai le souvenir de l'avoir toujours vu, sans savoir que ses couleurs, d'ailleurs variables, indiquaient son degré de spiritualité, on s'en doute. Toutefois, ma jeune expérience m'avait appris à fuir les gens entourés de rouge foncé, comme Papa quand il était en colère, et à m'approcher de ceux entourés de bleu ou de doré, comme les personnes paisibles et gentilles que je connaissais. Bien sûr, en l'écrivant, je devine, sinon l'intérêt, au moins l'étonnement du lecteur.

« Et le mien, d'étonnement ! Tu as beau affirmer tes dons et tes talents, je te rappelle que moi, je n'ai jamais rien vu, entendu, perçu d'autre que le bulgum p. cul...

— Tu veux dire le vulgum pecus ?

— *Oh ! Arrête de faire l'institutrice. Je veux dire les gens comme moi, normaux, quoi !*

— Qu'est-ce que j'y peux ?

— *Rien justement. Tu as beau voir des trucs et des machins, tu n'es pas beaucoup plus utile que moi. Na ! Et puis, qu'est-ce qui me prouve que tu n'as pas inventé toutes tes bizarreries ? Hein ? Rien, rien du tout. »*

Coco a raison. Je ne suis pas en mesure de démontrer ni prouver cette faculté, et je n'ambitionne pas d'y parvenir puisque, on l'aura compris, je n'espère ici ni convaincre, ni enseigner, seulement témoigner.

Coco s'interrogeait. Moi aussi. Voyais-je ou inventais-je sans m'en apercevoir ? J'avais l'impression de dire vraiment ce que j'avais la sensation de devoir dire. En tout cas, pendant ces monologues prédictifs, je n'avais aucune des sensations qui m'envahissaient quand je mentais. Pourtant, ma fidèle Coco me harcelait si souvent de ses accès de bon sens que j'en venais à me dire que je ne formulais rien de plus que de généreux mensonges censés faire plaisir. Comment savoir ? Rétrospectivement, je crois avoir prononcé, pendant ces séances pittoresques, énormément d'âneries, mais involontairement. Une certitude cependant : je savais convaincre mes semblables de l'avenir passionnant qui n'attendait qu'eux. Dans l'hypothèse où ce que je captais était en réalité plus leur personnalité hors du commun que l'imbroglio de leurs graffitis palmaires, je sais que, aux élèves que je n'appréciais pas particulièrement mais qui me pressaient de décoder leurs mains, j'annonçais des événements ordinaires, et que l'avenir me prouverait que j'avais vu juste. Une autre certitude est que, au contraire, celles et ceux à qui je proposais mes lectures de mains sont, toutes et tous, devenus des célébrités, chacun dans son domaine.

Dominique et ses frères célèbrent en musique et dans le monde entier leur noble celtitude. Olivier est devenu magicien-alchimiste envoûteur de papilles. Avec René, son génial mari cinéaste et réalisateur, Soazig a enroulé sur des bobines de film l'histoire de femmes qui, solidaires de leurs époux ouvriers malmenés par leur patron, retinrent ledit patron le temps d'en obtenir une explication et de lui faire un procès. Rémy est devenu directeur d'un aéroport prestigieux. Jean-François fouille l'onde avec sa chère Magali ; élevant avec art des algues minuscules et des naissains microscopiques, il sauve de l'oubli des coquillages exsangues, des oursins cachectiques et, par voie de conséquence, un grand nombre d'humains. Gilles a courageusement abandonné l'enseignement de la physique et des mathématiques pour composer et jouer de sublimes musiques pour et avec ses talentueux amis, avant d'enseigner l'aïkido et des sciences musicales incompréhensibles pour moi. Christian, longtemps considéré comme un cancre par son père, est devenu, comme ce père, « pacha » sur les bateaux de la marine marchande. Et cette liste n'est pas exhaustive.

Complètement ignorante, à l'époque, des pouvoirs de la suggestion sur des êtres… suggestibles – étant hautement suggestible moi-même –, je ne m'inquiétais pas, en annonçant à celui-ci et celle-là leur inaptitude à ceci ou cela, d'avoir possiblement orienté leurs choix, leurs décisions sous le joug de cet anathème. D'ailleurs, aujourd'hui plus érudite et expérimentée, si je pense n'avoir pas eu plus d'incidence négative que n'importe quel protagoniste d'une quelconque discussion, c'est que je crois sincèrement ne détenir aucun pouvoir de ce genre et que j'en suis grandement soulagée.

« Pas moi ! J'y croyais dur, moi, que c'était grâce à toi qu'ils réussissaient ou rataient tout ; j'en étais même jalouse.

— Pourquoi jalouse ?

— *Parce que si j'avais pu en faire autant, j'aurais mis en échec tous ceux qui me dérangeaient, pardi !*

— C'est donc une vraie chance que ni toi ni moi n'ayons jamais détenu ce triste pouvoir. »

Ce fut au cours des ans, en découvrant, *via* les journaux et la télévision, leurs trajectoires de plus en plus remarquables au fil de leur progression, que je fis le rapprochement entre leur nombre et celui, divisé par deux, des mains inspectées dans la cour du collège Jean-Charcot. C'est en écrivant ce chapitre que je commence à mieux comprendre la mécanique de mes prouesses prédictives. J'avais déjà le don de discerner, parmi des centaines d'individus, ceux qui détenaient, derrière un détail visible, un talent invisible. Ce pouvait être une démarche, une allure, une voix, un regard, des mouvements de mains, ou une certaine beauté que, le plus souvent, j'étais seule à percevoir ; « quelque chose » qui, d'emblée, me les rendait uniques, incomparables, et me donnait envie de m'en approcher. Je comptais ensuite sur mon supposé talent de chiromancienne et ma réelle facilité oratoire pour susciter en eux l'envie de venir vers moi. Tenant leurs mains entre les miennes, je parlais, discourais, persuadais avec fougue, et puis j'oubliais. Cette amnésie post-voyance demeure, m'étonne et me rassure, car la vie de Tom Niles[1], l'homme qui n'oubliait jamais, était un enfer ! Au contraire, la mienne devenait de plus en plus distrayante et valorisante, ne fût-ce que par mes premiers honoraires, ni trébuchants ni sonnants, mais tendres et fondants : les caramels.

1. Tom Niles, le héros de *L'Homme qui n'oubliait jamais* (*The Man Who Never Forgot*), nouvelle de science-fiction écrite par Robert Silverberg. Première parution en 1958 dans *The Magazine of Fantasy & Science-Fiction.*

Après quelques semaines, j'avais assimilé le code de comportement patiemment érigé par des générations de potaches avant moi : inventer, contester, mimer, singer l'autorité, railler, faire rire, être entourée, s'initier à la triche, s'évanouir pour de vrai au cours de gymnastique et faire l'intéressante dans la salle de musique en jouant au piano la *Lettre à Élise*[1] debout en grimaçant, et les préludes de Frédéric Chopin sur des rythmes de twist, jerk ou boogie-woogie. Je reniais mes amours sans le moindre scrupule – au moins en apparence –, convaincue tout de bon que, même si ce n'était pas la vraie vie, c'était en tout cas le rôle qui m'incombait pour rester populaire. Les adultes avaient beau décrire l'enfer socioprofessionnel qui guettait les cancres, tire-au-flanc et marioles de tout poil que nous nous efforcions de demeurer longtemps, nous bravions le danger, très relatif, de cette damnation en

1. Ludwig van Beethoven a écrit cette *Bagatelle en la mineur* en souvenir de Thérèse Malfatti, en 1810. Cette œuvre courte, jamais jouée jusqu'à la mort du compositeur en 1827, ne fut découverte par le musicologue Ludwig Nohl qu'en 1865. Ne parvenant à déchiffrer, sur la partition originelle, que « Lettre à… se », il choisit de la publier comme *Lettre à Élise*.

nous amusant bien. Trop contente d'avoir trouvé une place respectable au sein du microcosme de la cour du collège, je refusais de m'attarder sur le sentiment d'imposture qui me gênait parfois. Vivre semblait aux autres si facile… Semblait seulement.

En entrant dans la classe un matin comme les autres, nous vîmes tous qu'une chaise était restée vide, près de la fenêtre au premier rang. Sur celle d'à côté, Danielle sanglotait ; la veille, son amie Béatrice avait été tuée par un chauffard. La mort une fois encore.

Lequel des élèves présents ce jour-là suggéra aux autres de se réunir en séance de spiritisme ? Je me souviens seulement de ma tentation de retrouver, comme eux, notre camarade disparue.

Déjà et à jamais rétive aux actions collégiales, au lieu de suivre le petit groupe d'apprentis spirites de ma classe, j'attendis d'être seule dans ma chambre pour tenter l'expérience de retrouver Béatrice, où qu'elle se trouvât. Comment devais-je m'y prendre ? Parmi les livres des bibliothèques familiales, rien concernant les tables qui tournent et les verres qui slaloment entre les lettres de l'alphabet sur une planche de oui-ja. Restait la piste inexploitable des séances spirites organisées à Jersey, dans la maison de « Marine Terrace », par Victor Hugo. Inexploitable car je ne disposais plus du dépliant qui avait été donné à mes parents lors d'un court séjour familial sur cette île. Je gardais de cette parenthèse le souvenir confus de ce qu'en avait raconté, en franglais, le guide de la visite. J'en avais retenu notamment la quête désespérée d'Hugo pour entrer en contact avec sa défunte fille Léopoldine, les longues heures nocturnes passées par les invités, assis à la table ronde, occupés à soumettre les défunts à la question, et le fait, étonnant, que le poète lui-même n'y prenait part que de loin, se contentant de noter ce qui se disait autour de la table.

Faute de table ronde, je rapprochai du lit ma chaise de bureau en guise de guéridon et, assise sur le bord du matelas, les mains encore maintenues à distance, j'hésitais entre l'envie qu'il se passe quelque chose et la crainte que quelque chose ne se passe. Mes seuls partenaires étaient la tristesse et la révolte engendrées par la mort d'une fille gaie, gentille et très jeune. Après tout, que risquais-je ? J'étais vivante, même si je ne comprenais pas pourquoi. Pensant à la terreur, à la douleur que notre camarade avait dû subir lorsqu'elle avait été heurtée par la voiture, je me traitai de lâche et m'enhardis en tenant mes mains bien ouvertes, paumes en dessous, à quelques centimètres de l'assise en cannage. Les yeux ouverts en grand dans l'effort de visualiser Béatrice devant moi pour m'adresser à elle, je ne parvenais pas à maintenir son image très longtemps ; ma vision se brouillait de larmes. Pas des larmes de chagrin, seulement le réflexe palpébral d'yeux pas encore habitués à être maintenus ouverts aussi longtemps. Je songeai que les exercices oculaires que je m'imposais depuis peu n'apportaient pas encore les résultats espérés. Je songeai aussi que, en songeant à ceci et cela, je perdais toute chance d'entrer en contact avec Béatrice.

Découragée, je fus traversée par l'idée que, peut-être, elle n'avait aucune envie de parler avec moi, que son silence était de l'indifférence et que c'était normal puisque nous n'avions pas été des amies intimes. Je chuchotai quand même : « Tu m'agaçais à rire tout le temps, mais je t'aimais bien. » Quelque chose se passa qui me glaça. La chaise bascula un peu sur ses deux pieds arrière, glissa doucement vers moi, contre mes genoux, comme si elle ne touchait pas le sol, et s'immobilisa, toujours en équilibre sur ses deux pieds arrière. Ce déplacement n'avait fait aucun bruit. N'ayant pas vraiment cru que ça fonctionnerait, surtout si vite, j'étais pétrifiée. Au même instant, je sentis quelqu'un près de moi. Après avoir oublié de respirer un long moment, je risquai un timide : « C'est toi, Béatrice ? Dis, c'est vraiment toi ? », mais, au lieu de la voix claire et sonnante que j'attendais, une autre voix en colère tonna en moi : « Colette… Non ! Ne fais pas ça ! » – celle d'un vieux monsieur que je reconnus aussitôt : Pépé Chantrel, décédé deux années plus tôt. Son fantôme ne me faisait pas peur. Sa colère si. Paniquée, j'entendais cogner mon cœur très fort et à toute vitesse ; à peine osais-je respirer… J'attendis longtemps avant d'oser bouger.

« Colette, qu'est-ce que tu attends ? J'ai des fourmis plein les jambes, on va se coucher ? »

Coco et moi étendîmes lentement nos jambes, ce qui me fit sentir les fourmis évoquées. Rien d'autre ne se produisant, j'eus l'impression qu'il n'y avait plus « personne » avec moi dans la chambre. Tremblante, je remisai la chaise jusque sous ma table et me glissai dans le lit, encore habillée, couverture sur la tête, en jurant à voix basse de ne jamais recommencer.

« Tu trembles et tu l'as bien cherché ! Tu n'avais qu'à pas faire ça, surtout que Béatrice ne m'aimait pas, alors même si c'est elle qui a fait bouger la chaise, ça t'aura servi à quoi ? »

Ensuite, se succédèrent trois années de pension à Rennes au lycée de Bréquigny dont ma mémoire a conservé intacte la rage d'être minoritaire, enfermée au milieu d'une foule de gens qui m'étaient indifférents. M'en restent cependant quelques amis rares et précieux : Jean-Yves et Michel, artistes intelligents, attachants et enchanteurs, Christine que j'évoquerai plus loin sous le nom de Chochotte, et ma chère Isabelle, artiste consacrée aux mouvements et couleurs du bonheur, dont je bleuis le prénom à plaisir tant les bleus l'enluminent. Coïncidence amusante : à la fin de l'année de terminale, donc au dernier jour de ma vie de lycéenne, dans ma hâte de fuir ce pensionnat honni, apercevant l'ID grise conduite par Maman, au lieu de sortir de la salle de « permanence » où toutes, nous attendions nos libérateurs, je sautai par la fenêtre à guillotine du rez-de-chaussée dont l'un des panneaux retomba sur ma main gauche, éclatant ma paume. Il m'en reste une vraie et indélébile cicatrice en forme de croix, identique à celle que je m'étais vainement efforcée de fabriquer avec la pointe de mon compas quatre ans auparavant.

Après le baccalauréat, suivit l'université de lettres et arts plastiques, parallèlement à l'inscription dans une école d'esthétique d'où je sortis munie d'un CAP et d'une faible attirance pour ce métier dont je ne percevais que l'aspect superficiel. Par chance, Chantal Le Cozic, la belle et talentueuse fondatrice éponyme de cette école, me recommanda à une esthéticienne qui souhaitait se faire remplacer dans son institut, pour un long mois, le temps de se marier et de savourer son voyage de noces.

Effrayée à la perspective de devenir, deux semaines plus tard, seule responsable d'une clientèle, je priai des amis étudiants en première et deuxième année de médecine, de me faire parvenir leurs cours que j'étudiai avec ferveur, très concentrée cette fois, guidée par le serment d'Hippocrate « *Primum non nocere*[1] ». Il advint que, ainsi nourris de savoirs complémentaires, les cours reçus à l'école d'esthétique m'apparurent plus intéressants et que la pratique de ce métier s'avéra passionnante. Passionnée donc, j'ouvris, en septembre 1979, une petite entreprise d'esthétique itinérante, particulièrement destinée aux personnes malades, handicapées ou n'ayant pas envie de se déplacer. J'avais vingt-cinq ans et j'appréciais déjà beaucoup la solitude, même s'il m'arrivait d'amarrer mon cœur à tel ou tel autre jeune homme déjà libéré des obligations scolaires et militaires, et pas encore enfermé dans des obligations matrimoniales et parentales.

« Tu ne vas quand même pas raconter nos folies endocrines aux lecteurs ? Là, tu vas trop loin, Colette ! Sans être prude, j'ai ma pudeur.

---

1. « *Primum non nocere* » : D'abord, ne pas nuire. Précepte inspiré d'une phrase d'Hippocrate dans son traité *Épidémies* : « Avoir, dans les maladies, deux choses en vue : être utile ou du moins ne pas nuire. »

— Rassure-toi, Coco, l'objet de ce livre n'est pas notre vie amoureuse, mais le récit des événements reliés à ce que j'ai résumé comme “mes grands coups de pied occultes”.

— *Non, vraiment, t'as beau dire, je vois pas où tu veux en venir.*

— Patience, Coco, patience… »

Le 13 novembre 1980, mû par une mâle inconséquence et un cortex trop lisse que je n'avais pas encore décelé – ce qui relativise mes capacités de clairvoyance –, mon « jeune homme libéré O.M.M. » d'alors rentra un soir avec, au bout d'une ficelle, un chiot noir aux pattes anormalement larges.

— C'est quoi, ça ?

Il bafouilla alors plusieurs explications incompréhensibles car prononcées l'une par-dessus l'autre. Je finis par comprendre que l'intrus était le fruit des amours d'une danoise et d'un terre-neuve, soit deux énormes bêtes. Immédiatement, j'attirai l'attention de l'homme, toujours à l'autre bout de la ficelle, sur le fait que mon appartement ne comportait que deux pièces, qu'un grand chien doit impérativement se dépenser beaucoup, voire nager longtemps par tous les temps – terre-neuve oblige –, et que ma stature serait sans effet quand cette charmante peluche pèserait deux fois mon poids. À quoi le garçon rétorqua, avec l'innocence de celui qui ne voit de l'horizon que le doigt qui le désigne :

— T'inquiète pas Bibiche (!), je m'occupe de tout. Un chien comme lui doit avoir un seul maître ; tu n'auras pas à t'en occuper.

Soit.

J'enfonçai un grand mouchoir virtuel au fond de ma poche pour écraser mon indignation face à cette situation qui m'était imposée sans délibération préalable, et m'astreignis à une discrète indifférence. Cependant je notai, après quelques jours, qu'en présence de son maître, le jeune Rictus, ainsi nommé par moi – seule concession autorisée par « le maître-chien » – en hommage à Jehan-Rictus, le merveilleux poète des miséreux, exécutait de joyeuses cabrioles sur le canapé, grignotait les chaussures et vidangeait sa vessie suivant un itinéraire aléatoire donc imprévisible. Je fulminais. Alors que, profitant d'une absence de l'homme pendant quelques jours, je m'apprêtais à ramener le chiot chez son ancien propriétaire, je réalisai qu'il me suivait dans l'appartement pas à pas sans me devancer, sans mendier sous la table quand je petit-déjeunais, et qu'environ toutes les deux heures, il couinait avant de baisser l'arrière-train. J'improvisai donc une méthode de dressage adaptée à nos besoins réciproques : toutes les deux heures, je le descendais dans la cour de l'immeuble en lui chuchotant « Pssss, pssss… » comme font les mères pour leurs petits. Pas les chiennes visiblement, car cette comptine minimaliste l'intriguait sans émouvoir sa vessie. Je passai au plan B. Ayant lu, en salle d'attente du dentiste, dans un magazine consacré aux jeunes mères, que l'éducation passait par l'imitation, j'optai, prudente, pour des séances nocturnes. Après avoir vérifié que personne ne pouvait me voir, je m'accroupis entre deux voitures et, tenant d'une main la laisse du chien, de l'autre le pan de mon manteau, j'effectuai sous ses yeux ce que j'attendais de lui. Victoire totale ! Après quoi, moyennant le kit récompense-motivation – compliment/caresse/croquette – pendant les premiers jours, Rictus se prêta volontiers au rituel de vidange vésicale, et plus, sans qu'il fût nécessaire de réitérer ma gymnastique pédagogique.

D'autre part, agacée par sa manie de mordiller les pieds de chaise, de table et de moi-même, je décidai d'imiter ce qu'aurait fait sa chienne de mère : je le suivis à quatre pattes, ce qui sembla l'amuser beaucoup. Dès qu'il approchait sa truffe d'un pied quelconque, je grognais un peu derrière lui. Dès qu'il posait une dent sur un objet, je grognais plus fort en lui mordant une patte, un peu. S'il insistait, je mordais plus fort. Que l'on me croie ou non, ce dressage s'avéra si efficace que, après sa semaine d'absence, son maître en fut ébahi. Vexé aussi, et même un peu jaloux, car, dès le lendemain de son arrivée, il emmena le chien dans sa nouvelle Alfa Roméo rutilante, pour le faire courir sur la plage. Il n'eut pas le temps d'atteindre la cale de l'Éventail ; le chien, peut-être incommodé par la belle sellerie italienne, se vidangea honteusement et complètement sur la banquette arrière.

Le même jour, tandis que l'homme, rageur, nettoyait ce qui devait l'être, j'emmenai le chien dans ma vieille R6 dont la caisse désagrégée laissait voir clairement le macadam, les pavés et les plaques d'égout. Durant tout le trajet, le chien se tint assis sur le siège passager, sans causer le moindre dommage à ma guimbarde. Au retour, alors que je croyais rassurer l'homme sur les capacités de son chien à bien se comporter, son visage passa au livide, ses yeux clairs au sombre, puis il explosa dans une rage telle que je pris à la fois peur et le chien contre moi et transportai le tout jusqu'à la chambre dont je fermai la porte. Le chien et ma peur une fois apaisés, je libellai et signai un chèque correspondant au prix payé pour le chien par le déjà ex-compagnon auquel je repris la clé de l'appartement, et remis à la fois le chèque et la fin de non-recevoir, de non se revoir.

Hélas, un samedi soir[1], les vilaines déjections, l'attitude résignée et la truffe brûlante m'alarmèrent au point d'appeler Claude, mon cousin vétérinaire, alors installé près de Toulouse :

— C'est probablement une gastro, particulièrement dangereuse pour les chiots ; je crains que... Dans l'immédiat, tu peux lui faire manger un mélange de carottes et de riz cuits très longtemps jusqu'à en faire une sorte de colle. Appelle-moi quoi qu'il arrive. Courage, cousine !

Grande casserole d'eau, riz, carottes, couvercle... En vain. Le chien refusait de se nourrir, même de s'abreuver. Anéantie, je m'assis sur le canapé, auprès du chien allongé sur le flanc, haletant et brûlant. Que faire pour lui ? Une idée me traversa l'esprit : effectuer sur lui les manœuvres drainantes que je pratiquais sur mes clientes...

Agenouillée tout près de lui, mal installée car prenant garde à ne pas le déplacer, j'effleurai lentement de la main

1. Pourquoi est-ce toujours le samedi soir, quand il ne reste qu'un médecin et un vétérinaire de service pour trois ou quatre communes, que les enfants et les animaux tombent malades ?

gauche son abdomen dans le sens du flux intestinal. Rapidement, il s'endormit. Je continuai la manœuvre jusqu'à n'en plus pouvoir de cette position ; ma main gauche était douloureuse, lourde, très chaude. Je me relevai, changeai de position et m'apprêtai à poser la main droite sur le ventre du chien quand, entre cette main et ce ventre, je vis une sorte de torche blanchâtre, comme une tornade filmée au ralenti. La fatigue sans doute. Je voulus continuer mon geste pour toucher l'abdomen de Rictus, mais je sentais ma main empêchée par quelque chose de résistant, à une dizaine de centimètres de l'animal. Étonnée, mais déterminée à sauver Rictus, je parlai tout bas comme j'imaginais que faisaient les croyants en prière. Sauf que je ne connaissais pas de prière. Tant pis, je m'adressai au chien, le suppliant de guérir. Alors ma main droite, jusque-là restée « posée » au-dessus de lui, descendit sans mon ordre, comme attirée par ce corps douloureux, et s'anima seule, d'une façon étrange, comme si elle fouillait les entrailles sans que j'y sois pour rien, enfin je crois. Un peu dépassée par ce qui se déroulait sous mes yeux, je choisis de les fermer. Immédiatement, je sentis cette main devenue indépendante traverser le corps, écarter les organes, cautériser des zones irritées, les faisant passer du rouge moche au blanc presque immaculé – visions purement mentales puisque mes paupières étaient closes –, puis se faire repousser violemment hors de l'animal. Ne sachant plus quoi faire de cette main, j'ouvris les yeux et la découvris rouge, gonflée et lourde. Rictus, indifférent à cette bizarrerie, dormait profondément.

Je retournai dans la cuisine, retroussai ma manche et fis couler de l'eau froide le long de mon bras jusqu'à ce que rougeur et lourdeur disparaissent. Désemparée, je m'étirai, inspirai et expirai profondément, puis m'assis pour verser du café dans une tasse. Soudain, un bruit : Rictus arrivait tout ragaillardi et regardait sa gamelle vide. N'en croyant pas mes yeux qui venaient pourtant d'en voir de drôles, je lui proposai de nouveau la pâtée collante riz-carottes mais il leva vers moi un regard si indigné que je lui concédai quelques croquettes, qu'il dévora. Soulagée, rassurée, je retournai dans le séjour pour rappeler Claude. Mon récit lui semblerait forcément délirant ; tant pis, je racontai tout, c'est-à-dire tout ce dont j'avais été consciente. Probablement intrigué, voire inquiet pour ma santé mentale, il conclut par un lieu commun… commun aux gens normaux :

— Bon, l'essentiel, c'est qu'il aille bien. Allez, bonne nuit !

Et il raccrocha aussitôt, de peur que je ne reprenne le cours de mon récit. Les jours qui suivirent, je racontai cet épisode à des proches. Certains s'en tirèrent par : « Sacrée Colette ! On ne s'ennuie jamais avec toi… » tandis que deux autres relevèrent dans mon récit des expressions et des sensations exprimées par leur magnétiseuse, Antoinette de Prémare[1], dont la renommée avait depuis longtemps dépassé les frontières de la Bretagne. D'après ces deux personnes, il était clair que j'avais « le don » et que je devais l'utiliser pour soulager des vivants dolents. Perplexe, même incrédule malgré la vivante preuve à poils noirs et truffe fraîche qui s'impatientait au bout de la laisse, je profitai d'un déjeuner chez mes parents pour leur faire part de cette nouvelle « dotation ».

Au lieu des sarcasmes attendus, mon père dit :

1. Antoinette de Prémare, que j'eus la chance de bien connaître, me fit l'honneur de venir se faire « magnétiser » chez moi, le lundi soir, pendant plusieurs années.

— Ça ne m'étonne pas ; j'ai toujours pensé que tu étais un peu sorcière, et puis rappelle-toi ta Mamy, elle était sûrement comme toi puisqu'elle éteignait les téléviseurs et les postes de radio rien qu'en passant devant. Surtout, elle sauvait les plantes même quand on les croyait mortes. Bienvenue dans la lignée de ma mère !

Du côté maternel en revanche, je constatai que, pour les Chantrel, scientifiques, rationalistes, voltairiens de surcroît, ma bizarrerie faisait tache. Tant pis, je décidai de mettre en application cette faculté, sinon de « guérir », du moins de « soigner ». Restait un gros obstacle : sans plus de connaissances et pratiques, ce don risquait, au bout de mes mains de néophyte, de nuire aux pauvres cobayes qui me solliciteraient. Ce fut dans les livres, toujours et encore, que je partis en quête d'un enseignement. La plus grande difficulté consistait à trier, dans la bibliographie, le prosélytisme mercantile extrapolé de l'héritage originel. Après plusieurs semaines consacrées à l'étude, théorique uniquement, j'appris que ce « magnétisme » était, sinon un don, du moins une faculté accordée à tous les êtres vivants – ce qui me déçut un peu, je le reconnais –, même si certains disposent, dans leur organisme, d'un peu plus de magnésie que d'autres et, dans leur cerveau émotionnel, d'une capacité d'empathie plus développée. J'appris aussi que ce « flux » n'était pas un rayon surnaturel, mais une sorte d'agitateur, d'accélérateur de particules susceptible d'optimiser les capacités naturelles d'autoguérison. Je compris enfin que, si magie il y avait dans ce processus, elle tenait essentiellement à la force de l'intention. Pour simplifier : imposer ses mains sur un organisme dolent tout en se demandant s'il y aura assez de fioul dans la chaudière jusqu'au lundi et en songeant que « Zut ! Ce soir, il y a un super film à la télé, je n'aurais pas dû inviter les Dupond à dîner » n'entraînera guère d'amélioration chez le « patient ».

Le rituel, avant tout destiné à mettre en condition les acteurs et spectateurs d'une séance de magie – quel qu'en soit l'objet –, reste sans effet si l'opérant demeure, mentalement et affectivement, indifférent à l'objectif. L'efficacité du rituel peut être comparée à l'effet placebo où le cerveau du patient se charge de faire « comme si » le médicament était efficace, fût-il un simple cachet de sucre. Plus encore : dans le domaine médical, l'on constate depuis peu que, même averti de la neutralité de sa médication, le patient présente une amélioration équivalente au résultat obtenu chez les patients non avertis du subterfuge. Ce sera peut-être l'objet d'un autre livre, mais j'observais déjà, à mon petit niveau, dans mon petit institut, que celles de mes fidèles clientes qui avaient accepté d'être les cobayes de ces nouveaux soins magnétiques réagissaient de mieux en mieux au fil des séances, comme si la synergie « attention bienveillante, temps intime partagé, répétition de l'expérience » avait le pouvoir de dynamiser leur système immunitaire. Ce n'était encore qu'une hypothèse, mais il me suffisait de constater que mes mains et mon désir de leur faire du bien… fonctionnaient positivement !

Aussi fière et heureuse que tout individu assuré de son utilité, j'avais besoin et envie d'en faire part à mes auteurs, que j'imaginais se réjouir d'avoir conçu « une fille comme ça ». L'expérience de la guérison du chien aurait dû m'en empêcher, mais… m'empêcher de parler était – est encore – au-dessus de mes forces. Comme on s'en doute, si mon père n'y trouva rien à redire, ma mère eut un hochement de tête suspicieux. Il me faudrait patienter sept années pour enfin bénéficier d'un total crédit de confiance maternel, à l'occasion d'un événement suffisamment remarquable et inexplicable pour la convaincre.

Lors d'un passage à Saint-Samson dans la maison de mes grands-parents maternels, je découvris dans un livre l'existence de Franz Anton Mesmer, le médecin allemand qui, au XVIIIe siècle, mit en évidence le magnétisme animal avec son corollaire de l'époque : l'hypnose. Cette lecture me rassura : qu'un célèbre docteur fût parvenu à convaincre les « grands » parmi ses concitoyens signifiait, au moins, que je n'avais rien inventé. En attendant, je poursuivais mon existence sereine, partagée entre l'institut, les livres, les grandes balades avec Rictus, les amis et, bien sûr, l'écriture, toujours.

Peu après cet épisode, mes amis Chantal et Didier me présentèrent une femme étonnante surnommée Mandarine, esprit ébouriffant d'intelligence et de courage, et esthéticienne de haut vol dont la compétence et la pétillance ralliaient tous les suffrages. Cette rencontre équivalut à un coup de foudre amical qui nous relia au point qu'elle entreprit de m'enseigner plus avant les techniques apprises auprès de médecins, dermatologues et cosmétologues honorables, de me conseiller les fournisseurs les plus fiables, les produits les plus efficaces et de m'initier à tout ce qui avait fait d'elle une praticienne incomparable. Après quelques semaines, afin de mettre à l'épreuve ces nouvelles acquisitions, Mandarine me demanda de lui prodiguer « le grand soin du visage » en usage dans son institut, ce que j'entrepris de bonne grâce. Un peu tendue au début, j'oubliai vite que je soignais une grande dame du métier...

Quand vint le moment préféré de toute habituée de l'institut – le massage du visage et du décolleté –, j'étais tout à fait à mon aise car Mandarine n'avait pas abordé ces techniques, faisant confiance à l'enseignement dispensé à l'école de Chantal Le Cozic. Après avoir lissé sa peau avec la crème, je procédai comme j'en avais l'habitude, « passes magnétiques comprises » et, après avoir appliqué le masque final et remonté sur elle la chaude couverture, je quittai la cabine sur la pointe des pieds pour aller préparer, dans sa cuisine, la boisson chaude que j'allais lui servir après le retrait du masque.

À mon retour dans la cabine, Mandarine dormait profondément. Respectueuse du sommeil d'autrui puisque convaincue de son pouvoir réparateur, je posai la tasse à portée de sa main et profitai de cette pause pour ranger la seconde cabine de soin.

— Colette ? Tu es là ?

— Oui. Tu as bien dormi, je crois…

— Merveilleusement ! Je dois te dire que jamais personne ne m'avait massé d'une façon aussi extraordinaire. Quand je pense au temps que j'ai passé à t'enseigner ceci, cela et le reste, alors que tu étais largement aussi compétente que moi, j'en ai honte. Demain, c'est toi qui vas m'expliquer ta technique de massage, d'accord ?

— D'accord.

— En attendant, si tu veux bien, je voudrais que tu me parles de ta technique, de la personne qui te l'a apprise, tout, quoi.

Quand elle se fut rhabillée et recoiffée, nous retournâmes dans son appartement où je lui racontai « tout ». Elle écouta avec un intérêt soutenu ma nuit passée à soigner Rictus, puis, quand j'eus fini l'histoire, elle me parla d'une femme, Janine Fontaine, qui, après d'aussi étranges expériences lorsqu'elle était anesthésiste, était partie travailler avec des guérisseurs philippins. À ce moment de ma vie, je n'avais jamais entendu parler des Philippins ni même des Philippines dont j'ignorais où ils vivaient, c'est dire. L'événement dominant du jour était que la « grande » Mandarine elle-même m'avait adoubée ! Est-il utile d'écrire ma fierté ?

« Oui, c'est utile ! Tu oublies que je suis là...

— Pardon, ma Coco, mais... que faisais-tu, précisément, pendant que je soignais ?

— *Un jour, tu le sauras, et tu regretteras de m'avoir sous-estimée, tu verras... »*

Le lendemain, Mandarine sonna chez moi et déposa sur la table un livre intitulé *Médecin des trois corps*[1] que, ce soir-là, je lus entièrement, avant d'en relire, plus posément, chaque chapitre. Et au fil de ma lecture, j'avais l'impression de « reconnaître » non pas les lieux, mais la façon d'appréhender les souffrances, les symptômes et les pathologies. D'une certaine façon, je retrouvais le chemin disparu d'une école où j'avais été, qui sait ? disciple autrefois. Comment exprimer cette bizarrerie sans me faire huer ? En en parlant avec Mandarine. Nous parlâmes donc, longuement, fréquemment, nous perdant en conjectures métaphysiques ponctuées de pauses muscadet/éclats de rire. J'abordais l'ère « New Age » accompagnée par une guide fort joyeuse !

Quand Mandarine s'estima prête à quitter la France, et m'estima prête à prendre sa suite, elle me transmit sa clientèle avec le bail locatif de son institut et de l'appartement atte-

1. *Médecin des trois corps*, Janine Fontaine, Éd. Robert Laffont, 1980.

nant. Averties de son départ proche et de sa confiance en mes capacités, ses clientes vinrent d'abord tester la « nouvelle » en sa présence. Convaincues par mes prestations malgré ma jeunesse, elles s'habituèrent à moi et nous embarquâmes de concert dans une aventure beauté qui durerait longtemps.

Mon existence se déroulait heureusement. L'institut occupait la majeure partie de mon temps, et je partageais une grande partie du reste avec Rictus, mon plus précieux compagnon, en longues marches sur les remparts, en courses sur la plage, et en baignades qu'il accompagnait et écourtait toujours, étant génétiquement programmé pour ramener sur la rive tout ce qui flottait, moi comprise. Sa drôlerie m'était une cure de remise en forme permanente.

En grandissant, Rictus continuait volontiers à m'obéir pour notre vie courante, mais, concernant sa vie secrète de chien, je m'en remettais à Lad, grand braque noir superbe et très intelligent devenu son copain et son mentor. Mes amis Annie et Yannick, les maîtres de Lad, laissaient comme moi leur chien vivre sa vie. Grâce à Lad, Rictus comprit, apprit et maîtrisa l'art du lancer de patte arrière le long d'un support vertical pour gicler ici et là sa signature. Grâce à Lad aussi, il découvrit les joies du marivaudage, bientôt suivies par un savant déniaisage, lui-même stimulé par un entraînement régulier. Bref, Rictus vécut libre et heureux, avec et sans moi, jusqu'à un funeste vendredi 13 de novembre 1981. Le jour anniversaire de son entrée dans ma vie, il en ressortit, tué par un chauffard sur la chaussée du Sillon.

« Ça n'était qu'un chien, après tout », me disaient des personnes auxquelles je ne demandais rien, surtout pas de croire me consoler par ce stupide constat. Je répondais parfois : « Peut-être, mais moi, je vivais heureuse avec ce “que ça". » Effondrée, inconsolable, je continuais à travailler avec la même passion, mais, quand je refermais la porte de l'institut pour ouvrir celle, sur le même palier, de mon appartement, plus rien n'avait pour moi ni couleur, ni odeur, ni saveur. Errante et désertée. Démente peut-être aussi. En effet, cependant qu'une partie de moi continuait à se concentrer sur le travail, une autre m'échappait dangereusement, et ce n'était pas le fait de Coco, autant déstabilisée que moi. Encore aujourd'hui, je ne peux que répéter l'histoire telle qu'elle me fut contée le lendemain, n'en ayant personnellement aucun souvenir.

Quelques jours après l'accident de Rictus, vers 2 heures du matin, après avoir fermé son bar, un de mes amis rentrait chez lui en voiture quand, sur la chaussée du Sillon, il m'aperçut courant comme une folle, en jean et veste de pyjama, mon panier dans une main, la laisse du chien dans l'autre. Me croyant en danger, il rangea sa voiture plus loin et en sortit assez vite pour bloquer ma course :

— Colette ! Qu'est-ce qui t'arrive ?!

— Viens vite ! Rictus est parti, il faut le retrouver…

Sachant déjà que mon chien avait été tué justement à cet endroit, il avait lieu de s'inquiéter : j'étais bien en danger, de délire au moins. N'obtenant aucune réponse à ses questions, constatant que mes seules paroles tournaient en boucle autour du chien que je devais à tout prix retrouver, il me fit monter dans sa voiture, me ramena dans mon appartement, m'allongea tout habillée sur le canapé et me couvrit d'un plaid avant de retourner chez lui. Le lendemain, il m'appela pour s'enquérir de mon état, ce qui m'étonna beaucoup :

— C'est gentil de me téléphoner, mais pourquoi me demandes-tu de mes nouvelles ?

Il me pria de lui préparer une tasse de café, disant qu'il arrivait tout de suite.

Assis devant moi, il me conta le morceau de nuit qu'il m'avait consacré. J'avais confiance en lui et son récit me rappelait quelques semblables égarements nocturnes relatés par ma mère autrefois. Confuse d'avoir sans le vouloir perturbé sa soirée, je le remerciai de s'être occupé de moi. Il hocha la tête, un peu rassuré, puis repartit ouvrir son bar.

Cet ami avait-il fait part à ma mère de la démesure de mon chagrin ? Lucette ne m'en a rien dit. D'ailleurs, elle savait que j'avais déjà eu des accès de somnambulisme. Ce qui l'aurait alarmée eût été de m'imaginer traverser la chaussée au risque de me faire renverser par une voiture. Déjà tracassée de me voir porter trop longtemps le deuil d'un animal comme s'il s'agissait d'un enfant, elle m'incita à prendre rendez-vous avec un neuropsychiatre. Pour la tranquilliser autant que pour ranimer et nourrir ma curiosité – j'ignorais à quoi ressemblait ce genre de praticien –, j'acceptai. Heureuse initiative qui me fit retrouver un peu de l'humour que j'avais perdu de vue, et confirma, une fois de plus, que j'étais décalée.

L'année 1982 commençait à peine quand, aux date et heure convenues, j'entrai dans son bureau. Il me désigna un fauteuil si profond et si bas que, une fois assise, j'avais les genoux à hauteur d'épaules. Ainsi repliée comme dans des WC à la turque, je me demandai si la posture était censée favoriser l'inspection des bas-fonds que l'on nomme « l'inconscient » en me félicitant, en tout cas, d'être en pantalon ce jour-là. L'homme de l'art s'était retranché derrière son bureau et assis, lui, dans un fauteuil normal d'où il me surplombait. Était-ce une stratégie délibérée ? une façon de me tester ? Devais-je réagir face à ce « dominant » ? Faute d'expérience, ne sachant ce qu'il convenait ou non de faire, je guettais sa moindre réaction. En vain. Alors, puisqu'il se taisait, que son regard restait fixé sur une liasse de papiers posée devant lui, et que rien, sur les murs, ne présentait pour moi le moindre intérêt, je m'absorbai dans la contemplation de ce que j'avais devant les yeux : ses petites jambes croisées et recroisées comme celles d'une fille qui a envie de faire pipi et n'ose pas demander où sont les… à la turque ou pas.

Les médecins, enseignants, notaires, avocats, conférenciers, hommes publics de tout poil devraient se méfier des bureaux ouverts en dessous desquels leur personnalité, aussi forte soit-elle, n'exerce aucun contrôle. La limite lombo-sacrée oppose cruellement l'individu tel qu'il doit et veut être à ce qu'il est seulement. L'image « en pied » peut leur coûter ce que la messe en français a coûté à la religion : « la vérité, l'âpre vérité[1] ».

Mes réflexions silencieuses avaient comblé une bonne dizaine de minutes de mon ennui quand, levant les yeux au-dessus de son bureau, j'eus l'impression que lui aussi semblait s'ennuyer beaucoup. L'observant plus avant et par en dessous, je notai qu'il n'occupait qu'un quart de la surface de son fauteuil avec la seule fesse droite, l'autre prenant dangereusement appui sur rien. Intriguée par son mutisme, je lui demandai enfin quand allait commencer la séance. Il leva des yeux étonnés et répondit que la séance avait débuté dès mon entrée dans son bureau. Pourtant, devinant qu'il avait affaire à une débutante, il me pria d'exprimer sans retenue tout ce qui me venait à l'esprit. L'imprudent…

---

1. Formule de Danton reprise par Stendhal en épigraphe du roman *Le Rouge et le Noir.*

— Là, tout de suite, je pense que vous êtes mal assis, pas à votre aise… tracassé peut-être ?

— Oui, c'est vrai, je suis fatigué, même un peu déprimé et…

Et il me raconta tout ce qui n'allait pas ; plus exactement, il se le raconta à lui-même, car, rétrospectivement, je crois qu'il m'avait oubliée. La demi-heure réglementaire étant écoulée, et constatant, grâce au retour de sa fesse gauche près de sa jumelle sur le fauteuil, et à ses jambes enfin séparées l'une de l'autre, qu'il allait mieux, je me relevai, déposai sur le bureau les billets qu'il ne refusa pas et sortis. Dehors, j'éclatai de rire. Vrai, je ne regrettais pas mon argent ; cet homme venait, sans le savoir, de m'apprendre des choses utiles, notamment en confirmant ce que ma mère et sa mère avant elle avaient déjà expérimenté maintes fois. J'avais hérité du même talent : attirer les confidences les plus inattendues, y compris de la part d'étrangers à nos vies. Où que nous allions, quoi que nous fassions, un quidam devine ce don, s'approche sans autre préambule qu'un succinct constat météorologique, et vidange son trop-plein existentiel. Ce « talent » peut susciter de l'envie – c'est si difficile d'obtenir des confidences quand on en a vraiment besoin –, pourtant, au quotidien, c'est une calamité chronophage, céphaléenne[1] et somniaque. Cette consultation n'apaisa pas ma peine. Il faudrait pour cela attendre que Rictus lui-même vienne me réconforter…

« En attendant d'écrire la visite de Rictus, tu pourrais préciser que moi, je n'ai pas rigolé chez le psy ; un quart d'heure de plus et j'avais des escarres aux fesses !

1. Inutile de chercher dans un dictionnaire ce mot inventé pour décrire une lassitude progressive, suivie d'un douloureux mal de tête, qui s'achève par une sieste obligatoire.

— Tu n'exagères pas un peu, Coco ?

— *À peine. Je te rappelle qu'à l'époque, Melle Colette était dans une phase anorexique pendant que je crevais de faim et qu'on faisait demi-tour dans nos jeans sans toucher la ceinture.*

— Coco, juste une petite question : qui écrit ce livre, toi ou moi ?

— *C'est toi, mais…*

— Pas de mais ! »

1984, la trentaine me pendait au sablier et je parvenais difficilement à faire de mes passions une « carrière ». Malgré la fidélité de la clientèle et les résultats tangibles obtenus grâce à mes soins et mes conseils, l'esthétique me donnait de grandes satisfactions essentiellement morales. Artisane enthousiaste, gestionnaire négligente, j'avais souvent du mal à me faire payer. Généreuse, distraite ou orgueilleuse ? Je découvrirais plus tard, grâce à – ou à cause de – Chantal, une grande amie psychanalyste, qu'il s'agissait aussi d'orgueil. C'est dit. Avant cette révélation, je décidai, sur le conseil d'une cliente, de consulter une voyante prénommée Anne, afin qu'elle m'éclairât sur la meilleure façon de gérer mon artisanat.

Contre toute attente, elle parla peu de ma petite entreprise. En revanche, elle capta la présence près de moi de mon défunt grand-père en le décrivant avec précision. Elle le voyait petit, boitant, faire du vélo, s'agenouillant au bord d'une rivière pour installer des lignes à pêche, ce qui était vrai, et strictement interdit, mais grâce à ses lignes dites de « fond », parfois entremêlées avec celles du garde-pêche, Pépé rapportait à la maison de longues et fines anguilles qui, une fois fricassées par Alphonsine, nous régalaient. Anne me transmit également de sa part une information que j'ignorais alors, mais qui me serait confirmée par Maman plusieurs années après, et que seuls ma mère, mon oncle et mon grand-père savaient : Pépé avait dicté à Lucette et Henri ses ultimes volontés, entre autres que c'était à moi qu'il destinait les meubles de son bureau. Très émue, j'en oubliai de la questionner plus avant sur mon devenir professionnel.

Tout en écrivant sur un carnet, elle continua à parler, annonçant et décrivant ma future maison – où je vis toujours, mais qui, en 1984, était inenvisageable –, précisant que le déménagement aurait lieu quatre ans plus tard. Je relevai ce détail :

— Pardon de vous interrompre, madame, mais le bail locatif de mon appartement actuel m'en laisse la jouissance jusqu'en 1990.

— Si, vous verrez, il y a une erreur dans ce bail ; vous quitterez votre logement en 1988, et je sens qu'il fera chaud ; ce sera au printemps ou à l'été.

— Ah bon.

Elle continua à écrire puis releva la tête. Son expression était passée de la bienveillance souriante à la gravité.

— Que voyez-vous ?

— Votre arrivée dans la maison aura lieu après le décès d'un homme proche.

Solitaire depuis un certain temps, n'ayant donc aucune raison de craindre la disparition d'un compagnon, je rejetai vite la perspective de perdre mon père ou l'un de mes frères. Déstabilisée, je choisis de mettre fin à la consultation en me relevant de la chaise. Je déposai sur son bureau la somme convenue en la remerciant et lui tendis la main pour saluer.

Or, elle retint ma main quelques secondes de plus que le temps imparti pour un simple salut.

— Vous serez bientôt comme moi.

— C'est-à-dire ?

— Voyante, et même médium.

Abasourdie, ne trouvant rien à ajouter, je rangeai ma main dans ma poche et fis demi-tour.

Quelques heures plus tard, je ne gardai de ses prédictions que les choses ponctuelles, tangibles dans l'instant, mais sa simplicité m'avait convaincue de sa sincérité. Quant au message posthume de Pépé, je n'oserais jamais le répéter à Lucette. Pourtant, lorsqu'elle et son frère décideraient, plus tard, de vendre la maison samsonnaise de Pépé, c'est à moi qu'ils attribueraient les meubles du bureau.

1986, la trentaine non seulement ne m'avait pas épargnée, mais elle venait d'afficher deux ans de plus à mon compteur, tandis que ma « carrière » en profitait pour faire marche arrière. Un jour que j'étais lasse, découragée, occupée à compter les sous qui manquaient pour payer des factures qui, elles, surabondaient, mon grand copain de lycée, Christian, sonna à ma porte – sans doute averti par ma mère de mon spleen financier – et, après les amicales banalités usuelles, tenta de me convaincre de changer de métier :

— Écoute-moi, Colette, tu as toujours été une fille originale, marginale ; tu ne ressembles pas du tout à l'idée qu'on se fait d'une esthéticienne normale. Sur toi, la blouse blanche se chiffonne ; même coiffés, tes cheveux ont l'air tout en désordre, tu as des yeux bizarres, on dirait une Gitane. Pourquoi ne pas utiliser tes différences au lieu d'essayer de ressembler à quelqu'un d'autre ?

— Mais je l'aime, ce métier ! Je travaille sans arrêt pour me perfectionner, j'étudie beaucoup, j'invente des techniques, j'expérimente plein de trucs qui fonctionnent, tu peux me croire.

— Oh ! J'en suis convaincu, c'est même ça qui m'inquiète.

— J'ai du mal à te suivre.

— Je m'explique. Tes clientes viennent te voir pour des prestations simples, elles attendent de toi une totale soumission à leurs caprices du jour, c'est pour ça qu'elles te paient, non ?

— Oui, mais je ne...

— Attends, je continue. Tu m'en as assez parlé pour que je comprenne à peu près comment ça se passe. Une dame vient chez toi pour un soin complet ; confiante, elle n'attend rien d'autre. Toi, tu vas la regarder de près et lui dire : « Oh là ! il ne faut pas un grand soin sur votre peau en ce moment. Vous avez dû faire une intolérance alimentaire il y a deux ou trois jours. Alors prenez de la levure de bière, buvez beaucoup d'eau et revenez dans une semaine. » Je ne me trompe pas ; c'est bien comme ça que tu procèdes ?

— Oui, ça arrive de temps en temps et je m'en flatte ; ça ne serait ni efficace, ni honnête de travailler sur une peau qui ne demande que du repos.

— Dans le fond, tu as raison ; en surface, tu as tort et tu te fais du tort ! La dame en question ne vient sans doute pas uniquement pour un soin, elle vient se détendre, elle a besoin de rêver, d'être importante.

— Tu as peut-être raison...

— Tes clientes, pour la plupart, ne savent pas la différence qu'il peut y avoir entre un soin correct et un soin excellent, mais elles n'aiment pas être dominées par une simple esthéticienne. Quand elles ont besoin d'être épatées, elles vont chez un grand professeur en dermatologie, pas chez toi. Tu les déconcertes avec tes théories avant-gardistes, tes tambouilles insolites ; tu compliques trop les choses. Alors, un peu inquiètes, peut-être même vexées, elles vont chercher ailleurs ce dont elles ont envie. Ta rigueur et ta passion te coûtent cher.

— Et qu'est-ce que tu me conseilles ?

— Ferme ton institut, achète une roulotte, accroche à tes oreilles de grands anneaux dorés et va tirer les cartes sur les places des marchés.

— Tu veux rire ?

— Pas du tout. J'ai toujours pensé et je ne suis pas le seul, que tu étais faite pour ça. Je t'imagine très bien couverte de fanfreluches, les mains pleines de bagues, un peu « hippie » tu vois ? Tu t'installerais un stand dans les fêtes foraines, les foires, ça marcherait, j'en suis sûr.

Déjà au lycée, il me faisait pouffer pendant les cours ; là, jc manquai de m'étrangler.

— Christian, tu oublies que je ne suis pas voyante ; ça ne serait plus un simple canular, ce serait du pur charlatanisme.

— Tout de suite les grands mots ! D'abord, moi je suis sûr que tu es un peu voyante ; d'ailleurs, tu pratiquais déjà dans la cour du collège. Et puis même si ce n'est pas vrai, qui le saura ? Depuis le temps que tu reçois des gens à l'institut, que tu les écoutes raconter leur vie, tu dois être capable, dans un autre contexte, de deviner leurs souhaits et de les réconforter plus efficacement.

À peine Christian avait-il quitté l'appartement que Coco prit la relève :

« Il a raison, Colette ! Pour une fois qu'il nous parle sérieusement, écoute-le et fais ce qu'il te dit ! Moi, j'en ai par-dessous la natte d'être obligée de te suivre partout pour même pas une poignée de cerises, même au prix qu'elles sont.

— Coco, j'en suis convaincue ; pourtant, j'hésite. »

C'était tentant. Christian faisait miroiter des gains substantiels qui m'auraient grandement soulagée. D'autre part, ses arguments étaient pertinents : à toute heure du jour et parfois de la nuit, des clientes sonnaient à ma porte, s'échouaient dans un fauteuil, agrippées à une bière ou une tasse de café, récitaient sans virgules la longue litanie de leurs désillusions, de leurs appréhensions, recensaient leurs échecs, les déposaient en vrac sur la table du salon ; après quoi, elles se levaient, soulagées pour un temps, me saluaient et repartaient. Certaines disaient merci ; d'autres s'inquiétaient parfois de m'avoir dérangée, mais seulement après m'avoir effectivement dérangée. J'avais l'impression d'avoir fait grâce à elles le tour de tous les maux dont on pouvait souffrir ; j'étais même parvenue à deviner l'objet de leur visite avant qu'elles n'aient parlé. Expérience ou clairvoyance ? J'exerçais mon métier avec sincérité, ferveur et enthousiasme pour des clientes qui se sentaient si bien chez moi qu'elles en oubliaient souvent de me payer et moi de le leur rappeler. Qu'est-ce qui, en moi, leur laissait croire que j'étais providentielle, capable de résoudre leurs problèmes ? Qu'est-ce qui m'empêchait de leur rappeler leurs dettes ? La réponse me viendrait, là encore, de mon amie Chantal, la psychanalyste, mais il faudrait en plus le talent et la neutralité professionnelle de Béatrice, une autre talentueuse psychanalyste qui, en une séance d'EMDR[1], me

1. L'EMDR (Eye Movement Desensitization and Reprocening, désensibilisation et retraitement par les mouvements oculaires en français) est une approche de psychothérapie qui utilise la stimulation sensorielle, soit par le mouvement des yeux, soit par des stimuli auditifs ou cutanés, pour induire une résolution rapide de symptômes liés à des évènement du passé.

permettrait d'accepter et de transformer une fois pour toutes cette encombrante névrose en une force supplémentaire.

Âgée – déjà et seulement – de trente-deux ans, je savais que les intrusions intempestives des clientes et relations dans ma vie privée étaient facilitées, d'une part, par le fait que l'institut et l'appartement ouvraient sur le même palier, et, d'autre part, par le fait que j'y vivais seule. Il me fallut plus de temps – beaucoup plus – pour admettre que, flattée par leur confiance qui faisait de moi la « providentielle », je les incitais inconsciemment, par mon attitude, à me solliciter, puisque, précisément, leurs sollicitations nourrissaient mon ego plus qu'elles n'encombraient mon cerveau et mon agenda. Chacune s'imaginant être la seule à bénéficier de ma disponibilité, toutes en abusaient, d'autant plus persuadées de me rendre service que, dans leur esprit, une femme qui vivait seule devait forcément s'ennuyer. Elles me prêtaient si généreusement leurs propres angoisses que tout cela commençait à peser. Peser très lourd même, car, apaisées d'avoir longuement parlé dans le salon de mon appartement, elles éprouvaient de moins en moins le besoin de venir en face pour des soins. C'est d'ailleurs en découvrant cette corrélation sur mon livre de comptes que je compris une partie de mon erreur comportementale, ces « consultations amicales », aussi longues fussent-elles, n'étant évidemment pas tarifées. J'ignorais ce que gagnait un psychanalyste pour entendre les mêmes choses ; moi, j'y gagnais de la reconnaissance. Pour précieuse qu'elle fût, cette denrée n'était d'aucune utilité au moment de régler mes cotisations professionnelles. J'étais mûre pour suivre le conseil de Christian : envisager une fonction peut-être moins honorable, mais plus rémunératrice.

Pourtant « ça » ne se fit pas. J'aimerais écrire que ce fut par scrupule de renier le code de moralité que j'avais jusqu'alors respecté, mais, plus sincèrement, ce qui me protégea d'une décision hâtive et pas encore justifiée fut d'abord ma paresse. La perspective de devoir faire de nombreuses démarches administratives pour changer de statut brisa mon élan. Les « affaires » reprenant un peu à l'institut, je reportai le fumeux projet à plus tard, me promettant, en bonne velléitaire, que la prochaine fois que je serai en déficit, je me lancerai. En vérité, il y eut d'autres creux de vagues sur mon compte bancaire – de vraies tempêtes –, mais, faute d'avoir en face de moi, à ces moments-là, mon cher Christian infiniment plus perspicace, clairvoyant et inventif que moi, ainsi que l'avenir se chargerait de m'en convaincre, j'oubliai complètement cette brillante idée. Un autre avertissement de ce que serait mon parcours me fut pourtant donné quelques semaines plus tard chez un couple d'amis.

Invitée à dîner chez André T. et son épouse, Élisabeth, pittoresques et talentueux amis décorateurs, je racontais sûrement quelque chose de cocasse car Élisabeth pleurait de rire, le nez enfoui dans sa serviette, quand soudain, son mari attrapa ma main au vol et l'immobilisa dans la sienne. Dcs gènes méditerranéens expliquent ma remuante manie de parler avec les mains et même les bras ; de plus, je parle haut... André cherchait-il à protéger la bouteille de vin, posée devant moi, de mon excessive volubilité ? Pas du tout. Il était devenu tout pâle et fixait ma paume sans rien dire. J'appréhendai un malaise dû aux apéritifs, mais un signe d'Élisabeth me fit comprendre qu'il n'était pas ivre et que je devais me taire. Toujours très pâle, il commença à parler d'une voix changée :

— Tu vas déménager à la fin de l'été prochain. Il y aura la mort d'un homme très important pour toi. Une mort violente. Je vois ta solitude, c'est très long. Je vois aussi que tu as le pouvoir, oui, le pouvoir...

— Tu veux parler du magnétisme dont je me sers déjà ?

— Non, il s'agit d'autre chose ; je crois que tu es comme moi, tu es médium, tu vois les choses invisibles,

les morts, et ce que tu crois être ton intuition est de la clairvoyance.

Il se tut et lâcha ma main, visiblement épuisé. Le fou rire me prit comme chaque fois qu'une situation me dépasse. À voix presque basse, Élisabeth me confia que son mari avait ce don depuis fort longtemps, mais qu'il ne l'utilisait que pour des gens qu'il aimait, que ça s'imposait à lui sans préméditation. Un peu désemparée, je m'absorbai dans la contemplation des sillons qu'avait tracés le morceau de pain dans la sauce de mon assiette. André reprit ses esprits, ses couleurs et la conversation entamée avant ce curieux intermède, comme s'il ne s'était rien passé d'exceptionnel, et le dîner s'acheva, joyeux et chaleureux.

Après les avoir remerciés et salués, assise dans ma voiture, je repensai à ces paroles. Le don d'André ne m'étonnait pas, finalement ; il n'était pas un homme ordinaire. Par exemple, il « sentait » la neige, même de très loin ; il disait qu'elle avait un parfum très particulier et qu'il pouvait dire sans erreur quand et où elle avait commencé à tomber en France. Profondément artiste dans ses œuvres et dans son être, il fonctionnait donc essentiellement à l'affectif, faisant fi de la logique quand elle le décevait. Pour ces raisons, j'étais tentée de « croire » sans discuter ni tenter de comprendre, puisque le bail de l'appartement m'en assurait apparemment la jouissance jusqu'en 1990. Il me revint en mémoire qu'Anne, la voyante, m'avait elle aussi annoncé un déménagement en 1988. Et, comme André, elle avait annoncé la mort d'un homme important dans ma vie. En démarrant la voiture, je pris note de la répétition des prédictions, sans plus. Quant à la voyance, passant mon temps à me cogner aux portes, à buter contre toutes les bordures de trottoir faute de voir, précisément, où je mettais les pieds, j'avais peine à me croire douée de double vue. De strabisme, oui.

La suite des événements donnerait raison à André comme à Anne.

Le dimanche 24 mai 1987, j'étais déterminée, comme chaque année, à attendre que ce jour de fête des Mères fût définitivement remisé dans le passé, avant d'aller offrir à Lucette un « pas cadeau de pas fête ». Allergique aux obligations de ce genre, une fois passé l'âge tendre des colliers de nouilles, cendriers en papier peint (!) et déclarations d'amour filial laborieusement rédigées, elle nous avait convaincus, mes frères et moi, de ne JAMAIS lui offrir la moindre chose ce jour-là : « Mon vrai cadeau de mère, c'est chaque jour de vous savoir tous les trois vivants et heureux, et d'être certaine que vous venez me voir parce que vous en avez envie. » Et, royale dans ses contradictions, elle vint, en fin de matinée, m'apporter un petit bouquet de violettes et une de ces phrases qui caressent la mémoire jusqu'au bout d'une vie : « Ce petit bouquet pour te remercier de m'avoir faite mère la première fois... », phrase suivie de la douce parenthèse café/cigarette/papotages assurant chacune de l'amour inconditionnel de l'autre.

Le lendemain, comme souvent, je fus réveillée par la sonnerie du téléphone.

— Allô ? Ah ! C'est toi, Maman, ça me fait plaisir...

— Écoute, ma grande, je dois t'annoncer… Henriette est morte.

Le sol, une nouvelle fois, se déroba sous mes semelles. Henriette, la merveilleuse amie de mes parents et de toutes les personnes qui eurent la chance de la connaître. Amoureuse comme une jeune fille de son Jean-Pierre, cette maman exquise pour leurs trois enfants ignorait qu'elle mourrait le jour de la fête des Mères. Cette amie généreuse, courageuse et drôle, tellement drôle… Maman et moi étions dévastées, douloureusement amputées. Deux ans, le cancer avait mis deux ans pour grignoter tous les recoins de cette femme sportive, rayonnante, vivante, enthousiaste et toujours prompte à s'extasier, s'émerveiller, rire. C'était fini. De vilaines ronces s'entortillaient autour de ce qui nous tenait chaud près d'elle et nous glaçaient le cœur de mille épines. Coco n'en menait pas large non plus. Malgré ses défauts, elle avait, comme nous tous, beaucoup aimé Henriette.

Le lendemain, Lucette, son amie Colette – ma marraine de cœur – et moi partîmes à Rennes, à l'hôpital de Pontchaillou, où ce qui restait d'Henriette attendait qu'on lui dise adieu. Quoi de plus terrible que l'instant de se quitter quand ça n'a pas de sens, quand c'est pour toujours ? Toutes trois figées près d'une forme méconnaissable, unies par un chagrin si grand qu'on ne pouvait même plus pleurer. Puis, toutes trois assises dans la voiture sur la route du retour. Nous ne trouvions rien à nous dire. C'était trop lourd. Après avoir déposé Lucette chez elle, je rentrai me recroqueviller chez moi. Dormir. Me réveiller de ce qui n'était qu'un cauchemar.

À mon réveil, il faisait déjà ou encore nuit. Préparer du café, le verser, allumer une cigarette. Que pouvais-je faire d'autre pour ne pas la quitter ? La réponse en moi devenait systématique en cas de désarroi : écrire. Lui écrire, juste pour qu'elle soit encore là, même rien qu'un peu.

« Ma si chère Henriette,

Sur ton livre d'adieu au funérarium, Lucette, toujours soucieuse de relativiser les drames, a écrit pour ton Jean-Pierre et vos enfants : “Sommes restées avec Henriette. Repartons apaisées par son rayonnement.” Colette N. et moi avons signé en dessous. Puis, après avoir salué ce qui restait de toi, nous sommes retournées à Saint-Malo. Ensuite, je suis rentrée seule me cacher dans mon lit, puis dans la cuisine, animée par l'impérieux besoin de t'écrire.

Non, Henriette, ce que j'ai vu dans cette salle anonyme, sur ce lourd chariot blanc, ne pouvait pas m'apaiser. C'était le masque du cancer. Il a pris tout son temps pour te faire payer quoi ? Les yeux rivés sur le masque bouffi posé sur ton ancien visage de vivante, je me suis évadée, sans bouger ; je n'ai plus voulu voir que la mèche de cheveux qui te gênait tout le temps et que tu rangeais derrière une oreille avec ce geste si gracieux. Tes superbes mains qui savaient toucher sans rien heurter, donner sans rien compter. Ce calme trop parfait ne ressemblait pas du tout à la sérénité que j'ai quelquefois vue glisser sous tes paupières. Je repousse ce silence fracassant pour entendre encore tes confidences en toute candeur, tes rires formidables et je n'ai, pour y répondre, que des larmes qui ne coulent pas. Qu'avais-tu fait de mal ? Avais-tu trop rêvé ? trop donné ? trop aimé ? La vie parfois se venge quand l'immensité se pare en plus de limpidité…

Pourquoi ? Pour quoi prier ? Et prier qui, d'abord, ou quoi ? Peut-on, par la prière, faire encore un peu de bien à ce que tu deviens ? J'ai honte de me révolter à coups de phrases et de ne rien savoir faire d'autre, sauf peut-être te dessiner… »

Le café ne suffisait pas ; il fallait du vin. J'emportai ce bloc et ce stylo dans un bar. Un verre de muscadet avec des glaçons. Un autre verre avec d'autres glaçons. J'avais déjà un peu moins mal à elle, ma seule grande sœur. C'était le moment de rassembler son vrai visage pour exorciser la misérable vision, là, tout de suite, à grands coups de crayon. La lumière du front et des hautes pommettes des filles de Port-Launay[1]. Ensuite, lentement, allonger ses beaux yeux, ourler son grand sourire avant de le ponctuer de son grain de beauté. Enfin, glisser la soie de ses beaux cheveux bruns derrière son oreille. Debout contre le bar, un client demanda à regarder le portrait esquissé et s'extasia : « Quelle femme magnifique ! » sans comprendre pourquoi je l'en remerciai en larmes. Il était temps de refermer le bloc de papier, de régler la note et de rentrer. Je remplis de café refroidi la tasse laissée tout à l'heure, et repris l'écriture de ma lettre à Henriette.

« … À peinc esquissée et vue à l'envers, tu viens de retenir l'attention d'un client du café, séductrice inconsciente. La mort, ta mort, vos morts. Enfant, je répétais les mots qui me faisaient peur jusqu'à ce qu'ils n'aient plus de sens. Toi, belle Henriette, et vous autres qui n'en finissez pas de me manquer, pensiez-vous comme moi que ça n'arrive qu'aux autres, pas à ceux que l'on aime ? La maudite faucheuse moissonne dans ceux-là sans vergogne, pourtant. Bien sûr, je suis vivante ; la preuve, j'ai mal aux dents, j'achète des choses et j'en jette d'autres ; tout ça prouve sûrement que j'existe, que je vous survis. Pourtant, depuis le premier mort, rien n'est plus pareil. Je ne "m'y fais pas" et c'est tant mieux. Je vous porte à bout de mémoire, à bout de moi, vestale obstinée des seuls feux follets…

---

1. Commune du Finistère où les femmes sont connues pour avoir des yeux allongés et des pommettes hautes, héritage supposé d'une lointaine invasion mongole.

Le temps qui passe "n'effacera-pas-bien-des-choses", je l'en défie. Peut-être est-ce pour cela que je manque de talent pour les choses vivantes. Peut-être suis-je plus douée pour m'occuper de ce qui fut et que c'est pour tout ça, ma mémoire excessive du temps passé, très passé, trépassé ? Je ne serai pas celle par qui le scandale de l'oubli arrivera, parce que je n'ai pas honte des blessures que cette mémoire inflige à des vivants parfois désinvoltes ou distraits. »

Cette lettre écrite – crachée plutôt – il y a longtemps, je la relis aujourd'hui sans la renier, même si « elle en fait trop ». Naturellement excessive, voire superlative, et résolument en marge de ce qui doit ou ne doit pas se faire, je refuse de plier l'échine sous le joug de la mode et du bon ton. Si les deux m'ennuient prodigieusement, c'est qu'il est de très bon ton d'avoir l'air de ne pas faire ce que précisément l'on fait, de rire en sourdine, s'habiller en demi-teintes, pleurer en cachette et manger allégé. Tout ceci grâce à d'effroyables subterfuges comme la désinvolture, le vert olive, le grège, le jaune moutarde ou caca d'oie, l'indifférence et le faux beurre. Les sentiments doivent être allégés, et leur expression liftée.

« *Tu peux ajouter que moi, je continue, bravement comme toi, à préférer les joies tonitruantes, les plumes magnifiantes, les paillettes rutilantes, les chagrins qui reniflent et les patates chaudes arrosées de vrai beurre, salé qui plus est.*

— Oui, Coco, je transcris fidèlement ce que tu viens de dire parce que, dans ce domaine, nous sommes synchrones. »

Là où ma Coco tique un peu, c'est que j'aime aussi la réserve quand elle est courtoisie, le grège quand il parvient à avoir de l'esprit, la pudeur quand elle n'est pas affectée, la cuisine légère quand elle est alchimie entre la terre, la mer et l'homme qui patiemment la façonne et mitonne jusqu'à la quintessence. Autant le reconnaître, j'aime le paradoxe.

« Et tu crois passer pour plus maligne que moi en ajoutant ça ? Laisse-moi te dire, Colette, que tu viens surtout de noircir ta page d'un paragraphe hors sujet ! T'as si peur qu'on te croie ordinaire ? Cabotine, va… »

Ce 18 août 1987 s'annonçait comme un mardi breton et même malouin. Ciel bleu sans plus, soleil jaune pâle, vent frais normal dans les ruelles de la vieille ville, température intra-muros : 19 °C. Matinée trop fraîche pour aller à la plage, parfaite pour m'acquitter de courriers en retard. Dans le couloir-bureau, quelques enveloppes ouvertes recelaient autant de lettres lues et consciencieusement retenues par une pince à linge rouge, signe qu'il serait urgent d'y apporter une réponse. Le courrier de la caisse d'assurance vieillesse pouvait attendre jusqu'au soir : je n'avais que trente-trois ans. Celui me conviant à une représentation théâtrale, proposée par une troupe de comédiens amateurs, m'ennuyait déjà, attendrait aussi. La bonne volonté et, souvent aussi, la suffisance arrogante de ces amateurs-là me déplaisaient mais, cette fois, deux de mes clientes étaient de la partie ; j'hésitais encore. Ah ! La lettre à la comtesse Chochotte[1], surnom dont je l'avais affublée dès notre première année ensemble au pensionnat : chochotte, elle l'était naturelle-

1. Son vrai prénom – Christine – fût-il celui d'une reine, ce surnom moque ET célèbre tendrement cette amie de lycée.

ment ; comtesse, elle l'était par son allure altière avant de le devenir par mariage.

Tout en la sachant oublieuse, négligente, dispersée, changeante, imprévisible, et j'en passe, je l'avais aimée une fois pour toutes. Et, tout en recopiant ici ce courrier trente années plus tard, je l'aime encore. Allez, bloc de papier, stylo !

« Saint-Malo, le 18 août 1987

Bien chère Chochotte,

Par vagues successives, les touristes déferlent et recouvrent le sable. Depuis juin, ils ont pris la cité en otage et occupent nos plages. Ils nous rendront le tout vers la fin de septembre, bien sûr contre rançon de "fruits-de-mer-terrasse-avec-vue-sur…", de "coups-de-soleil-t'as-vu-j'ai-la-marque-du-maillot", de cartes postales salaces libellées en famille à l'heure du goûter, entre un rond de grenadine et les flaques jaunâtres tombées d'une crêpe beurre-sucre.

Sachant que les vacanciers deviennent hyperphagiques, l'autochtone allergique à la fluorescence du ramage estival ne sort de sa tanière qu'aux heures où ces "intrus" se pressent affamés à l'entrée des fast-foods. Ces cantines modernes, sans doute aménagées dans l'intention touchante d'éviter à ceux-là une transition brutale, restituent fidèlement les joyeuses guinguettes coquettement nichées dans les centres commerciaux, à la sortie des gares et sur les autoroutes. Là, un brin de nostalgie aux commissures des lèvres et un morceau de frite en travers du sourire, ils partagent « entre gens du même monde » leurs impressions de voyage : prix de journée au camping de la Cité d'Aleth, diamètre des galettes à la crêperie Gaby, taux de pluviosité facteur commun posé devant tous leurs projets. Ils s'échangent leurs photos de vacances passées et enfin s'extasient de la chance qu'ils ont eue de faire connaissance et de si bien s'entendre : "C'est dit ; on ne se quitte plus ! Ce soir, on mange ensemble… Rendez-vous à 20 heures place Chateaubriand." Le soir, ils se retrouvent, inventorient leurs cloques qui sont blessures de guerre pour les professionnels du bronzage intensif et les malencontreux du premier banc de méduses. Ils trinquent à la bolée, rigolent et se flagornent, s'entreclaquent le dos, paillardisent avec fougue, vacarme ostentatoire, que tout le monde en profite… Vrai, ça serait grand dommage que tous leurs bons mots n'aient d'écho que l'oubli, ou pire : la discrétion ! De gracieux tubes néon projettent sur la scène une lumière hardie qui savamment rehausse les rayures d'une chemise, les méplats d'un profil, la couperose d'une face, les à pois d'un caleçon audacieusement moulé sur des chairs incertaines.

Pourtant naturellement misanthrope et chauvin, le résident s'oblige, au début de l'été, à paraître avenant ; il entame avec eux quelques négociations pacifiques et joviales, pactise avec "l'ennemi" dans l'espoir que ceux-ci ne pourront pas faire pire que ceux de l'an passé. Puis très vite il renonce, la bonne volonté d'un laxisme éclairé s'avérant inutile lorsqu'elle est confrontée au despotisme aveugle de ceux qui ont payé : "C'est compris dans le menu, pas question d'en laisser !" Plus qu'un principe, c'est une devise… L'on peut voir, en terrasse de La Duchesse Anne[1], sous les yeux résignés de Dame Maryvonne[2], des gougnafiers replets qui, même après le dessert, beurrent laborieusement tout le pain de la corbeille pour vider le beurrier.

Ceux qui partent en campagne à l'assaut des provinces s'affranchissent de toute bienséance. Arrogants, suffisants, ils croient se dédouaner en versant dans nos caisses tous leurs congés payés.

---

1. La Duchesse Anne fut pendant de très longues années LE grand restaurant malouin, sis dans le mur du rempart de la porte Saint-Vincent.
2. Après Mme Helloco, sa fille Maryvonne et son mari, Serge Thirouard, ont gouverné ce lieu inoubliable de gastronomie et de bonhomie. Hélas, ils ont pris leur retraite et emporté de même l'âme du restaurant.

Très supérieurs en nombre, ils sont accompagnés de fantassins tout neufs, renouvelables hélas, qu'ils appellent leurs enfants ! Cornets de crème glacée, gaufres poudrées d'un sucre ô combien volatil sont armes redoutables dans les mains d'iceux, miniatures braillardes, capricieuses et perverses qui maculent sans vergogne les passants innocents d'autant de projectiles odorants et tenaces, avec la permission et sous l'œil attendri d'une cavalerie de géniteurs ravis. Les plus petits sautillent, zigzaguent sans relâche et balancent en cadence des seaux de plage polychromes où lentement agonisent les berniques arrachées le matin aux rochers, des crevettes insolites : “Elles sont grises, par ici, c'est vraiment incroyable !” et quelques bigorneaux ramassés dans une mare, tout près de la sortie des égouts de la ville : “J'en ai trouvé des gros, là-bas, au bout du truc tout cimenté !” Ils mangeront ce soir le produit de leur pêche, après macération dans le coffre d'une voiture stationnée au soleil.

Es-tu vraiment pressée de prendre tes vacances sur la côte ? Attends donc patiemment la fin de la transhumance ; alors je te ferai visiter la région en toute quiétude. C'est si beau en automne quand il n'y a plus personne !

Colette, ton affectueuse amisanthrope »

Très attentivement, je relus cette lettre, y relevai quelques fautes et pensai que non, vraiment, ça ne serait pas joli ; il fallait la recopier. J'allai dans la cuisine pour me faire un café. Dehors, le temps s'améliorait. S'il n'y avait pas eu tant de monde, je serais volontiers allée jusqu'à la plage du Môle, mais les ballons de volley qui bondissaient en tous sens et frappaient en sursaut les dormeurs alanguis me mettaient les nerfs en pelote, et les miettes de goûter secouées sur les serviettes me flanquaient la nausée. La lettre fut recopiée, enveloppée, timbrée, le café avalé ; je ne trouvais plus d'excuse. Il me fallait traverser la foule jusqu'à la poste. « Agoraphobe et snob », me reprochait ma mère, et je ne démentais pas ; j'en tirais presque une gloire comme de mon célibat, de ma natte et mes jambes trop longues, de tout ce qui peu ou prou me distinguait des autres, espérant secrètement devenir distinguée à force d'être distincte.

Pas de cliente prévue pour cet après-midi-là. Sur la porte de l'institut, je collai à tout hasard un « Réouverture à 16 h » pioché parmi plein d'autres billets de sortie dans ma « boîte à blancs-seings ». L'air se réchauffait ; même le vent ne faisait plus frissonner. Préférant les ruelles à la rue principale, je fonçai jusqu'à la place des frères Lamennais. La lettre était désormais dans la boîte ; Chochotte l'ouvrirait sans doute le surlendemain. Elle se moquerait sûrement de ma prose ampoulée, songerait que c'était là le style d'une déjà vieille fille, penserait à m'écrire, y penserait très fort et… ne m'écrirait pas.

« *Elle n'écrit jamais, elle n'appelle jamais. Tu te f… le doigt dans l'œil jusqu'à l'omoplate en croyant qu'elle est ton amie. Colette, tu me fais pitié !*

— Pourquoi te moques-tu toujours de ma fidélité aux gens que j'aime, Coco ? En serais-tu jalouse ?

— *Pfffuuu ! Jalouse de tes chers amis ? Mais quels amis, Colette ? Ils l'étaient avant, quand vous étiez tous jeunes et célibataires. Et puis eux, ils ont tous fait une vie normale, avec mariage, enfants, crédit maison et toute la panoplie. Non seulement ils n'éprouvent pas, eux, le besoin de maintenir le cordon de l'enfance, mais ils auraient peur qu'une fille seule f… la pagaille dans leur histoire. Tu ferais mieux de leur f… la paix.*

— Coco, tu as peut-être raison, mais je ne suis pas prête, là, à entendre raison. »

Chochotte avait envisagé de séjourner chez moi le temps de se bronzer et patauger, mais ma lettre l'en dissuaderait. Elle débarquerait finalement entre l'équinoxe de septembre et les brumes de novembre sans m'avoir prévenue, ou plutôt si, vingt fois, dans ses pensées. Nous ne nous étions pas vues depuis près de dix ans, mais c'était sans importance ; nous nous aimions beaucoup et c'était une fois pour toutes.

« Toi, tu aimes toujours une fois pour toutes. Pas forcément les autres.

— Coco, arrête. J'ai encore besoin d'y croire. »

Je traversai la place du marché aux légumes. Une vingtaine d'artisans s'y blafardaient tout l'été sous le toit de la halle pour distraire des bronzés qui trouvaient tout pittoresque sans reconnaître là les mêmes artisans qui leur vendaient des choses plus chaudes, l'hiver à Courchevel. Devant la pizzeria qui jouxtait les étals, une petite silhouette gesticulante attira mon attention ; je crus reconnaître Rémi, un copain de mon petit frère… C'était bien lui et bien à moi qu'il faisait signe. Je m'avançai ; il avait l'air réjoui comme s'il venait de réussir une bonne farce. En le saluant, je remarquai derrière lui, légèrement en retrait, un jeune homme aux yeux doux et aux jambes longues, fines, un peu arquées.

— Eh bien ! Ça fait plaisir de te voir ; entre donc, on va boire le café ensemble… Colette, je te présente Éric.

Ah ? Il s'appelait Éric, ce regard-là ?

Il était plus de 16 heures quand je ressortis de la pizzeria et ce fut un peu songeuse que je redescendis l'escalier reliant cette place à ma rue Trublet. Quelques instants après, je refermai la porte de l'appartement sur ma tranquillité, mon silence habituels. Je rangeai mon panier sous la table du couloir et m'apprêtais à ouvrir les fenêtres du séjour pour profiter encore de l'air chaud du dehors quand, en traversant le salon, je m'arrêtai hébétée, oppressée par une peur nouvelle. Peur de vieillir comme ça, sans m'en apercevoir, dans cette morne et morte quiétude ; peur de m'éteindre comme une bougie quand l'air se raréfie. Que m'arrivait-il ? Était-ce un coup de fatigue ? Je me décidai enfin à ouvrir les fenêtres, mais l'air ne parvint pas à dissiper cette curieuse angoisse. Je tentais de m'en défendre, mais ce jeune cuisinier m'avait beaucoup troublée.

« Quoi ? Te v'là chavirée pour un bipède d'à peine cinquante kilos, sous prétexte qu'il a des yeux qui… des jambes que… ? Là, tu déraillles, ma pauvre Colette ! »

Coco m'invectivait, me haussait les épaules, me traitait de midinette, de bluette un peu blette et pire. Pour conjurer le danger, elle posa sur la platine un message de raison chanté par Moustaki : « Ma liberté ». Pour m'avoir fréquentée trente-trois années durant, Coco me connaissait bien et me savait capable d'engouements exaltés ; alors, pour plus de sûreté, elle passa et repassa cette chanson. Je chantais en même temps que remontaient à la surface des souvenirs du lycée : la classe appelée « foyer des élèves » où, tous ensemble assis sur les tables, nous écoutions ce disque, les visages estompés de ceux que j'avais aimés, que j'avais perdus de vue, certains perdus de vie.

« Allez, Colette, tu sais qu'il n'y a rien de mieux que le ménage contre la déprime.

— C'est vrai. Tu es partante ?

— *Oui. De toute façon, j'ai pas le choix.* »

Pour tromper le vieux spleen revenu du passé sans y être invité, j'entamai promptement un de ces grands nettoyages qui rénovent le mental autant que l'habitacle.

« Et en plus, pauvre gourde, ce garçon est trop jeune ! Une bonne dizaine d'années doivent vous séparer ; tu entends ? SÉ-PA-RER !! »

Coco aurait beau dire, je frottais, maugréais, les placards se vidangeaient ; je ronchonnais, astiquais, les meubles changeaient de place. Il faisait sombre à présent. Alors que je m'apprêtais à dévaster la salle de bains, je croisai dans le miroir une moi qui me figea.

« Ah te v'là belle ! Ma vieille, t'as l'air centenaire. Allez, range tes chiffons. J'ai l'impression que nos genoux nous sont remontés jusqu'au sternum. On prend une douche et on se couche. »

Soumise, j'obtempérai. Étendue sur le lit, je repris le livre commencé l'avant-veille, mais voilà que ce soir le charme n'opérait plus. Appliquée, je relus la page cent vingt-quatre qui ne me rappela rien, la cent vingt-trois non plus ; les mots sortaient des lignes où ils étaient rangés. Mes yeux tentaient de les suivre, mais ces petits signes noirs n'avaient pas l'intention de redevenir des phrases. Signe qu'il fallait dormir ? Allongée sur le côté, je me sentais mal à l'aise, alors, virant de bord, je voulus prendre le sommeil à revers… et le manquai. Affalant ma voilure jusqu'à l'à plat ventre, je pensai cette fois filer plus vite vers le néant avec le sommeil dans le dos. Rien à faire. Et puis zut !

D'un bond je sortis du lit, retirai ma tunique, m'étrillai sous une douche froide, me maquillai, me Shalimarai prestement, puis me plantai perplexe devant ma penderie : « Ça non, ça fait trop vieux, ça non plus, c'est trop tarte ; mais où est donc passé l'ensemble indien en coton blanc ? »

« Fais donc pas tant de chichis ! Il est déjà 11 heures et demie. Continue comme ça et il n'y aura plus personne dehors. Remarque, moi, je préférerais. »

Pas le temps de discuter avec Coco, juste celui de sauter en urgence dans un jean ordinaire, enfiler un pull-over (devant-derrière, on me le ferait remarquer plus tard), rafistoler ma natte en hâte et sortir de l'immeuble au pas de course. Qu'avaient-ils dit tout à l'heure ? Je trébuchai sur une marche de l'escalier qui montait au marché. Ah ! oui : « En général, on ferme un peu avant minuit et on va boire un verre place Chateaubriand. »

En traversant la halle, je vis que la cuisine de la pizzeria était éclairée. Ouf ! Ils y étaient encore ; il était encore là. De quel bar parlaient-ils ? Je ne m'en souvenais pas ; l'avaient-ils précisé ? Il y en avait cinq sur la place Chateaubriand. Ralentissant le rythme, je feignis de baguenauder ; mon pas s'accorda à ceux que j'évitais soigneusement dans mon état normal. La course m'avait calmée, un peu. Les artistes qui assiégeaient la place aux beaux jours commençaient à remballer ; certains avaient déjà replié leurs tréteaux. Désœuvrée, indécise, je fis le tour de la place une fois, deux fois, trois fois, avec ce que j'espérais être un air détaché. Enfin j'ouvris la porte du bar de l'hôtel de l'Univers[1].

— Bonsoir, Colette ! Quelle surprise… on ne te voit pas souvent pendant la saison. Tu vas bien ?

J'opinai en souriant, embrassai celui-ci, tendis la main à celle-là et fis un petit signe à ceux qui, assis de l'autre côté du bar, étaient hors de ma portée. Juchée sur un haut tabouret, près de la lampe-bouteille datée de l'année même où ce bar avait ouvert, je commandai deux petits cafés. Le barman ne tiqua pas ; il savait que je n'aimais pas boire dans une grande tasse. Cet endroit me ravissait.

1. Place Châteaubriand, dans Saint-Malo intra-muros.

Le bar n'est pas bien grand, mais il y a tant de choses accrochées sur les murs, suspendues au plafond, que chaque fois j'en découvre de nouvelles : fossiles d'animaux marins, photos dédicacées de grands navigateurs, maquettes de bateaux comme autant d'ex-voto à la gloire du comptoir et de tous ceux qui viennent s'y échouer bord à bord.

— Tu reprends quelque chose ?

Une flûte de vin blanc avec quelques glaçons pour le bruit cristallin… Je remerciai Daniel qui m'offrait ce verre en échange de rien. Nous avions le même âge et j'avais bu mes cafés sous toutes ses enseignes. Nous respections toujours une distance courtoise. Allergique moi aussi aux familiarités superficielles et encombrantes, j'appréciais qu'on me dise bonjour en connaissant mon nom, qu'on sache me servir le blanc sec sur glaçons et… qu'on me fiche la paix. L'atmosphère chaleureuse m'entourait, me protégeait ; le tintement des verres dans le panier à vaisselle et les conversations qui me parvenaient brouillées m'aidaient à m'isoler pour noircir mon carnet de cent petits dessins et pensées insolites. Ce soir j'y déversais un ridicule fantasme né de signes impalpables et qui n'irait pas loin. Rêveuse incorrigible, griffonneuse incurable.

« Je n'aurais pas mieux dit, chère moitié ! »

Une heure du matin, mon carnet se referma, la porte du bar aussi. Les terrasses se vidèrent ; pieds contre pieds, les tables s'installèrent pour la nuit et les chaises enchaînées se penchèrent dessus, lassées de soutenir le siège des assaillants. Ma déception sous le bras et mon panier sous l'autre, je repartis lentement. Sans y croire vraiment, j'espérais tout de même retrouver cet Éric. Tant pis.

« À cette heure, il doit être auprès d'une fiancée, une nénette plus jeune. Normal. »

Ainsi parlait Coco, mon empêcheuse de m'illusionner en rond.

— Coucou !

Surgi de je ne sais où, il était là devant moi. C'était tout à fait le moment de trouver une petite phrase subtile, pleine d'esprit, de faire danser trois mots d'une voix bien placée.

— Éric ! V... Vv... vous êtes là ?

« Bravo, Colette ! En plus, tu recommences à bégayer.

— Tais-toi, Coco ! Pour une fois, ce soir, oublie-moi.

— *Bon. D'accord. Après tout, je le trouve plutôt chouette, ce gars.* »

— Oui, à la terrasse de la brasserie des Voyageurs avec des copains. En vous voyant entrer seule à l'Univers, l'air décidée, je n'ai pas osé vous déranger. J'ai préféré attendre dehors.

À quoi bon demander : « Pourquoi vous n'... ? » Visiblement peu doués l'un et l'autre pour la feinte, nous partîmes côte à côte vers peu importait où, vers nous ne savions quoi sauf un petit bout de chemin. Il passa mon bras sous le sien et m'entraîna sur les marches qui grimpent au rempart à la porte Saint-Vincent. Là-haut, tous deux coude-à-coudés au muret qui surplombe l'entrée de la vieille ville, nous regardâmes la rue et les quelques passants qui déambulaient encore.

— C'est drôle de regarder les gens par le dessus ! Ce bonhomme, là, que reste-t-il de lui à part une tonsure, une arête nasale, une paire d'épaulettes et deux pointes de chaussures ?

Nous en rîmes ensemble et puis nous repartîmes. Les remparts ceignent au près les murs d'habitation de la cité corsaire et vingt minutes suffisent, lorsqu'on s'y balade seul, pour en faire le tour. Cette fois nous étions deux, alors nous musardions.

C'est qu'il en faut du temps pour entendre et comprendre les silences de l'autre quand cet autre est tout neuf ! Lorsque nous parvînmes en haut de l'escalier à la porte Saint-Thomas, plus d'une heure avait dû passer, peut-être même deux. Juste avant de descendre l'escalier de granit, Éric me prit le bras et, doucement, me tourna vers lui. Son regard était d'un tendre ! Je sentis venir une déclaration, un peu prématurée sans doute, mais que faire ? Mes genoux mollissaient.

— Colette, il faut que je vous dise…

Moi, désinvolte :

— Oui. Quoi ?

— On se connaît à peine et c'est gênant de vous dire ça, mais… vous avez mis votre pull-over devant-derrière.

Face au large et cap mis sur la rose des vents, nous larguâmes quelques amarres pour quelques heures, jours, peu importait. Imperturbable, mon répondeur annonçait : « L'institut Colette est ouvert aujourd'hui de 11 h à 12 h. » Sensation exaltante de se connaître depuis toujours, une espèce d'amourtié[1], d'évidence nous assemblait, tandis que l'institut s'estompait à l'horizon de mes préoccupations.

Un matin, sur la pointe de la Varde[2], il se lança un défi :

— Tu paries que je te ramène un trèfle à quatre feuilles le temps de compter jusqu'à sept ?

— Tout ce que tu veux ! C'est impossible, surtout ici où rien ne pousse à part la mousse et les lichens.

---

1. Merci à Bernard Morlino, journaliste et biographe français, qui définit ainsi sa relation avec Emmanuel Berl (1892-1976), journaliste, historien, essayiste français. Merci aussi à Benoîte Groult qui, elle aussi, utilisa pertinemment ce petit mot tellement utile.

2. Pointe rocheuse dans le quartier de Rothéneuf, à Saint-Malo.

Il me tourna le dos... Un, secoué par un grand rire. Deux... Trois... Quatre... Cinq... puis se baissa prestement pour se relever radieux... Six :

— Regarde !

Sept... Intriguée, je m'approchai ; éberluée, je constatai.

— C'est un coup de chance, Éric, garde-le précieusement.

— Non, ma Crevette, celui-ci je te l'offre ; il sera avec toi tant qu'on sera ensemble.

Amusée, je demandai :

— Est-ce un ordre ou une menace ?

Visiblement étonné par ma question, il répondit simplement :

— Non, je te le dis, c'est tout.

Son visage était devenu grave subitement. Le mien devait trahir ma perplexité, car, très vite, il sourit :

— Oublie ce que je viens de dire, on va jouer ensemble. On va chercher chacun sept trèfles comme celui-ci, mais on ne les cueillera pas ; il faut laisser des brins de bonheur pour d'autres.

— Comment reconnaître ceux qu'on aura déjà trouvés ?

— Tiens oui, c'est vrai... Ah ! J'ai une boîte d'allumettes. On plantera une allumette près de ceux qu'on aura repérés. Allez, chacun pour soi !

— Attends, dis-moi d'abord... Pourquoi sept ? Pourquoi toujours sept ?

— Parce qu'il y a sept lettres dans ton prénom et qu'il en faut sept aussi pour écrire « je t'aime ». Bonne chance !

Il fit volte-face et, tout de suite, planta une allumette ! Un peu crâneuse, je cherchai tout d'abord l'air de rien. Puis, mon extrême acuité visuelle s'avérant inutile, je fis fi de ma dignité pour ramper, le nez au ras de l'herbe : un, deux, trois... Zut ! un, deux, trois... Re-zut !!

— Vous avez perdu quelque chose, mademoiselle ? Puis-je vous aider ?

Ma parole, il se fichait de moi. Hilare, il m'invita d'un geste à le suivre et me montra, indiqués par les sept allumettes, les trèfles quadrilobes ! Bredouille, piteuse, vaincue, j'abandonnai mes recherches. Comme je m'étonnais que lui puisse les voir malgré une forte myopie, il m'avoua, presque confus :

— À toi, je peux le dire ; je ne les VOIS pas, je les entends seulement.

Seulement ?! Immédiatement conquise par ce don inutile tellement poétique, je souhaitai très fort que ce garçon étrange que je connaissais à peine fût là exprès pour moi.

À l'aube du troisième jour, tandis qu'il disait son admiration pour ma résistance aux nuits blanches, je sentis une mollesse posée sur mes épaules, un certain relâchement du côté des chevilles. Avant de repartir pour une virée nocturne sur la plage, dans un bar ou au bord d'un étang grouillant d'anguilles fricassables, je proposai du café très fort, mais :

— Tu crois que ça va aller ?

— Pourquoi ? Tu es inquiet ?

— Un peu, oui. Regarde-toi dans une glace ; tes yeux n'ont plus de couleur, tout le bleu est tombé.

Il avait raison : deux grands cernes bleuâtres s'étalaient en haut de mes joues.

— Je voulais faire la brave, mais tant pis, j'abandonne.

— Il n'y a pas de honte ; moi aussi je suis crevé.

— Alors, allons dormir, ensemble si tu veux.

Son rire et sa jeunesse tombaient sur ma solitude comme une giboulée sur un jardin aride : en pure perte tout d'abord. Savoir que « c'est celui-là » ne m'aidait pas à faire de vrais pas vers lui ; je devais auparavant faire quelques pas vers moi, rassembler mes bagages pour partir dans sa vie, rejeter sur le quai ce qui ne servait plus à rien, ce qui pesait trop lourd. Il me fallait choisir entre la vie réelle avec son lot d'incertitudes, et la nostalgie immuable, confortable. Pas facile. Le passé me collait à la peau. Une série de deuils avait ponctué ma vie avec une effarante régularité. Presque tous les deux ans, je suivais un cercueil avec, posé dedans, quelqu'un que j'aimais et qui, malgré le temps qui passe nous dit-on – que pourrait-il faire d'autre ? –, me manquerait toujours. Ce triste métronome avait depuis longtemps scandé, coupé, broyé mes enthousiasmes. Si j'étais malgré moi revenue de presque tout, Éric, lui, venait d'arriver. Il venait de m'arriver et je ne savais pas si c'était bien à moi que ce cadeau échoyait, ni si j'avais le droit de l'accepter. Je m'interrogeais, songeant qu'après tout, je n'avais pas obligé ce jeune homme à me rejoindre, que je ne l'avais pas séduit exprès pour l'embêter.

« *Je te trouve gonflée de détourner un jeune gars d'une vie normale, avec mariage, marmots, vacances en caravane et tout. Tu lui donnes quoi en échange ? Ton humour – notre humour –, une natte noire trop longue, deux jambes trop longues aussi, des yeux clairs et des phrases... Tu parles d'un cadeau ! Surtout qu'il a pas l'air bête ; il verra vite que le noir de la natte, c'est à L'Oréal qu'on le doit. Quant aux longues jambes fines, attends qu'il découvre nos genoux cagneux...* »

Comment avouer à Coco que je pensais comme elle, tout en voulant quand même jouer la pièce jusqu'au bout ?

« *Je t'entends penser, ma Colette... J'en suis toute chose.*

— Vraiment, toi aussi tu l'aimes bien ? Ce serait la première fois…

— *Tout arrive ! C'est justement parce que je l'aime bien qu'on devrait faire attention à lui. Faut pas qu'on l'abîme, tu me suis ?*

— Je suis d'accord, Coco. Cette histoire, si elle doit devenir une histoire, on va la vivre toi et moi soudée, ou on arrête tout de suite.

— *Oui.* »

Rassérénées, moi par l'adhésion imprévue de ma chère Coco, elle par mon invite au partage, nous redevînmes « une » instantanément, et cette unité durerait… tout le temps que durerait la belle histoire.

Ce débutant apprenait et comprenait tout très vite ; il sautait toutes les classes pour souffler les bougies qui menaient jusqu'à moi. Conjurant la tristesse et la paresse désenchantées dans lesquelles je me vautrais hors de ma vie professionnelle, il bousculait joyeusement la rassurante sagesse dont je m'étais parée. D'un grand coup de bonté, il envoyait promener mes « non », mes « jamais plus » jusque dans les coulisses d'un avant révolu. De ses mots apaisants, il souleva le crêpe qui me rendait aveugle, sourde à l'espérance, et, à force d'humour, il purgea mon cerveau de toutes ses langueurs, m'expliquant gravement que les morts n'aiment pas qu'on pleure trop sur eux parce que ça les empêche d'aller vers la lumière… D'où tenait-il ces certitudes ? Souvenir d'un avant ou mémoire encore plus improbable d'un après ? Enfin, il m'assura que mes rides n'étaient que « tout petits soleils posés au bord des yeux » Alors… alors, tout éblouie, je réappris à aimer et à être aimée.

J'avais pleinement conscience d'être chanceuse et heureuse. J'exerçais librement un métier passionnant, autant par sa technique que par l'éventail de personnalités souvent pittoresques que j'y côtoyais. Éric semblait heureux, bien qu'il lui arrivât parfois, à mots feutrés, d'évoquer le fugace, le fragile, l'éphémère ; je me demandais alors de quoi il avait peur. Nous vivions dans l'intense, dans l'urgence, comme mus par la prescience que le temps nous était compté. Un jour qu'il était sombre et que je m'apprêtais à préparer le déjeuner, je déposai sous la table le panier de pommes rapportées du marché, et m'enhardis cette fois à lui demander la cause de son front tout froissé. Contre toute attente, en place de l'habituelle mimique évasive, il s'assit devant moi et se délivra de sa secrète inquiétude.

Se promenant dans Paris quelques années plus tôt, il avait été interrompu dans sa flânerie par une femme étrange, vêtue comme une Gitane, qui avait traversé l'avenue rien que pour lui. Elle avait pris sa main et prononcé très vite : « Dépêche-toi de vivre, tu n'auras pas trente ans. » En Parisien rompu à toutes les bizarreries que chaque promenade propose, il avait sorti de sa poche un peu d'argent qu'elle avait refusé en tournant les talons pour disparaître dans la foule du trottoir d'en face. D'abord interloqué, il avait ensuite oublié l'étonnante prédiction.

Pourtant, un peu plus tard, responsable du gril d'un grand restaurant, il avait eu la surprise d'y être félicité par un médium connu qui avait beaucoup apprécié son dîner, et qui avait ajouté : « Tu as des dons particuliers ; tu sais guérir des maux, parler aux animaux et d'autres choses encore. Tu fais beaucoup de moto et tes proches appréhendent un accident possible. Ce n'est pas sur la route que tu seras tué, mais tu n'auras pas le temps de devenir vieux. »

Abasourdie, ne sachant que répondre pour le rassurer, je balbutiai de vagues onomatopées.

— Tu comprends, ça faisait quand même deux fois qu'on m'avertissait. Je me suis dit qu'après tout, je n'avais rien à perdre, sauf du temps ; alors j'ai décidé d'en gagner le plus possible.

— Tu y crois vraiment, à tout ça ? Tu as peur ?

— Peur... non, pas exactement ; j'essaie de gérer au mieux l'information, d'en tenir compte tout en l'oubliant.

— Alors, tout ce temps que tu as passé à me réconcilier avec les choses vivantes, ça t'a servi aussi à t'en convaincre toi-même ?

— Non, enfin pas à ce moment-là, parce que je n'en souffrais pas ; c'est de vivre près de toi qui m'a rendu soucieux.

— Tu parles d'un cadeau... Je t'en demande pardon.

— Pardon ? Mais pardon de quoi ? De m'avoir appris le bonheur ? De m'avoir fait admettre que ma vie à moi pouvait être fabuleuse ? Eh bien ! Tu es tout excusée !

Il semblait réfléchir.

J'essayais de penser utile. En vain. Plus tard, en me remémorant ce moment, je me demanderais par quel accès de stupidité ou de déni je n'avais pas fait à ce moment-là le rapprochement entre les inquiétantes confidences d'Éric et les avertissements donnés par Anne la voyante et par mon ami André. Hélas, mon cerveau émotionnel refusait d'en reconnaître la syntonie, donc de parer à cette menace.

« Et qu'est-ce que tu aurais pu faire ? Imposer un garde du corps à Éric ou l'enfermer à la cave ? Refuser la maison proposée par Papa et rester dans l'appartement sous prétexte que le mot déménagement était lié à cette mort ? La vérité, c'est que si tu

avais pensé à tout ça, tu aurais seulement gâché ce qui lui restait de temps de vie. »

Je pense encore que, comme tout le monde, j'occultais de toutes mes forces ce qui ne pouvait, ne devait à aucun prix survenir. Cette faculté de nier l'évidence jusqu'à l'oublier, faute de se sentir apte à l'affronter, continue de m'étonner, de m'accabler. Elle me paraît impardonnable, car, en plus de ces prédictions brutales et précises, il y eut d'autres avertissements que ma mémoire, décidément peu fiable, ne me restituerait qu'après, quand il serait trop tard.

Encombrée de tout ce qui avait été dit, je trouvai un dérivatif à l'émotion en sortant du panier les pommes acides. Caramélisées à la poêle, ce serait délicieux avec du jambon fumé… Éric semblait parti si loin dans ses pensées que, n'osant rompre le silence, ce fut sous un tout petit filet d'eau que je me lavai les mains avant de couper les fruits. Me retournant pour m'asseoir, je vis qu'il avait commencé le travail et tenait dans la main mon unique couteau éplucheur. Tant pis, j'allais attendre. Les coudes sur la table, le menton dans les paumes, profitant de ce qu'il ne semblait pas s'en apercevoir, je le regardais saisir la seconde pomme qu'il éplucha, comme la première, jusqu'au trognon, ne laissant devant lui que « les terrifiants pépins de la réalité[1] ». À mesure que notre déjeuner disparaissait en joyeuses épluchures roulant comme des ressorts sur le papier journal, je devinai qu'une phrase sombre se préparait.

— Tu sais, ma Crevette, je connais maintenant tout ce que j'ai à perdre si jamais…

---

1. Extrait de « Promenade de Picasso », poème de Jacques Prévert (1900-1977) publié en 1946 dans le recueil *Paroles*.

Que dire ? Tacitement d'accord pour faire « comme si », nous servîmes le jambon avec des haricots en boîte – c'est très bon aussi.

L'été s'acheva, l'automne après lui, rapidement suivi par l'hiver.

En mars 1988, je découvris que le bail locatif de mon institut-logement n'avait pas été daté comme prévu, et que la propriétaire, désirant vendre rapidement cet appartement, me signifiait mon congé pour septembre. La perspective de devoir chercher un nouveau logement m'ennuyait d'autant plus qu'il devait s'adapter à mon artisanat, par sa topographie et par la loi. En effet, on ne pouvait ouvrir un institut n'importe où ; le plus souvent, les propriétaires refusaient ce droit au locataire.

Attablée chez mes parents, je songeais que je devais et voulais continuer à exercer mon métier, tout en rêvant à un lieu isolé où je pourrais peindre et écrire sans être dérangée, ni par les clientes ni par les amis. En pleine mer, par exemple.

« Un phare, ce serait bien… »

Coco venait de dire tout haut ce que j'avais pensé. Mon père sursauta :

— Un phare ? Ça te tente toujours de vivre en pleine mer ?

— Dans l'absolu oui, mais pour l'instant, je cherche un lieu où je pourrais être seule sans risque d'être importunée quand je veux peindre ou écrire.

— Et si ce lieu était une maison confortable sur jardin, à loyer très modéré, et dont le propriétaire t'autoriserait à y installer ton institut ?

— Ce serait formidable, évidemment ! Mais tu connais, toi, un propriétaire qui accepterait de louer quoi que ce soit à une fille seule non salariée ?

— Oui. Moi.

Ce jour-là, Papa m'offrit d'emménager dans la maison héritée de ses parents dès la fin de mon bail, en septembre.

Le samedi 16 juillet 1988. En arrivant dans la cuisine pour préparer le plateau du petit-déjeuner, j'ouvris la fenêtre et… ne vis pas la moto qu'Éric avait garée dessous la veille. Par acquit de conscience, je sortis, fis le tour du parking intérieur, puis du parking extérieur. Pas de moto. Impossible de garder ça pour moi. Apprenant la mauvaise nouvelle, Éric prit appui de ses deux mains sur la table pour réfléchir, le front soucieux. Je suggérai de faire le tour de la vieille ville en voiture. Il accepta. Nous roulions lentement, nous arrêtant à chaque croisement. L'intra-muros fourmillant de ruelles et de passages exigus, la matinée était devenue l'après-midi. Nous rentrâmes bredouilles. Me revint alors le souvenir d'Anne la voyante, consultée en 1984, qui m'avait favorablement impressionnée. Je sollicitai donc son talent pour retrouver la moto ; par chance, elle accepta de me recevoir tout de suite.

— Je vois que votre ami et vous pouvez manier le pendule. Servez-vous-en, la moto sera retrouvée avant quarante-huit heures.

— Oh ! Je crois qu'il « pendule » juste comme ça, pour rire. Et moi, je n'ai jamais fait ça…

— Faites-moi confiance, mademoiselle. Je vais vous aider à distance et je sais que vous réussirez. Vous entendez ? Je le sais !

Impressionnée par son ton péremptoire, je tendis la main pour reprendre la photo de la moto, mais :

— Je garde la photo pour vous guider mentalement. Vous reviendrez la prendre quand vous aurez retrouvé la moto. Au revoir et bonne chance !

Revenue près d'Éric, je lui avais relaté l'entrevue avec Anne. Restait à étudier l'aspect technique de nos recherches :

— Dis-moi, Éric, es-tu vraiment radiesthésiste ?

— Non, je ne crois pas, mais on va se débrouiller.

Quelques années plus tard, en découvrant les travaux du professeur Yves Rocard[1] sur la radiesthésie et le magnétisme, je réaliserais notre candeur d'alors.

— Que va-t-on pouvoir utiliser comme pendule ?

— Je pensais à ma bague cadran solaire, elle est sûrement magique puisque c'est toi qui me l'as offerte.

Malheureux depuis la disparition de sa moto, il trouvait cependant le moyen d'être gentil, de plaisanter ; je lui en savais gré. Nous nous étions offert chacun la même bague où était gravé le joli conseil « *carpe diem* ». Sur la face interne de l'anneau figuraient les douze premiers chiffres romains, et le soleil, passant par l'orifice du chaton, éclairait celui indiquant l'heure… solaire.

1. Yves André Rocard (1903-1992), physicien français, inventeur de la bombe H, auteur de plusieurs ouvrages relatifs au magnétisme et à la radiesthésie. Il était le père de l'ancien Premier ministre Michel Rocard (1930-2016).

Nous nous exerçâmes à l'heure de l'apéritif, en posant au pendule des questions très faciles pour vérifier qu'il respectait le protocole inventé de façon arbitraire : mouvements de balancier vers l'arrière ou l'avant pour indiquer la direction à suivre, oscillations dans le sens des aiguilles d'une montre pour avertir de la proximité de la moto fugueuse. Avant de monter en voiture, nous avions promené la bague suspendue à une chaînette au-dessus de la carte routière pour qu'elle choisisse à notre place un circuit favorable. Or, si cette bague était magique comme l'avait dit Éric, elle était également très joueuse car elle nous promena de Saint-Malo à Cancale en passant par la côte, pour commencer, puis par des chemins de terre débouchant invariablement dans des cours de ferme. La moto avait-elle vraiment suivi le même chemin ? Ou le pendule voulait-il éprouver notre détermination ? Nous inscrivîmes ces errances sur le compte de notre inaptitude.

Au soir de cette première journée de recherches, lassés de nous arrêter à chaque carrefour pour sortir le pendule, nous étions revenus à l'appartement bredouilles et incrédules.

Le lendemain, pourtant, alors que nous nous apprêtions à sortir du petit restaurant où nous venions de déjeuner, en haut de Saint-Servan, j'eus la certitude de retrouver cette moto à moins d'un kilomètre. Éric conduisait et je pendulais pour lui donner la direction à suivre. C'était tout droit. Quelques minutes après, nous la trouvâmes sur la place Charcot, tout près de l'écluse qui relie Saint-Servan à Saint-Malo intra-muros, donc à huit cents mètres de l'endroit où elle avait été volée ! Éric n'en revenait pas ; il était très heureux ! Et moi très fière…

Éric ayant dû repartir aussitôt à Saint-Brieuc pour reprendre son travail, je retournai seule chez Anne pour la remercier et récupérer la photo. Elle était visiblement ravie pour nous et très amusée par mon enthousiasme :

— Je comprends que ça vous étonne, mais pour moi, c'est du quotidien, ça… Dites, mademoiselle, pourquoi votre ami n'est-il pas venu avec vous ?

— Il devait repartir aussitôt et m'a chargée de vous remercier ; ça vous ennuie ?

— Non, enfin pas vraiment. Avez-vous une photo de lui ? J'aimerais le voir.

— Non, je ne possède aucune photo. Mais que se passe-t-il ? Vous semblez soucieuse…

— Je dois le voir au plus vite, l'avertir de…

— De quoi ?

— Je ne sais pas, désolée. Dites-lui de venir rapidement, il n'aura rien à payer ; je dois le rencontrer, c'est tout.

Début août 1988, Yolande Chantrel, ma tante, me convia à une séance de lèche-vitrines dans les rues de la vieille ville. Nous bavardions gaiement, ravies d'être ensemble. Je lui racontai le rêve que j'avais eu la nuit précédente parce qu'il me laissait une impression nauséeuse et que l'exprimer pouvait m'en débarrasser une bonne fois. Insatiablement curieuse de comprendre les rouages du cerveau, les trajets insolites suivis par des neurones indisciplinés, cette prof de sciences naturelles était mon interlocutrice idéale. Dans ce rêve, Juliette, ma grand-mère paternelle, m'était apparue plus jeune qu'à son décès. Surtout, elle ne boitait plus ; sa jambe gauche, autrefois massacrée par l'explosion d'une bouteille de cidre, était redevenue intacte. Rayonnante, elle s'était adressée à moi le plus naturellement du monde : « Colette, tu vas bientôt habiter ma maison ; je viens te dire ce que tu dois faire pour la rendre plus confortable. » Elle m'avait fait visiter la cave et le rez-de-chaussée de cette maison, en me désignant les choses à réparer, les détails à revoir, puis m'avait entraînée dans l'escalier pour visiter l'étage : « Comme tu vivras seule ici, il faudra installer ta chambre de ce côté pour... – Mais non, Mamy, je ne serai pas seule ; Éric rentrera chaque fin de semaine. » Juliette s'était retournée, le regard triste dans son visage redevenu presque vieux : « Si, tu seras seule. » Le rêve s'était arrêté là.

Tout à notre après-midi entre filles, consacré aux joies et à la légèreté, Yolande avait conclu : « Ce n'était qu'un rêve. »

Trois semaines plus tard, je constaterais que Mamy Juliette m'avait parfaitement bien renseignée.

Cancale, dimanche 14 août 1988. Pour oublier la foule que la fête de la Vierge, allez savoir pourquoi, attire vers les côtes, Éric et moi nous promenions sur la Houle en tournant obstinément nos têtes en direction du Mont-Saint-Michel.

— Les pieds vers le Bénétin[1] et le nez sur le Mont-Saint-Michel, on doit ressembler à des figurines égyptiennes…

— Oui. Au fait, comment s'écrit torticolis en hiéroglyphes ?

— Message reçu ! On va s'asseoir sur le môle en attendant l'ouverture du Narval.

Je remarquai qu'Éric grimaçait en s'asseyant.

— Qu'est-ce qui t'arrive ? Il y a un panneau peinture fraîche ?

— Non, mais j'ai très mal, là.

Il posa sa main sur sa hanche et le haut de sa cuisse, exactement là où il serait bientôt touché.

— C'est sûrement ton coup de soleil.

Nous avions passé l'après-midi au soleil sur la plage ; sa peau de Parisien en avait quelque peu pâti.

— C'est vrai que ça me brûle un peu partout, mais là, c'est autre chose.

1. Rocher près de Cancale.

— Puisque tu sais passer le feu, tu pourrais peut-être...

— Non. Ça ne marche pas sur moi, ce truc, seulement sur les autres. Le mal dont je te parle, ce n'est pas du soleil, c'est... C'est comme si ma jambe était en train de mourir.

J'éclatai de rire.

— Dis donc, ne serait-ce pas ton cerveau qui aurait trop bronzé ?

Lui ne riait pas. Il semblait si anxieux que je réprimai la cascade de rires qui me grimpait au sternum, mais... Vrai ! Quelle idée de se faire peur comme ça pour rien ?

— C'est à cause de ton jean ; il est tellement serré qu'il faudrait un tube de vaseline et un chausse-pied pour l'enfiler, alors forcément... Allez, n'y pense plus. Lève-toi, la porte du restaurant est ouverte.

Il me suivit sans entrain, à contrecœur même, en boitant. Un peu agacée de le découvrir douillet, je fis fi de son fiel. Après que le serveur se fut enquis de nos désirs, Éric me regarda d'une étrange façon.

— Je ne supporterai pas d'avoir une jambe en moins ; jure-moi que tu ne laisseras pas...

— Mais arrête ça ! Tu vas finir par me faire vraiment peur avec tes idées en noir foncé.

— Pardon.

Il s'appuya contre le dossier de sa chaise, prit une cigarette, l'alluma et tourna le regard obstinément vers la baie de Cancale. Sans plus rien dire.

— Oh ! Éric, tu ne vas pas faire la tête, quand même. Dans quatre jours, ça fera un an qu'on s'est rencontrés, et je ne t'ai encore jamais vu dans cet état... D'accord, je ne me moque plus de toi ; dis-moi ce qui se passe vraiment.

— Je ne sais pas exactement. Tu peux penser que je suis douillet, fou ou n'importe quoi de désagréable, mais j'ai peur, Colette, vraiment peur – il ne m'appelait Colette que dans des cas graves. Des coups de soleil, j'en ai partout, mais c'est cette jambe-là qui me fait mal. Je ne connais rien en médecine, mais je sens que c'est grave, et je n'ai jamais eu peur pour moi avant ce soir, tu comprends ?

Non, je ne comprenais pas, mais je faisais semblant parce qu'il en avait besoin.

— Colette, si, pour une raison ou une autre, on envisageait de me couper la jambe, jure-moi que tu ne laisserais pas faire ça. Jure-le.

Complètement abasourdie par la tournure que prenait la soirée, je quittai mon champ habituel d'activité épicurienne. Je m'abstins même de boire le vin qui me tentait, puisque nous n'avions même pas pris le temps de trinquer depuis notre arrivée. Je tentai de rejoindre Éric dans ce qui me semblait être une bouffée délirante que je continuais, en mon for intérieur, à mettre sur le compte d'une sévère insolation.

— Si ça peut te rassurer, alors oui, je le jure. Et si ça arrivait, que faudrait-il que je fasse ?

— Me sortir de l'hôpital, m'emmener et me tuer.

— QUOI ??!!

Si j'avais eu mon verre à la main, sûr qu'il aurait éclaté dans ma paume.

— Oui. Si j'avais une gangrène ou un cancer, par exemple, je n'aurais pas le choix. Il faudrait m'amputer pour que je ne meure pas. Mais moi, je préfère mourir avec mes deux jambes. Alors on emporterait plein d'huîtres, du vin blanc, beaucoup de vin blanc, et on mangerait une dernière fois ensemble, et tu me ferais boire le plus possible. Et puis, une fois que je serais complètement soûl, tu me balancerais du haut de la pointe du Grouin[1]. J'ai besoin d'être sûr que tu le ferais.

Alors, pour endiguer les larmes qui nous brillaient déjà au bord des cils, pour ramener un sourire sur son visage livide malgré le coup de soleil, je promis tout et le reste. Et, parce que mon bouclier antimalheur était toujours le bon sens solide, voire épais côté face et l'humour côté pile, je confiai à Coco le soin d'opiner à son discours, d'abonder dans son sens jusqu'à le dépasser pour faire revenir Éric ici, dans cet instant, ce restaurant, à cette table, à ce plateau géant de fruits de mer parfumés que le serveur venait de poser entre nous :

« Bon. Et après cet éthylique intermède, elle fera quoi, ta Crevette ? Vingt ans de prison, un chagrin inconsolable, une culpabilité chronique et la dépression assortie, tout ça parce que M. Plume trouve qu'il n'a pas le look d'un unijambiste, parce qu'il refuse de payer deux santiags alors qu'il n'en portera qu'une… »

— Pardon, c'est vrai, je n'y avais pas pensé. Bon, dès demain, je vais écrire mon testament pour te décharger de ma mort ; je vais même écrire une lettre de suicide que tu laisseras sur ma moto après… Et puis je te léguerai, sur ma lettre, tout ce que je possède.

— Tout ?!

— Oui, tout. Ma moto, ma guitare, mon blouson, mes maquettes de voitures, mon matériel de pêche… Tout, je te dis.

1. Pointe rocheuse au nord de Cancale.

« Je voudrais pas casser l'ambiance, ma Colette, mais ce "tout" ne te rapportera pas un sou ! Pas la peine d'embaucher un notaire… »

Revenu à notre table pour verser le vin dans nos verres obstinément vides, le serveur marqua un temps d'arrêt. Habituellement discret, il ne put s'empêcher d'exprimer sa stupeur – « Vous n'êtes pas gais, ce soir. » – très à propos. Nous fûmes pris tous les trois d'un même accès de rire. Rassuré, le serveur reprit son service normalement tandis que nous nous apprêtions à déguster enfin les coquillages et crustacés. La soirée fut très gaie !

« Ah ! ça, pour être gaie… Même que ça me démangeait de lui faire remarquer qu'il ne boitait plus en quittant le restaurant.

— Tu regrettes de ne l'avoir pas dit, Coco la perspicace ?

— *Pardon. Non, bien sûr que non. Mais reconnais que toi non plus, tu le prenais pas au sérieux ce soir-là. »*

Comme Coco, je n'avais pas senti – pas « deviné » – le drame qui couvait. Presque trente ans après, la honte demeure en moi.

Lundi 15 août 1988, dernière soirée rue Trublet.

— À quelle heure dois-tu te lever demain ?

— Vers 6 heures, je dois être à Saint-Brieuc à 8 heures. Ce n'est pas la peine de te lever aussi, je serai pressé ; on n'aura pas le temps de refaire le monde.

— Bien sûr que si, je me lèverai. On ne se voit pas si souvent…

— Justement, je vais essayer de rentrer plus tôt vendredi. J'aurai préféré jeudi, le jour J…

— Ce n'est pas grave. Notre premier anniversaire… Un an avec toi, ce n'est pas rien… Qu'est-ce qui te ferait plaisir, une fugue vers l'ouest ? un très bon restaurant ? une…

— Non, non, ne t'occupe de rien, j'ai déjà tout prévu. Ce sera une surprise. Tu veux bien ?

— J'adore les surprises, tu le sais. Mais dis-moi, faut-il que je prévoie une tenue particulière ?

— Oui, une robe du soir, des escarpins, un jean, un pull, des bottes et une brosse à dents, et ne me pose plus de questions ; je te connais, tu arriverais à me faire parler.

— J'ai aussi préparé quelque chose ; tu seras étonné, je te le promets !

Étonnés, nous allions l'être.

Plus tard dans la nuit, je fus réveillée par quelque chose qui ruisselait sur mon cou ; je compris qu'il sanglotait, agrippé à mon corps comme à une bouée. Bouleversée, j'allumai aussitôt la lampe : il pleurait les yeux fermés.

— Petit Plume, réveille-toi... Éric !

Après de longues minutes, il émergea de son cauchemar.

— Là, calme-toi, ce n'est qu'un rêve.

— Crevette, c'était horrible ! On était séparés pour toujours et je ne savais pas lequel de nous deux était mort.

Pour le faire émerger tout à fait de sa peur, j'allumai la seconde lampe, deux cigarettes et le laissai parler pour vidanger les soutes de ce vilain rêve. Peu à peu il s'apaisa, alors nous bavardâmes. Nous riions même franchement avant de nous amarrer solidement l'un à l'autre pour terminer la nuit. Éric se rendormit, pas moi. Les yeux ouverts sur cette nuit, je repensais à son cauchemar qui m'avait plus ébranlée que je n'avais voulu le montrer. « Lequel de nous deux était mort. » « Mort ». J'essayai d'enfouir le mot ou de le faire fuir en chuchotant une petite chanson, mais tous les couplets connus « par cœur » de Renaud, Brassens et Moustaki filaient de ma mémoire comme le sable, hier encore, glissait sous nos pas incertains tandis que nous longions la frange des vagues. Las ! Ni enfoui ni enfui, il voulait survenir, le mot, elle voulait m'ensevelir, la mort. Close comme un tunnel, sa rouge voyelle se gonflait, soufflait en moi puis m'aspirait. Austères, altières et fatales comme les Parques[1], ses trois consonnes me dési-

1. Les Parques sont trois sœurs, les divinités qui règnent sur le sort des humains : Clotho tient le fil de leur vie ; Lachésis met ce fil sur le fuseau, et Atropos coupe ce fil qui mesure le temps de vie octroyé à chacun.

gnaient. Clotho puis Lachésis tendaient mon fil d'argent aux ciseaux d'Atropos. Déjà ? D'une spirale de couleurs, de sons et de parfums jaillissaient des bouts de temps et des lambeaux d'espace, de jolis jamais plus. Notre courte vie me traversait à une vitesse folle.

Tandis que se succédaient les actes et scènes de notre histoire, il dormait paisiblement. Sur mon épaule, il y avait sa tête. Dans mon bras, il y avait maintenant des fourmis. Sous peu, il y aurait une crampe, mais je n'osais pas bouger de peur de le réveiller. Son souffle régulier me rassurait complètement. « Nous sommes là tous les deux, vivants, pas menacés » et je me le répétais, ce présent du verbe être ! Je voulais m'en repaître : « Il est, je suis, nous sommes… » Pour un peu, j'aurais poussé jusqu'à nous conjuguer au futur de l'impératif, au toujours de l'affirmatif. Les trèfles à quatre feuilles sur la pointe de la Varde, les poissons argentés dans la nuit, les huîtres dans l'hiver de la grève de Cancale, et tout le reste… Et puis…

Et puis plus rien… C'était déjà fini, pourtant je n'étais pas morte. Soulagée, il faut bien le dire, je rassemblai mes bouts d'esprit éparpillés. Les mauvais rêves, les signes, les sombres intuitions, les noires prédictions, j'envoyai au diable ces cruelles absurdités et ramenai sous mon nez notre douillette couette. Mages, devins et voyants, allez tous vous faire voir ! Protégés par la nuit, par les murs, par l'amour, nous sommes immortels, entendez-vous ? Passez votre chemin, portefaix du chagrin ! Mais le destin chafouin me tança vertement ; un bruit de fin du monde explosa dans la chambre… Le réveil hurlait sa sixième heure.

Vendredi 19 août 1988, rue Trublet, 8 heures. Appliquée à étendre du fromage de chèvre sur une tranche de pain grillé pour mon petit-déjeuner, je souriais toute seule, béate comme on peut l'être quand on est amoureuse d'un garçon qui nous donne tout et même plus que tout. Je me préparais mentalement à fêter ce soir notre premier anniversaire. J'avais posé sur le lit une jolie robe, des escarpins, un jean, un pull, sans oublier les bottes, pour la soirée surprise qu'il m'avait annoncée. J'avais hâte d'être au soir. Le bruit de sa moto, en passant sous le porche, me ferait sursauter, ses bottes dans l'escalier me feraient courir jusqu'à la porte d'entrée et puis...

En attendant, je me réjouissais aussi de revoir Monique, une cliente adorable que je n'avais pas vue depuis longtemps et qui avait pris rendez-vous pour ce matin.

La sonnerie du téléphone interrompit ma rêverie. Sans doute Monique pour m'avertir de son retard.

— Allô, Colette ?

C'était la sœur d'Éric.

— Éric est mort. Hier soir... Un garçon avec une carabine... Il a... l'artère en haut de la jambe... Pour le voir avant l'autopsie, il faut y aller aujourd'hui, hôpital de Saint-Brieuc, la morgue.

La nuit tomba un peu après 8 heures ce matin-là et il se mit à faire très froid.

Me sachant anéantie, Coco prit instantanément le gouvernail que je venais de lâcher, reposa le combiné du téléphone, avança dans le couloir, prononça : *« Il faut tenir. Il faut faire le soin à Monique. Elle n'y est pour rien. »*, franchit le palier, ouvrit l'institut, alluma toutes les lampes, brancha les appareils, prépara de l'eau chaude, referma l'institut en attendant l'arrivée de la cliente. Coco aussi qui me guida dans l'appartement, me coiffa, me maquilla, m'aida à enfiler ma blouse de travail et ouvrit la porte à Monique :

— Bonjour, Colette, vous allez bien ?

— *Oui, et vous ?*

Coco répondit forcément oui, avec le sourire, et prouva qu'elle n'avait rien perdu de mes années d'études, de mon travail ni de l'enseignement de Mandarine puisque, deux heures plus tard, Monique repartit, ravie de retrouver son visage lumineux. Ce fut Coco encore qui nettoya la cabine, referma l'institut, ôta ma blouse, prit mon sac à main, ferma l'appartement, ouvrit la voiture, tourna la clé du démarreur et roula en direction de Saint-Brieuc.

Soudain, avenue Louis-Martin, nos jambes et bras se mirent à trembler violemment.

« Nom de Dieu ! Je risque de tuer quelqu'un !

— *Vaut mieux aller au bureau de Papa. Il nous aidera peut-être…* »

Je rétrogradai, tournai à droite sur la chaussée des Corsaires jusqu'au terre-plein des Services maritimes, baissai la vitre, articulai : « Mon père est-il ici ? » à l'instant où Papa arrivait dans une voiture de service :

— Salut, fillette ! Tu as un problème de voiture ?

— Non, de fiancé, il est à la morgue de Saint-Brieuc.

— Monte dans ma voiture. Je gare celle-ci et je t'emmène.

Murs froids, drap blême, mains croisées, visage blanc. NON !!

Adieu ma grandiloque
J'ai l'âme qui tombe en loques
Et mon cœur en haillons
En berne mon fanion
La mort porte l'estoc
Au discours en bâillon
C'est l'heure du soliloque.

Samedi matin 20 août 1988. « Mon jean est foutu. Tu sais, celui que je préfère, le tout délavé. Tu veux bien t'occuper d'en acheter un pour moi, ma Crevette ? » J'allais oublier. Quel jour Éric me l'a-t-il demandé au téléphone ? Mardi, mercredi ou jeudi ? Vite, avant son retour, direction la gare, boulevard des Talards. Garer la voiture devant le surplus américain où, par chance, il y a deux jeans identiques, joliment délavés, un pour lui, un pour moi. Il sera content, c'est sûr.

« Colette, tu fais quoi, là ? T'es dingue ! »

Vague impression d'entendre Coco parler, mais pas le temps d'écouter, je suis pressée. Tant de choses à préparer.

Samedi soir, supermarché de La Madeleine.

« Mais qu'est-ce que tu cherches, là, sur ce parking ? »

Comme dans un train à l'arrêt quand celui d'à côté démarre, je me demande si c'est mon chariot qui avance ou les rayons qui reculent.

« Qu'est-ce qu'on fait, ici ? Y'a quoi, dans ta pauvre tête de Colette ? »

Pas de liste dans mes poches, zut ! Rayon hygiène, beauté, enfants, vêtements, linge de maison… non. Je perds la tête ou quoi ?

« Oui, ma vieille, tu perds la boule. Allez, remets tout ça en rayon, on s'en va… Colette ! Ma parole, t'es devenue sourde ? »

Ah ! le rayon voyages… nous irons en septembre à Sarzeau, dans le golfe du Morbihan. Grande valise, sac à chaussures, grande trousse de toilette, lot de trois articles toile noire bordures marron, pas trop cher, exactement ce qu'il nous faut. Pourvu que l'Autobianchi accepte la grande valise…

Dimanche matin sur la Houle à Cancale. Rituel dominical : acheter les huîtres sur la grève, à l'étal de Fanfan. Une femme formidable, Fanfan, elle donne tout à tous en s'excusant de ne pas mieux faire. Mais elle en fait une tête, ce matin !

— Tu es sûre que ça va, Colette ?

Pourtant je lui souris, ça j'en suis sûre. Pourquoi me regarde-t-elle comme ça ?

— Ça va, Fanfan, juste j'allais oublier d'acheter d'autres huîtres pour… je ne sais plus pourquoi ni pour qui, mais il m'en faut beaucoup. Ah oui, un déjeuner de deuil.

Elle m'aide à porter la grosse bourriche dans la voiture. Pourquoi refuse-t-elle que je paie ? Allez, je me dépêche. Où en étais-je… Ah oui ! Poser la petite cagette d'huîtres dans le panier avec la demi-bouteille de gros-plant, l'Opinel, le tire-bouchon, le vinaigre pour toi, le citron pour moi. Trouver un coin-soleil bien abrité du vent. Attendre le bruit de la moto…

Assise au pied du phare, à la pointe des Crolles, je m'impatiente un peu. Mais qu'est-ce qu'il fait ? Il devrait déjà être ici… J'ouvre une huître, c'est drôle, pas de goût. Envie de vomir, vite un peu de vin, mais aucun parfum, le soleil est déjà haut, je me sens glacée, le ciel semble très bleu, il pleut devant mes yeux. Que se passe-t-il ? Le décor est intact, je n'y trouve plus mes marques. Me suis-je trompée de jour ou de scène ?

Une douleur fulgurante me traverse le corps. Je ferme les yeux, très fort, ma tête va éclater ! À cet instant précis, je sais que c'est fini ; je le sais physiquement.

« Pas la peine d'attendre, pauvre Colette, il ne viendra plus. »

Dans ma tête, mon alter ego me parle doucement, pour une fois sans ironie. Je ne discute pas. Lentement je me relève, Coco reprend le panier, moi le chemin du retour. Comment ai-je passé trois jours dans ce déni ? Fut-ce, quelque part dans mon cerveau, un sain réflexe d'autoprotection ? un inquiétant raptus ? le symptôme d'une alarmante confusion mentale ?

Une voix, deux voix m'envahissent le crâne de bribes de phrases : «… serai là… attendrai… miroir… » QUI me parle ?! « Crevette… retrouverai… » Je reconnais SA voix, multipliée ou fondue parmi d'autres. Cette odeur, SON odeur ! Je m'arrête car les voix recommencent ; elles surgissent de moi ou vers moi depuis avant-hier, mais je m'en souviens seulement maintenant. Des mots, des bouts de phrases et de courtes syllabes prononcées par des voix, et parmi elles, la sienne, mais plus lente qu'avant et précédée de son parfum. Non, ça n'a rien à voir avec la voix de mon double portatif, de Coco. Ce ne sont pas non plus des pensées ni des souvenirs – enfin je ne crois pas –, juste des sons mats sans écho. Mes sens défaillent-ils ou est-ce ma raison ? Oh ! comme je voudrais le traverser vite, le mythique miroir ! Même si je ne sais rien de ce qu'il y a derrière, seulement pour qu'il cesse de réfléchir l'image d'une moi qui ne peut plus réfléchir, que je ne reconnais pas. Mourir là, tout de suite ; mourir avant d'être vieille pour qu'il me reconnaisse s'il s'avère qu'on puisse se retrouver. La chanson de Francis Lalanne « On se retrouvera » tourne sur et dans moi comme un disque rayé. Éric me l'a chantée tant de fois ! Était-ce son message ? son discret testament ? En tout cas, c'est lui à cet instant : « … Pense à moi… Anathème… » Alors, à voix basse, je fredonne moi aussi, pour qu'il sache que je l'entends : « Pense à moi comme je t'aime et tu me délivreras ; tu briseras l'anathème… tu verras, on se retrouvera. » Ce bon Dieu d'anathème ! Des images du film *Le Passage*[1] défilent pour moi seule. Ricaneuses sur les mains décharnées, les bagues de la Mort cliquettent sur les touches du Grand Ordinateur… Et si elle s'était trompée, la Camarde, la faucheuse de bonheurs innocents ? Et si elle s'excusait, le laissait revenir ? Ah ! ça, je deviens folle. Pour ne plus rien entendre, je pense à des mots bêtes, ordinaires, des moches mots domestiques et je les éparpille un peu dans tous les sens pour qu'ils n'en aient plus aucun, pour faire taire ces voix.

Le regard intrigué d'un petit garçon planté là, interdit devant moi, me fait réaliser que je parle tout haut… Reprendre contenance de toute urgence. Tiens, penser à des

1. *Le Passage*, film réalisé par René Manzor (1986). Bande originale de Jean-Félix Lalanne, paroles de Francis Lalane.

chiffres ; ce n'est pas dangereux, les chiffres. Je commence à compter jusqu'à huit tout ce que je peux voir d'ici à la voiture : les fenêtres aux façades, une, deux... mes bottes frappent le sol, trois, quatre... « On se retrouvera » – et miel ! – cinq, six... les joints entre les dalles, sept, huit... « Pense à moi comme je t'aime » Assez !! Un, deux, trois...

Enfin assise dans la voiture, j'abaisse les pare-soleil pour ne pas être vue, mais quelque chose en tombe qui roule sur le siège : une punaise bleue décorée d'un sourire à la peinture noire. En relevant la tête, j'aperçois six couleurs, six minuscules sourires punaisés par Éric – quand ? – six plus une... « Il faut sept lettres pour écrire Colette et sept aussi pour dire je t'aime. » Cette dernière phrase, ce ne sont pas les voix de tout à l'heure, simplement ma mémoire. En larmes, je balbutie « Merci », merci à lui et au hasard. Je roule et pleure à perdre haleine et crache ma peine dans une immense et stupide question de vivante : « On se retrouvera... mais QUAND ?? »

Les petits mots et rituels ordinaires auxquels je fais appel pour dériver le chagrin sont bientôt submergés par une déferlante de ceux qui ne sont jamais utilisés : enquête, police, autopsie, crémation. Je croyais avoir touché le fond.

Hors du temps des vivants et loin de la raison, je dois partir en mer sur un bateau pneumatique à moteur, dévisser le couvercle de l'odieuse boîte, jeter dans une vague les miettes de sa vie, m'empêcher de regarder flotter ces poussières d'une existence, revenir vers la plage et aider le marin à tirer le bateau jusque sur le sable. Des gens de la famille d'Éric me parlent peut-être. Je ne sais pas. Incapable de comprendre les phrases à travers le bruit de buvard froissé dans ma tête, d'identifier les silhouettes que mes yeux voient, de me rappeler ce que je fais sur cette petite plage. Sans doute suis-je remontée seule par le chemin de terre jusqu'à ma voiture, puis ai-je roulé. Jusqu'où ? Combien de temps ?

Je ne reprends conscience qu'au soir, dans la cuisine de mes parents. Incapable de raconter ce que je viens de faire ni d'expliquer pourquoi je suis entièrement trempée, je sens seulement mon corps trembler très violemment et mes mâchoires bloquées. Lucette et André, pour une fois rassemblés, me frottent vigoureusement le corps avec des torchons secs pour tenter de me réchauffer.

Je me trompais. Il n'y a pas de fond à ce puits d'horreur, seulement un lourd couvercle de silence pour éviter que d'autres n'y sombrent avec moi. Comme autrefois elle avait chanté des berceuses à nos trois enfances successives, Lucette me dit doucement : « Dormir. Il faut dormir maintenant. »

Deux jours plus tôt, en allant chercher le matériel restant dans l'institut, je n'avais rien remarqué d'anormal.

Là, debout sur le paillasson de l'institut, c'est à regret que j'introduis la clé dans la serrure. Ce paillasson, ordinaire rectangle de fibres, ne peut en aucun cas justifier l'angoisse qui s'est emparée de moi et ne me lâche plus. En secouant ma tête pour la débarrasser des miasmes qui soulèvent ma frange, Coco me tance vertement :

« Je sens nos genoux qui claquent des dents… C'est le paillasson ou la serrure qui te fait peur ? Tu dérailles complètement, Colette, et… »

Je pousse la porte et là, même Coco se tait, pétrifiée comme moi.

Des plumes partout ! Des dizaines de grandes plumes blanches et grises de mouette ou de goéland. Le hall de l'institut est minuscule et sombre ; pour y voir plus clair, j'ouvre aussi la porte de la première cabine, avec précaution au cas où un goéland y serait encore. Ni mouette ni goéland, mais, là aussi, des plumes… et des traces de sang sur une vitre de la fenêtre ! Dans la seconde cabine, les deux vitres sont maculées de rouge. Des plumes jonchent la moquette, d'autres sont suspendues au revêtement mural, retenues par leurs barbes, comme si deux goélands avaient ici combattu à mort. Enfin, j'ouvre la porte du coin toilette. Le spectacle est le même : du sang et des plumes, des plumes… du sang… Plume… artère… hémorragie… Je me sens défaillir et recule vers le palier, au bord de l'hystérie. Posée en filigrane sur ce désastre, l'image de la morgue.

« On pourrait s'asseoir par terre quelques minutes, non ? »

Non. Comme une folle, je cours jusqu'à la voiture, m'y engouffre, tourne la clé du démarreur, enclenche la marche arrière puis la première à toute vitesse. Le cœur au bord des lèvres, la peur au bord de moi, je laisse de vieux réflexes me conduire chez mes parents. Coco doit être secouée aussi car je ne l'entends plus.

Après avoir écouté mon récit hoquetant, effiloché, tout décousu, Lucette semble plus bouleversée par ma voix et mon agitation que par les faits eux-mêmes. Elle essaie de me calmer, tente aussi, vainement, de me faire manger pour étudier le problème plus posément.

— Tu dis que la porte de l'institut était fermée à clé. Es-tu sûre que les fenêtres et les autres portes étaient bien fermées, elles aussi ?

— Mais oui ! Si une seule fenêtre avait été mal fermée, comme toi j'aurais pensé qu'un oiseau s'y était engouffré, qu'un coup de vent avait refermé brutalement toutes les portes et que l'oiseau, affolé, se serait cogné aux parois jusqu'à se blesser… Mais où est-il cet oiseau, Maman ? Comment a-t-il pu rouvrir une fenêtre, sortir, et refermer la fenêtre avant de s'envoler ?

— Choquée comme tu l'étais, tu n'as pas bien regardé.

— L'institut est vide, Maman, absolument vide. Vingt mètres carrés sans meuble, sans rideau… Un goéland, même jeune, ça se voit !

— Tu es sûre que ce sont bien des plumes de…

— De goéland ? Oui. Et même s'il s'agissait de mouettes ou de cormorans, qu'est-ce que ça changerait ?

Rien, elle en convient. Elle réchauffe un peu de café, me tend une tasse, une cigarette et une allumette enflammée. Le menton appuyé sur la paume de sa main, elle fronce les sourcils. Gênée par la fumée qui s'envole vers ses cheveux en suivant les contours de sa joue jusqu'aux yeux, elle déplace le filtre avec le bout de sa langue jusqu'au coin de sa bouche. Elle est sûrement inquiète et se donne du mal pour n'en avoir pas l'air. Soudain son front s'apaise :

— Et la bouche d'aération, dans le coin-lavabo ?

— Oui, et alors ?

— Tu m'as raconté, il y a un ou deux ans, que tu y avais recueilli un oiseau, alors…

Lucette est sœur, fille, cousine de physiciens et rationaliste elle-même ; accepter de ne pas comprendre est au-dessus de ses forces. Je m'en veux de la déstabiliser avec toutes mes histoires, pourtant…

— Cette colonne est très étroite, Maman ; seuls de tout petits oiseaux peuvent y tomber : mésanges, rouges-gorges ou moineaux, pas des goélands.

— Ah ! bon.

La cendre de sa cigarette s'allonge dangereusement au-dessus de sa tasse, je tends ma main dessous… Trop tard, elle est tombée, mais Lucette n'a rien vu. Avant que j'aie le temps de le lui signaler, elle soulève sa tasse.

— Maman, non !

Elle a bu…

— Quoi ?

— Ta cendre dans le café.

— Bah ! La belle affaire… Allez, je tiens à voir ce qui s'est passé là-bas. Attends-moi ici, ce n'est pas la peine que tu revoies ça.

Dans un vaste panier à anse fort à propos baptisé « Lucette », elle fourre en vrac : éponges, produits de nettoyage, brosses, balayette, pelle à poussière, sacs poubelle et chiffons ; son sens pratique défie et décourage les drames. À son retour, hélas, nous n'en savons pas plus. L'hypothèse d'un goéland tout petit tombé du toit par le conduit d'aération, perdant plumes et sang dans l'institut puis refermant les portes avant d'escalader le conduit jusqu'au toit (quatre étages tout de même), déplumé, blessé, à la force de ses petites serres, ne tient pas debout.

Le lendemain, je retourne une dernière fois à mon ancienne adresse. Lucette s'étant chargée du nettoyage de l'institut, je vais m'occuper de l'appartement. Debout devant la porte, j'hésite.

« Allez Colette, moi aussi j'ai peur, mais bon, faut ouvrir. »

J'ouvre. Quelques pas dans le couloir ouvert sur les autres pièces m'assurent que là, tout est normal. Après avoir rassemblé les bricoles qui traînaient çà et là, versé un peu de vinaigre blanc dans les sanitaires, je ressors et m'apprête à quitter l'immeuble quand l'une de mes voisines me salue.

— Bonjour, mademoiselle.

— Oui. Bonjour, madame…

— Excusez-moi de vous perturber encore, je sais que vous n'avez pas besoin de ça en ce moment, pourtant, il faut que vous sachiez… (Elle tortille nerveusement le bouton de sa veste.) Voilà, ce matin, je partais travailler quand, en arrivant sur votre palier, j'ai vu…

Elle semble de plus en plus embarrassée.

— Mais quoi ? Parlez donc ! Je ne suis plus à ça près, vous savez.

— J'ai vu… enfin, il y avait deux oiseaux couchés sur le paillasson de votre institut. Deux oiseaux morts.

— Des oiseaux morts… des goélands ?

— Non, pas des goélands, je les aurais reconnus. Non, c'étaient deux petits oiseaux marron, je ne me rappelle plus comment ça s'appelle. Je ne sais pas pourquoi ça m'a fait peur. Vous savez, je n'étais pas bien réveillée, alors, de voir ces petites bêtes, là, allongées côte à côte, bien rangées, leurs deux têtes pointées vers la porte… ça m'a fait tout drôle. Je suis remontée chercher mon mari. Évidemment, il s'est moqué de moi, mais, comme j'insistais, il a fini par descendre et là, j'ai bien vu qu'il était troublé lui aussi. Pas de voir des oiseaux morts, étant chasseur, il en a l'habitude. Non, il était choqué par la mise en scène ; ça semblait fait exprès. Il les a examinés, mais il n'a vu aucune blessure, pas la moindre trace de plomb, rien. On s'est dit qu'il valait mieux vous éviter ce spectacle et on les a jetés dans la grande poubelle extérieure.

— Vous avez bien fait ; je vous remercie. Il se passe des choses vraiment bizarres. Hier, justement…

Je relate brièvement les événements de la veille. Elle est impressionnée.

— On dirait, je ne sais pas, de la sorcellerie. Vous savez, mon mari n'est guère impressionnable ; pourtant là, il ressentait un malaise, une peur, sans pouvoir dire pourquoi. Bon, je vous laisse, il faut que je file, au revoir, mademoiselle.

— Au revoir, madame.

Je ramasse le bouton tombé de sa veste et la rappelle, mais elle est partie d'un bon pas. Je la suis et brusquement, elle se retourne :

— Ah ! Je m'en souviens, c'était un couple de grives, le mâle et la femelle… Oh ! Merci pour mon bouton.

Cette fois elle s'en va pour de bon.

Des grives ! Leurs plumes ne sont ni longues, ni grises. Dans un tout autre contexte, cet incident m'aurait seulement intriguée : « Tiens, une cliente dont le mari est chasseur aura voulu me faire un cadeau. » Encore que l'absence de plomb… Il est rare que le gibier ne meure que de peur. De plus, la chasse n'est pas ouverte. Là, je suis bouleversée, mal à l'aise. Tous les événements récents défilent dans ma mémoire comme les rondes serpentines qui happent les invités à la fin d'un mariage, ces « à-la-queue-leu-leu » qui m'ont toujours fait horreur.

Début septembre 1988. Papa gare sa voiture devant la maison blanche qui semble me tourner la façade avec l'air d'être ailleurs. Décidément, rien ne sera facile. La maison n'est sans doute pas prête à m'accueillir ; j'imagine qu'elle veille sur l'ombre de mes grands-parents. Qu'un lieu protège son passé me touche beaucoup, m'inquiète un peu. Papa propose de m'aider à effacer maintenant les traces d'une histoire qui lui appartenait, à laquelle il tenait, les objets préservés dans un ordre immuable depuis ses parents, par lui jusqu'à moi, reléguant à l'arrière-plan ses propres nostalgies. Il pare au plus pressé puisque je suis vivante et qu'il veut que ça dure :

— Ne laisse pas couler ta chaîne d'ancre trop vite !

Sa façon à lui de prier, je suppose.

La maison, quant à elle, se moque bien de l'intruse et de ses fragilités ; elle résiste farouchement. Les murs poussent leurs couleurs jusqu'à me faire mal au corps. Son odeur de silence et d'immobilité encombre tout l'espace malgré les flèches d'encens dont je le transperce. Je ne suis pas suffisamment vivante pour chasser les fines moisissures du temps et de l'absence. J'occupe cette demeure et elle me le rend bien ! Mes meubles cherchent leur place ; je ne trouve pas la mienne. Mal à l'aise à l'étage, je n'entre pratiquement jamais dans les chambres, préférant recroqueviller mes rares heures de sommeil au fond du canapé, en bas, dans le salon.

Les premières semaines sont un temps de folie. Mon cerveau est en état de choc ; mon corps se débrouille seul, mû par je ne sais quelle mystérieuse énergie. Je me jette dans le travail comme d'autres vont se noyer. L'institut de beauté ayant été prestement reconstitué grâce au savoir-faire d'André et Lucette, je m'efforce le jour de soigner mes clientes du mieux que je le peux, de paraître enjouée, ne serait-ce que pour les remercier d'avoir le courage d'affronter mon désarroi.

Pour traverser sans encombre les heures de la nuit, je gratte les huisseries, décolle les vieux papiers et repeins les plafonds ; enfin, je me déchaîne, évitant soigneusement les temps morts trop justement nommés. Je me persuade que mon corps doit s'exténuer afin que mon esprit puisse tout de même fonctionner à peu près normalement. Les chagrins perdent de leur intensité quand la tête s'applique à diriger les mains ; on trouve peu de dépressifs parmi les jardiniers acharnés à gratter leur petit coin de terre, et les tricoteuses laborieusement courbées sur le fil qu'entrecroisent les aiguilles en cadence. Je crois plus volontiers aux vertus du travail, de l'épuisement physique pour calmer la détresse qu'à celles de l'analyse et de l'introspection.

Presque chaque matin, Papa me remet en route en venant m'offrir la tasse de café et le tour du jardin. Il feint de scruter la nature feuille par feuille, taquine le brin d'herbe avec d'inimitables mouvements de sourcils et avec, je le sens, une application suspecte. Mais comme lui, je parle plusieurs langues, et « Saloperie de liseron qui va bousiller le fuchsia, t'as vu ça ? » signifie sans doute : « Je suis rudement soulagé de voir que tu vas mieux. »

Dans le deuil, je n'échappe pas aux rites qui tendent à sublimer la douleur de l'absence, fussent-ils illusoires. Bravant le ridicule, le bon sens et la science, je m'incline vaincue et perpétue les gestes de ceux qui, refusant la cruelle évidence, sacralisent à outrance les lois inéluctables pour leur donner un sens. Unique, giratoire, interdit, mais un sens. Or, qu'il célèbre un dieu, une idée, un événement ou un mort, un culte doit s'appuyer sur un certain rituel, et les rites ont besoin d'être matérialisés par des objets de culte. Moi aussi, j'ai besoin de brandir son image entre le monde et moi.

Un jour comme les autres, je retire de mon portefeuille la petite photo d'Éric, une autre de moi, le trèfle porte-bonheur et les pose sur la table. Je bricole un petit cadre pour enfermer le trèfle entre nos deux visages quand mes yeux m'avertissent, en une fraction de seconde, qu'il s'est passé quelque chose… le trèfle a disparu ! Très minutieusement, je regarde sur la table et retourne un à un les objets qui s'y trouvent : portefeuille, photos, petit cadre, paquet de cigarettes, boîte d'allumettes… rien d'autre. J'inspire profondément puis expire de même pour endiguer très vite une émotion puérile. À peu près posément, je vide le portefeuille, en explore les angles pour constater, bien sûr, que le trèfle à quatre feuilles n'y est pas revenu. Prudente, je me lève sans bouger les pieds pour ne pas l'écraser si jamais… mais les lattes du plancher s'alignent sagement, désespérément nues. Sur et sous le canapé, entre les gros coussins, seules quelques poussières, étonnées d'être libres, s'envolent et s'affolent dans un rai de lumière. Maniaque, soupçonneuse, j'observe mes chaussures et n'y vois que mes pieds. Dans mes cheveux peut-être ? Je vais chercher le peigne qui les lisse, les sépare, les relisse en pure perte et je serre les dents en voyant les siennes vides. Après avoir fouillé tous les recoins possibles du monde mesurable, tangible et pondérable, je me laisse tomber au bord du canapé et des larmes à la fois.

« Tout ça pour un brin d'herbe ! Il aurait pu t'offrir quelque chose de plus… de moins…

— Tu ne penses pas ce que tu dis, Coco, mais c'est gentil d'essayer la dérision. Pour l'instant, en prononçant le verbe offrir, tu viens d'exhumer un souvenir… »

Des mots, traversant notre temps, remontent à ma surface : « Non, Colette, celui-là je te l'offre. Il sera avec toi tant qu'on sera ensemble. » Incapable d'expliquer de manière rationnelle ce curieux incident, je m'interdis encore, même si elles me démangent, toutes les hypothèses généreusement prêtées par le surnaturel. J'évite les gros mots comme « dématérialisation », « combustion spontanée », « captation astrale », parce que, après tout, un trèfle, une herbe desséchée, même si elle a quatre feuilles, ne pèse que le poids du souvenir et, converti en grammes, un souvenir n'a pas d'existence réelle. Allons, ce n'est qu'un incident ; il n'y faut plus penser à moins que ne surviennent d'autres incongruités propres à me faire un peu cligner du troisième œil…

La journée du lendemain semble donner raison à mes résolutions ; la physique ordinaire domine les événements sans notoire excès de zèle. Même l'attraction terrestre, habituellement fatale aux objets que ma main transporte au-dessus du carrelage, semble vouloir m'épargner. Déjà fort occupée à tenter de survivre, j'apprécie cette pause. Sûrement traumatisées par la deuxième couche de peinture à plafond, mes vertèbres cervicales se serrent bravement les coudes et me raidissent la nuque au point de m'imposer un repos que j'exècre. Tant pis, le dos calé dans le canapé, je vais lire un peu. Confiante dans le talent de Maurice Leblanc pour m'abstraire, me soustraire quelques heures aux tourments, je m'immisce dans l'histoire ô combien exaltante de Joséphine Balsamo et Arsène Lupin.

Plus tard dans la même nuit, j'assiste médusée à un duel oratoire quasi paroxystique entre les deux amants, et m'amuse d'une réplique – « Garçon, de quoi écrire ! » – parce qu'elle m'évoque un autre gentleman aussi talentueux, mais plus philosophe que cambrioleur[1]. Or, juste à l'instant où, les sourcils tout froncés sur la formule latine « *Ad lapidem currebat olim regina*[2] », je tente moi aussi d'en extraire le

---

1. *Garçon de quoi écrire*, Jean d'Ormesson et François Sureau, coll. Blanche, Gallimard, 1989.

2. *La Comtesse de Cagliostro*, où la formule latine « *Ad lapidem currebat olim regina* » (« vers la pierre courait autrefois la reine ») fait comprendre à Arsène Lupin que, les premières lettres de chacun des mots formant le mot « Alcor », la projection terrestre de l'étoile éponyme pourrait matérialiser l'emplacement d'un trésor. En effet, l'emplacement de plusieurs abbayes du pays de Caux semble reproduire sur la terre le tracé de la Grande Ourse dans le ciel.

« sésame », les volets du salon s'ouvrent en grand d'un seul coup, s'immobilisent un instant puis se referment aussi vite !

« C'est quoi ce bord… ? »

Coco s'indigne tandis que je me tétanise de surprise. Je dois me faire violence pour me lever et ouvrir les portes-fenêtres… Là, éberluée, je constate que, si la crémone centrale des deux volets est de nouveau bien enclenchée, les crochets latéraux, en revanche, sont restés libres et bougent encore. Je me rappelle pourtant les avoir fixés dans les anneaux scellés au mur, juste avant de commencer à lire. Comment imaginer que ces lourds panneaux de bois se soient ouverts et refermés sans qu'il y ait eu la moindre brise ni personne pour les y aider ? N'étant plus sûre de grand-chose, je préfère penser que j'ai dû oublier les crochets tout à l'heure, que j'ai mal refermé le mécanisme central et que même, qui sait, je viens d'imaginer cette brusque manœuvre.

« Tu n'as rien imaginé, moi aussi je les ai vus et entendus.

— Merci, Coco, que tu aies vu et entendu aussi me rassure.

— *Ou pas…* »

Ou pas, en effet. Coco n'a jamais rien capté de mes visions ; les volets ont donc réellement été ouverts et refermés… Par qui ? Je laisse là mon livre, indifférente maintenant au fabuleux trésor qu'Arsène et Joséphine se disputeront sans moi, pour fuir dans la cuisine afin de nous réchauffer, le café et moi, et tenter de comprendre. Le café est versé, humé, avalé ; j'ai toujours aussi froid, je ne comprends toujours rien.

Quelques jours ont passé assez discrètement sur le calendrier sans déborder les cases qui leur étaient allouées. Un nombre impressionnant d'autres jours avant eux s'étant chargés de m'apprendre la docilité, voire l'humilité, je les ai laissés filer sans plus d'appréhension. J'aurais dû me méfier car, dans le même temps, ces jours-là ont semé le trouble et l'anarchie dans les cases de ma tête. J'y retrouve l'acquis déplié sous l'inné, et de braves certitudes, autrefois bien rangées, justifiées et prouvées, se tassent dans un coin, écrasées par d'énormes et grossières convictions ! Afin de me convaincre qu'il ne s'agit nullement d'un simple phénomène hallucinatoire, les volets me rejouent le même tour chaque soir, à des heures différentes, déterminés à revendiquer leur fâcheuse autonomie encore un certain temps.

À cause du désordre décrit précédemment, je me laisse aller à croire que les choses ont une âme. Que les hocheurs de tête méditent un instant avant de condamner mon apparente candeur ! Un inventaire succinct des tracas quotidiens subis par chacun de nous pourrait bien, finalement, me donner raison : dans une poche ou un sac, les clés que nous cherchons sont toujours tout au fond et, parmi trois trousseaux, seul le dernier est le bon. Les théières s'obstinent à maculer les nappes, les soucoupes et les jupes avant d'enfin verser ce qui reste de thé dans quelques tasses. Et nos collants, mesdames, quand ils ne filent pas avant d'être enfilés, nous réservent aussi bien des désagréments ; leur fond, même à gousset, accepte rarement d'atteindre son objectif, le plus souvent s'arrête un peu au-dessus des genoux ou, si le fond adhère parfaitement au fondement, c'est la taille, cette fois, qui nous grimpe aux aisselles…

« Tu t'égares encore, Colette ; c'est quoi, cette nouvelle lubie, que les choses ont une âme ? Quel rapport avec ce livre ? Alors ?

— Alors, Coco, il ne s'agit pas d'une lubie, et tu devrais le savoir puisque tu en es forcément témoin. »

Quand je regarde la photo d'Éric posée sur le manteau de la cheminée, les fleurs fraîches disposées à côté se balancent sur leurs tiges, régulièrement comme en cadence, sans que le moindre courant d'air puisse être incriminé. Et si parfois je cède au besoin de toucher ce visage de papier, de lui parler jusqu'à pleurer, alors des coups résonnent dans le mur du salon tapissé de doré, en rythme eux aussi, comme pour donner la mesure de mon effondrement, exhiber les fissures de ma vie délabrée.

« *J'en suis forcément témoin, mais sans y prêter attention. Je me dis que les mouvements des fleurs et les bruits dans le mur t'évitent de t'ennuyer.*

— Ah ! Coco, comme j'envie ton insouciance… »

Étourdie par ces phénomènes, je divague et navigue à bord du vieux « Qui Vive », mon bateau intérieur dont la coque, toute fissurée, semble impossible à calfater. Il risque de sombrer. Pas plus fine qu'une autre et moins que d'autres encline à m'accuser sans preuve, je continue à croire que la réalité est ce que je perçois. Les manifestations que je n'ose pas encore qualifier de spirites encombrent mon espace-temps sans y être invitées. Si quelquefois m'effleurent les mots schizophrénie, folie ou dépression, je m'en écarte vivement. Butée sur mon chagrin, j'incrimine les fleurs, le cadre, la photo, les volets, la maison et, pourquoi s'arrêter en si mauvais chemin, j'accuse le monde entier de toutes ces bizarreries épuisantes pour moi, alarmantes pour mes proches. Autant dompter le vent par un sens interdit ! Superbement indifférent à mon courroux, l'irrationnel balaie mes repères habituels.

Contaminée aussi par les pages d'ivraie qui gâtent le bon grain de la littérature dite ésotérique, je me persuade que la maison de feu mes grands-parents me hait et tente sournoisement de m'expulser. Papa se serait-il donné tout ce mal pour rien ? Secrètement, j'envisage de quitter les lieux quand le hasard décide de s'occuper de mon cas, si adéquatement que j'en viens à penser que cette innocente et vague appellation pourrait dissimuler une intelligence magistrale non encore identifiée. Ladite intelligence veut me convaincre que la maison n'est pas en cause.

Sans se lasser, les voix qui m'accompagnent depuis le dimanche où j'étais retournée seule à Cancale, se font toujours entendre. Parfois j'identifie celle d'Éric, pas toujours. Dans la journée, ce sont des syllabes ou des mots, très rarement des phrases. Aux abords de la nuit, en revanche, ces monologues hachés, fouillis polyphoniques, laissent place depuis quelques jours à des dialogues très clairs, parfaitement audibles et, autant le reconnaître, consternants de banalité. J'en viens à supposer que ceux de l'au-delà ont des préoccupations tristement ordinaires, et à me demander si ça vaut la peine de mourir. Un soir parmi d'autres, je capte une conversation entre deux voix masculines :

« Nono ? C'est Lucien. Y'a une concentration à la cale de Rochebonne. Tu viens nous…

— Lucien, c'est Nono, pas entendu la fin du message, qu'est-ce que tu dis ?

— Rendez-vous cale de Rochebonne dans cinq minutes !

— OK. J'arrive ! »

Je ne sais plus que penser ; cette cale est située à huit cents mètres de la maison. Casanière moi-même, ne serais-je visitée que par des fantômes locaux ? Pour faire diversion, je tourne le bouton du poste de radio et j'entends… la suite du dialogue entre Nono et Lucien ! Alors, ou les esprits, si esprits il y a, sont très joueurs ce soir, ou je suis devenue folle, ou bien il peut s'agir d'interférences techniquement explicables par quelqu'un de compétent, ce qui est loin d'être mon cas. À moitié rassurée, j'avale un somnifère avant de m'allonger. Tandis que le sommeil tente de circonvenir ma résistance nerveuse, j'entends cette fois une voix que je reconnais bien, la voix d'une voisine qui demande à son mari à quelle heure arrivera son train le lendemain…

Au matin, je profite de la visite quotidienne de Papa pour enquêter.

— Papa, crois-tu possible que je sois devenue folle ?

Je note qu'il hésite avant de me répondre.

— Heu, non, folle, je ne pense pas… différente plutôt, pourquoi ?

— Je t'ai déjà dit que j'entendais des voix, mais je suis persuadée d'entendre, en plus de celles-là, des choses qui semblent très… normales, si je peux dire.

Tandis que je lui narre les dialogues de la veille, son visage s'éclaire. Il sourit puis se met à rire sans retenue !

— Ne te moque pas de moi, ça m'inquiète vraiment tu sais.

— Pardon, si je rigole, c'est qu'il n'y a rien de dramatique là-dedans ; tu as un transistor dans la bouche.

— Hein ? Un transistor dans… Tu te fiches de moi. Tu ne me crois pas ?

— Oh ! si, je te crois. Écoute, je vais essayer de t'expliquer. Tu es dans un tel état de nerfs en ce moment que tu dois, au propre comme au figuré, serrer les dents, surtout le soir quand tu es plus fatiguée. Or, comme tout le monde, tu as des plombages sur certaines dents. (J'opine.) Il arrive que certains d'entre eux soient en contact les uns avec les autres, comme les composants d'un poste de radio, surtout s'il s'agit de métaux différents ; ta salive permet alors l'électrolyse. Donc, comme une radio ordinaire, tu peux effectivement capter les ondes émises par des personnes équipées de CB.

— Ce n'est pas croyable ! Mais comment se fait-il que je ne m'en aperçoive que maintenant ?

— Peut-être as-tu fait soigner une dent peu de temps avant… Avant tout ça ?

En effet, je m'en souviens.

— Dans ce cas, les autres conversations que je capte pourraient être…

— Des communications téléphoniques, oui, si l'un des récepteurs est situé près de la maison, ou raccordé au poteau téléphonique qui se dresse, je te le rappelle, juste en face du salon… Ça va mieux ?

J'aimerais répondre oui, mais je me sens déboussolée, soulagée et déçue à la fois, car mes chers disparus semblent bien loin de tout ça.

— Papa, que dois-je faire pour ne plus entendre ça ? C'est très gênant, franchement indiscret.

— Débrouille-toi pour ne plus saliver.

Ma mâchoire doit pendre assez piteusement et mes yeux s'arrondir dans l'effort de comprendre, car André se reprend :

— Pardon, ce n'est pas le moment de plaisanter. Plus sérieusement, tu n'as qu'à isoler tes dents avec du chewing-gum.

Encore incapable de manger quoi que ce soit, je dois admettre que la perspective de mâchouiller ce bonbon sans fin me révulse. Pourtant, le soir même, surmontant mon dégoût, j'expérimente. Le chewing-gum bien calé sur les molaires, je savoure le silence. Les interférences dues à la proximité d'installations normales et même normalisées sont maintenant maîtrisées. Je crois à une trêve puisque « Radio-Gencives » ne peut plus émettre. Cette fois encore, je me trompe.

N'étant plus dérangées ni brouillées par les cibistes et téléphones voisins, les autres voix inondent le champ de mes grandes ondes, s'amplifient joyeusement et animent mes soirées. Le maître de ballet semble bien être Éric. Sa voix, plus grave et plus lente – à la façon d'un disque vinyle 45 tours passé en 33 tours –, mais reconnaissable, prononce souvent des mots qui étaient bien les siens du temps de son vivant, mais qui, ainsi isolés, paraissent dénués de sens. Une autre est celle d'Henriette, la merveilleuse amie de mes parents, et une autre encore semble être celle de Sylvie, ma fantasque amie suicidée. D'autres, indéchiffrables, ne m'évoquent rien du tout. Je ne capte pas de façon permanente, mais presque exclusivement quand je suis absorbée par des tâches ordinaires : penchée au-dessus de l'évier pour un peu de vaisselle, bras levés dans le jardin pour l'étendage du linge, etc. Faute de m'en défaire, j'envisage de m'y faire. Fainéante ou philosophe ? Je n'ai pas le loisir d'étudier la question, car non seulement j'entends, mais je recommence à voir des êtres… invisibles pour d'autres.

Assise dans le salon un soir presque normal, résignée à subir la colère des volets, l'agitation des fleurs, bref, le cirque habituel, je sors de sa pochette un livre prêté par une cliente compatissante : *La Vie après la vie*[1].

« Ouvrage sûrement tonique et reconstituant ! Alphonse Allais, Jules Romains... non, ça ne te tente pas ? Dommage. »

Raymond Moody y esquisse un horizon nouveau pour moi et beaucoup d'autres éclopés du cœur. Enfin, le mot « fin » trouve une suite, hypothétique sans doute, mais une suite. Dans la porte à peine entrebâillée du « peut-être », je m'engouffre à la hâte, aimantée par la perspective d'une promesse, une preuve, que sais-je ? Je m'apprête à tourner une page quand, juste avant mes yeux, mon cerveau enregistre une présence insolite.

Rictus, mon chien mort, avance tranquillement entre la cheminée et le canapé où je suis assise ! Dans ma cage thoracique, le muscle surmené qui pompe tant bien que mal ma survie chaque jour perd un peu les pédales ; sa chaîne a dû sauter. J'essaie de dire « Rictus », mes lèvres bougent, mais il n'y a plus le son. Quelques secondes plus tard, je n'ai plus l'image non plus ; Rictus a disparu. Coco n'a rien vu car, assommée par le livre, elle sommeillait. Réalité tangible ou complète illusion ? Cette question posée en facteur commun devant presque tous les événements de mon existence depuis le drame risque de lasser le lecteur. C'est par acquit de conscience que je m'interroge ici, bien décidée par ailleurs à ne pas abuser de ce scrupule intellectuel.

1. *La Vie après la vie*, Raymond Moody, Éd. Robert Laffont, 1977.

Le lendemain soir, je m'apprête à accueillir ma cousine Odile et son mari Jean-Pierre. Résidant au Maroc, ils ne sont que rarement de passage en Bretagne et j'ai à cœur de leur préparer un apéritif le plus convivial possible. Bien que les soirées de fin d'été soient claires, j'éclaire la maison autant de l'intérieur que de l'extérieur en leur honneur. À l'instant précis où je pousse le commutateur de l'entrée, toutes les autres ampoules déjà allumées s'éteignent. Pas de quoi en faire une histoire ? Habituellement, non. Descendue à la cave pour vérifier le compteur, je vois qu'il n'a pas disjoncté ; d'ailleurs, seules les lumières ayant été sollicitées, il n'y avait pas de quoi l'épuiser. Les pas de mes invités résonnant sur les marches de l'escalier extérieur, je remonte leur ouvrir la porte d'entrée. Après quelques affectueuses banalités :

— Tu n'as pas de lumière ?

— Si, mais juste avant que vous n'arriviez...

S'ensuivent quelques explications oiseuses et deux boîtes de bougies pour ne pas faire le service ni trinquer en braille. Pourtant féru d'électricité, Jean-Pierre explore mon installation et y perd peu à peu sa science et sa patience : au fur et à mesure qu'il retire les fusibles, les lumières se rallument ! Et quand il remet les mêmes fusibles en place, les pièces sont de nouveau plongées dans la pénombre. Je pressens l'origine sulfureuse de ce phénomène et, très peu explicite, leur enjoins de boire tranquillement un verre, les assurant que « ça » se réparera tout seul. Dubitatif, Jean-Pierre regarde furtivement Odile, cherchant dans son regard une confirmation muette de la démence de sa cousine bretonne. Sans voir la suite, je la devine. Nous parlons d'autre chose jusqu'à ce qu'ils se relèvent pour se rendre au dîner prévu dans la maison de mes parents, et que toutes les ampoules de la maison décident de se rallumer ! La stupeur nous impose le silence. Nous nous embrassons, puis ils repartent.

C'est la première fois que le surnaturel joue avec mon installation électrique. Un peu après leur départ, songeant que, peut-être, l'irruption de nouveaux vivants vexe ou blesse mes chers disparus, j'épingle sur le mur de ma chambre quelques photos de ceux que, à jamais, je conjuguerai à l'imparfait. Émotion garantie et sanglots assortis. Étendue sur le lit avec un petit coussin sur le ventre et un gros découragement dans la tête, je fais rapidement un bilan soustractif. Le panneau des défunts est déjà plus grand que celui des vivants et je n'ai que trente-quatre ans. Alors, intempestif, impérieux, le besoin d'appeler l'un ou l'autre de ceux-là, désormais exposés, souriants et paisibles, agaçants de sérénité. Prononçant leurs prénoms dans l'ordre des images, j'articule tout haut ma colère et ma peur jusqu'à la gorge serrée, jusqu'au-delà des larmes. Et puis…

Henriette – ou ce que je perçois d'elle – traverse lentement une partie de la chambre, souriante, un peu moqueuse, en écartant les bras, comme pour dire « c'est comme ça », puis disparaît avant d'atteindre la fenêtre. Je suis tentée de l'appeler, juste pour un instant, et d'appeler tous ceux que j'ai aimés. Mais ma sévère Coco m'empêche de déraper :

« *Laisse-les tranquilles, Colette. On les a bien aimés, mais ça ne nous donne pas le droit de les déranger.*

— Pardon à vous tous ! »

Mes absents pour longtemps font montre à mon égard d'une grande vigilance et m'entourent parfois d'une douce chaleur. Leur présence m'est donc perceptible, celle d'Éric plus particulièrement. Je peux entendre, voir et sentir des choses silencieuses, invisibles, impalpables, semblant appartenir à un tout autre monde que celui enseigné par nos sens habituels, sans comprendre ni comment ni surtout pourquoi. Pour adoucir ma peine ? Allons donc ! Des millions de vivants sur la terre souffrent au même instant de maux autrement plus cruels ; des mères sur les décombres d'immeubles bombardés pleurent plusieurs enfants ; des pères ligotés voient leurs filles meurtries, torturées et violées sans pouvoir les protéger. Alors, pourquoi moi ? Qu'ai-je donc réalisé de si extraordinaire pour mériter qu'on fasse, une fois rendu « là-haut », un détour par chez moi ? Voilà bien ce qui m'intrigue le plus, car, pour ce qui est des phénomènes eux-mêmes, ils ne constituent pas une véritable découverte. Seuls m'étonnent leur nombre et leur fréquence.

Ce n'est pas une découverte puisque, depuis sa mort, j'avais la chance d'être aidée et guidée par Jacques Chantrel, mon grand-père maternel. De son vivant, incrédule qu'il était au sujet de ce type de performance, ce scientifique aurait bien rigolé si on l'avait averti de sa sollicitude posthume. J'étais donc familière de ce qu'on appelait du bout des lèvres « le paranormal ». Du bout des lèvres et sous le manteau, car, lorsque j'étais jeune, on ne parlait guère de ces choses-là.

Plutôt encouragée à garder les pieds sur terre qu'à m'évader dans l'Éther, je m'en vantais d'autant moins que je n'avais pas encore conscience d'être à la fois privilégiée et affligée par cette posture d'entre-deux-mondes.

L'admiration et la crainte que m'avait inspirées ce grand-père de son vivant, jointes à une excessive sensibilité, ont pu favoriser un état délirant dans mon imaginaire à partir de sa mort. Pourtant, toutes ces années, j'avais senti très souvent sa présence près de moi, à des moments, d'ailleurs, où j'eusse préféré qu'il fût moins vigilant… De combien d'exquises bêtises, de fautes alléchantes ne m'a-t-il pas préservée ? Ma reconnaissance s'est souvent teintée de regret. La mort d'un grand-père, aussi triste soit-elle, est cependant inscrite dans l'ordre naturel des événements de la vie, aussi ne génère-t-elle pas de véritable révolte ; tandis que celle d'un très jeune homme, comme celle d'un enfant, demeure inacceptable. Je n'accepte pas. Révoltée, meurtrie d'avoir vécu huit ans de plus que lui sans que ça le protège, honteuse de vivre encore sans comprendre le pourquoi de cette odieuse faveur, je deviens le témoin complaisant de tout l'inexplicable qui se déchaîne en moi et tout autour de moi, peu pressée finalement d'en démonter les mécanismes. Je souhaite mollement comprendre. J'appréhende d'apprendre que peut-être mes neurones sont l'unique maître d'œuvre de tout l'inexpliqué. Tant que je ne SAIS rien, je peux croire que là-bas, là-haut, ailleurs, on veille un peu sur moi, on me garde une place. Sans la redoutable et caustique lucidité de Coco :

« Alors comme ça, te v'là élue ? Ben voyons ! Et en quel honneur, on peut savoir ? T'aurais pas plutôt gagné droit de cité chez les ravis, des fois ? »

Coco ma rustique craint toujours de me perdre de vie. Me serais-je affranchie de la norme pour me rouler dans l'anormal avec délices ? M'y serais-je formée, conformée puis déformée jusqu'à mourir ? Contre vents et marées, cramponnée à la barre de mon bateau ivre, je file dans le sillage de mes vaisseaux fantômes. Mais la brume est si dense que je distingue à peine les récifs de démence qui affleurent la surface de mes rêves insensés. Ma tête dans une main et mon stylo dans l'autre, j'écris une nouvelle lettre à Éric.

« Petit Plume tout léger, tourbillonnant, fuyant comme un éclat de rire, magistral pied de nez à ce qui était moche, pesant, vilain, méchant. Les "braves gens" de ta famille ne me laissent rien des objets de ta vie. Ils viennent l'un après l'autre comme s'ils avaient quand même un peu honte de tout reprendre d'un coup. On dissèque tes restes ; on reprend tes cadeaux. On prend en même temps des choses qui étaient miennes avant de te connaître. Je regarde chacun fouiller frénétiquement mes tiroirs, soulever le matelas, ouvrir mes sacs ; même la salle de bains est explorée. Il faut restituer tes foulards, ta guitare. On reprend tes cassettes, tes assiettes, tes chaussettes. »

« S'il pouvait, il chuchoterait "poil à la..." et on fuirait bien loin de ce triste inventaire pour se réfugier dans un coin de pré vert.

— Oui, ma Coco, merci et bravo pour ce petit morceau de poésie que, d'ailleurs, je transcris sur cette lettre... »

« Je garde ta mémoire. Ils ne pourront pas voler nos souvenirs qui éclatent dans mon ciel comme un feu d'artifice sans le bouquet final. Ici tu ne vis plus, mais je te sens bien là, autour de moi, en moi. Quelque part, tu existes autrement. Celui que tu étais me tenait par la main pour conjuguer la vie à un pluriel très doux et "je" s'écrivait "nous". Celui que tu deviens m'attrape par l'amour, m'entraîne vers "Vis quand même", féminin singulier au temps des choses vaines.

La Crevette »

Je plie la lettre en trois, la glisse dans une enveloppe que je scelle avant d'y inscrire…

« Pauvre folle, mets-y donc l'adresse, pendant que tu y es ! »

Coco, mon équipière, a redressé d'un coup la barre de mon délire. Violent coup de bôme au cœur.

« Mais où as-tu la tête ?!

— À mal, Coco, je l'ai mise à mal. »

En vérité, bien qu'ils aient pénétré dans mon appartement pour fouiller tout et retourner le reste, ces gens[1] ne m'ont pas tout pris. Il me reste la bague solaire qu'Éric m'avait offerte, une petite photo de lui que j'ai fait agrandir, et sa montre, puisque sans valeur autre que sentimentale, qui ne quitte plus mon poignet. Or, depuis qu'elle y est, les heures, minutes et dates apparaissent au cadran dans le plus grand désordre. Ceci ne m'étonne guère : à cause, vraisemblablement, d'un surplus de magnétite stockée à mes extrémités, aucune montre à pile ne parvient à me donner autre chose que l'air important, l'air pressé ou une marque de bronzage. J'ai renoncé depuis longtemps à comptabiliser le temps puisque le temps semble ne pas vouloir compter sur moi. Quand je dois me soumettre aux diktats de la vie sociale, je glisse au fond de mon sac un réveil imposant, rustique, inélégant, mais fiable. Généreux, il me donne les heures et les minutes ; courageux, il accepte de sonner assez fort pour me rappeler mes devoirs ;

1. Ils se reconnaîtront sans doute.

téméraire, il décide, de son propre chef, de sonner pour le plaisir, en des circonstances parfois très inopportunes (salle de concert, théâtre, magasin, salle d'attente, etc.). Bref, la montre d'Éric représente beaucoup pour moi, sauf quelque chose d'utile. N'espérant d'elle rien d'autre qu'un peu de nostalgie autour de mon poignet, je ne la consulte pas. En prendrait-elle ombrage ? Une montre pourrait-elle avoir des états d'âme ? Toujours est-il qu'elle sonne bravement chaque soir, exactement à l'heure du coup de feu reçu par Éric, et ce, quels que soient les nombres affichés au cadran. Coïncidence ? Peut-être, mais je veux encore croire à un petit salut venu d'un grand ailleurs ; j'ai tellement besoin des signes de sa présence. Et les signes abondent ! Et l'au-delà me gâte ! L'Ankou[1] me guette…

J'accueillerais avec plus d'entrain un anesthésique puissant, une amnésie totale, pour tout dire un suicide, quoi de plus naturel ? Mais il y a les autres, ceux qui m'ont fabriquée et que ma démission pourrait un peu tuer. Je me suis interdit ce transfert de peine et, puisqu'il me faut vivre, même sans lui, avancer vers plus rien, projeter le jamais plus, la courtoisie m'impose de faire semblant et mon orgueil suggère de feindre avec panache. Il devient donc urgent de savoir si je suis désormais affranchie ou timbrée, visitée ou cinglée, éclairée et illuminée ou tristement allumée. L'anorexie têtue consécutive au choc aurait-elle eu raison de ma lucidité ? Le

1. Personnage mythique de la Bretagne Sud représentant l'ouvrier de la mort : debout dans une charrette tirée par deux chevaux, le vieil homme squelettique à longs cheveux blancs sous un grand chapeau noir tient une faux retournée. Qui entend grincer les essieux de la charrette n'a plus qu'à saluer ses survivants…

manque de sommeil pourrait-il à ce point être hallucinatoire ? Qui saurait me répondre ?

Issue d'un arbre généalogique nourri au terreau du réel palpable, pondérable et mesurable, je n'ai pas le réflexe, pourtant commode, de me tourner vers Dieu ou l'un de ses délégués. D'autre part, la perspective de devoir raconter ce qui me tracasse au docteur Yvon Labbé, mon cher généraliste, me donne des crampes anticipées au crâne et aux cordes à vocables. Cet homme tolérant, compétent, plein de bon sens et d'humour, ce médecin au diagnostic précis m'écouterait gentiment, mais cette confession le plongerait dans un inconfortable abîme de perplexité. Quant à son ordonnance, réputée modeste autant qu'efficace, elle se résumerait en un précieux conseil : « Changez d'air et d'idées », accompagné peut-être d'une molécule censée émousser et repousser à plus tard mon tourment. Mais pour moi, « plus tard » égale « trop tard ». Une personne peut m'aider dans ce brouillard de deuil et d'occultisme ; je demande un rendez-vous à Anne, la voyante déjà consultée, qui avait évoqué sans détour tout ce dans quoi je me débats.

Octobre 1988, sept semaines après ta mort. Sans rien dire d'autre que « Bonjour, madame », je dépose mes trésors sur son petit bureau : la photo, la bague, la montre. Apparemment, Anne ne se souvient pas de moi. Il est vrai que, amaigrie et livide, je ne ressemble plus à la fille rieuse, joufflue et bronzée qu'elle avait reçue en juillet. Je garde le silence. Elle triture la photo en passant son pendule au-dessus :

— Ce garçon vous aime plus que tout. Il doit être connu, je vois qu'on parle de lui dans le journal… Il y a le mot accident, je vois une arme pointée sur lui… J'entends le chiffre 22[1]. Il est mort, c'est ça ?

Elle relève la tête et mon expression lui confirme qu'elle a vu juste. Elle saisit la montre et dit qu'elle a froid. Puis elle décrit la dernière scène de la vie d'Éric. Elle me l'apprend, car personne ne m'en avait rien dit. Elle dépeint le lieu et le déroulement des faits avec des détails qui me seront confirmés plus tard.

— Accident ?… Pas sûr. Jalousie d'un gars moins populaire, plutôt… Difficile à prouver… On me montre votre ami à moitié allongé sur un lit… ce n'est pas sa chambre. Il

1. L'arme avec laquelle Éric fut tué était en effet une carabine 22 long rifle.

dit qu'il faut aller manger, que c'est l'heure... Il est joyeux, mais l'autre pointe l'arme sur lui comme pour jouer... Il tire... Moi, j'appelle ça un meurtre, mais vous ne pourrez probablement pas le prouver.

— Même si je le pouvais, qu'est-ce que ça changerait pour Éric ?

— Rien. Il ne semble pas demander une vengeance. Qu'attendez-vous de moi exactement ?

À vrai dire, je n'en ai pas la moindre idée.

— Depuis qu'il est mort, tant de choses bizarres me sont arrivées... Il est temps que je sache s'il est possible qu'il...

— Non, mademoiselle, non, ça ne peut pas être déjà lui qui vous hante ; il est parti depuis trop peu de temps. Plus tard peut-être, mais n'espérez pas trop. Attendez quelques mois et puis revenez me voir ; je ne vous promets rien.

Je suis atterrée : mon cerveau serait seul artisan de tout ça ?! J'accepte le verdict et m'apprête à prendre congé quand brusquement, elle me demande :

— Ça s'est passé quel jour ? Ah ! Le 18 août... C'était un jeudi... Alors c'est lui que je sentais ce soir-là. Je voyais la mort sur un homme en costume de motard, mais, comme mon mari a lui-même une moto, j'avais peur. Je me rappelle, je ne comprenais pas pourquoi la moto que je voyais était rouge et noire, pas comme celle de mon mari.

— Mais comment avez-vous pu sentir la mort d'Éric ? Vous ne l'aviez jamais vu.

— Lui, non, mais sa moto, oui. C'est vous qui êtes venue me consulter cet été avec la photo de la moto volée, je m'en souviens maintenant. Mais vous avez beaucoup changé !

— En effet, mais...

— C'était suffisant pour que je sois « branchée » sur lui. D'ailleurs, rappelez-vous, j'avais insisté pour le voir rapidement.

— Saviez-vous qu'il allait être tué ?

— Non, je savais seulement que j'aurais une chose importante à lui dire.

Elle pâlit. Raidie sur sa chaise, elle murmure :

— Ne bougez pas, ne dites plus rien, je crois bien qu'il me parle.

Le stylo dans sa main commence à courir sur son carnet, traduisant des messages qu'elle seule peut entendre. À l'école, pendant les ennuyeux cours de géographie et de mathématiques, j'avais appris à lire à l'envers pour m'amuser. Penchée vers son carnet, je sens l'épais brouillard qui me bouchait le crâne s'estomper peu à peu ; ce sont ses mots à lui, nos codes à nous, avec même le surnom que lui seul me donnait. Elle repose son crayon sur la table. Son dos s'est voûté, elle semble épuisée. Elle ne comprend pas tout ce qu'elle vient d'écrire sous l'étrange dictée ; je l'aide à retraduire.

— Il était pêcheur, votre ami ? Amateur de fruits de mer ?

— Les deux, pourquoi ?

— Parce qu'il parle de crevettes, comme s'il…

— Ne cherchez plus, Crevette est le surnom qu'il me donnait.

Elle sourit, un peu absente. Bouleversée, incapable de parler davantage, je pose de l'argent sur la table et lui tends la main pour la remercier, quand…

— Ne partez pas encore, il veut dire autre chose.

Elle reprend le carnet, le crayon et griffonne des signes pour le moins insolites, comme des bouts de cartes marines ou des relevés topographiques. Je n'y comprends rien. Quand elle termine enfin, son visage s'éclaire :

— C'est incroyable ! Éric vient de me donner la position de deux personnes disparues que je suis chargée de retrouver. Vous ne le savez pas, mademoiselle, mais je vis en permanence au milieu des défunts : ma mère, bien sûr, qui ne me quitte pas et m'aide dans mon travail, puis ceux qui « accompagnent » mes clients. Jusqu'ici, jamais l'un de ceux-là ne m'avait contactée pour résoudre mes propres problèmes. Votre ami devait être un personnage pas ordinaire pour être capable de ça déjà…

Anne exulte ; je suis émerveillée. Ainsi, de l'autre côté, il continue d'assister les personnes posées au bout de son regard.

En sortant de chez elle, je me sens bizarre. Dévorée par le chagrin et quand même un peu apaisée par tout ce qu'en deux heures elle vient de m'apprendre, je retourne chez moi tout à fait convaincue de la réalité d'un autre espace-temps accessible parfois à nous autres, les vivants. Tout me paraît possible, y compris l'invraisemblable, aussi ne suis-je pas surprise lorsque Anne m'appelle ce même soir :

— Je tenais à m'assurer que vous n'étiez pas trop perturbée par votre consultation chez moi.

Et nous bavardons longuement à propos des interférences entre le monde des vivants et l'autre. C'est réconfortant pour moi de converser avec une femme aussi bizarre que moi.

« Des fois que tu voudrais mon avis sur tout ça… Je suis là.

— Désolée, Coco, je devine ce que tu penses et ton pragmatisme, souvent précieux, me serait blessant pour l'instant.

— *Comme tu voudras, mais viens pas gémir si ça tourne mal, cet accumoncellement de trucs pas nets ! V'là-t-y pas que t'y mêles la police, maintenant… Vrai, tu me fiches la trouille.*

— Mais je n'y suis pour rien ! Tu étais là, tu as entendu comme moi les mots de la voyante, n'est-ce pas ?

— *Et alors ? J'ai entendu, mais j'y crois pas, na ! Si tu veux mon avis, c'est rien que des c… ries.* »

Quelques jours plus tard, Anne m'appelle en fin de matinée – ce n'est pas son habitude. D'une voix joyeuse, elle me signale un article dans le journal du jour, dans lequel la police fait état de deux personnes retrouvées la veille, celles, justement, dont Éric lui avait donné les positions respectives lors de ma consultation. Ainsi, même au-delà de notre temps et de notre espace, il demeure providentiel. Ce n'est pas une preuve de vie puisqu'il est mort, mais d'existence.

« Alors, Coco, je ne t'entends plus. Reconnais qu'elle t'a épatée ; sois bonne joueuse… Tu boudes ?

— *Gna, gna, gna… Trop fastoche, son truc. Et puis d'abord, pourquoi qu'elle nous colle comme ça ? T'as eu ta consult', elle a eu l'argent, point final. C'est quoi ses appels ici ? Qu'est-ce qu'elle veut, à la fin ?* »

Coco n'a pas tort ; la sollicitude d'Anne m'intrigue. Qu'attend-elle de moi ? Pas de l'argent puisqu'elle m'a vertement envoyée promener lorsque je me suis inquiétée de ce que je lui devais pour ces entretiens téléphoniques. Alors, quoi d'autre ? Un jour, je lui pose la question.

— Difficile à dire. Je me sens concernée par votre histoire ; ma mère me demande de vous protéger.

— Votre mère ? Mais je croyais qu'elle était…

— Oui, elle est morte, mais elle reste près de moi. Ce qui m'étonne, c'est qu'elle semble guider Éric comme s'il était son fils… Non, non, ça ne me rend pas jalouse, au contraire ; je sens entre nous quatre un lien très fort que je ne comprends pas, mais que je respecte.

— Mais comment savez-vous tout ça ? Vous les voyez vraiment ?

— Bien sûr. Et vous aussi, un jour, vous verrez Éric. N'avez-vous jamais « vu » ou « cru voir » un proche décédé ?

— Si, mon grand-père maternel, mais ce n'est pas fréquent. D'ailleurs, depuis la mort d'Éric, je ne l'ai ni revu ni entendu.

— Peut-être parce qu'il sait que d'autres veillent sur vous. Ne vous posez pas trop de questions ; laissez faire les choses. Bonne nuit.

N'y tenant plus, j'éteins toutes les lampes, ne laissant qu'une bougie allumée dans chaque pièce, et je commence à scruter l'ombre. Après tout, si Anne voit Éric, je dois pouvoir, moi aussi… Vers 2 heures du matin, les pupilles dilatées par l'attention, je commence à voir des mouches blanches quand le téléphone me fait sursauter :

— Colette, c'est Anne. Excusez-moi de vous appeler à cette heure-ci, mais Éric vous dit d'arrêter de scruter… Oui, c'est bien le mot, scruter. Vous savez pourquoi il insiste ?

— Oui, oui, je sais… pardon. Je ne le ferai plus, c'est promis.

— Allez, il faut vous reposer, maintenant.

Quelques jours ont passé. Occupée à enduire les murs de ma chambre jusque tard dans la nuit, je distingue nettement, entre le mur et moi, une femme âgée vêtue à la mode de l'après-guerre, avec de beaux cheveux blancs arrangés en chignon. Curieusement, je n'ai pas peur. L'image disparaît, remplacée par une voix qui m'ordonne : « Il faut dormir,

Colette. » Sans discuter, je dépose taloche et truelle dans un seau d'eau, retire mes vêtements maculés d'enduit et me mets au lit.

Le lendemain soir :

— Maman dit que vous ne dormez pas assez, Colette ; elle est en colère après vous.

— Quoi, c'était votre mère la dame qui m'a... ?

Anne rit de bon cœur en apprenant la semonce reçue la nuit en plein chantier. Plus tard, je reconnaîtrai cette apparition dans un cadre posé chez elle : la photo de sa maman.

Anne dit me sentir chancelante ; craint-elle un quelconque danger pour moi ? Plus tard dans la nuit, elle me téléphone pour me transmettre encore de nouveaux messages qu'Éric lui adresse ! Tout au long de l'année, cette femme étonnante m'appellera chaque nuit pour transmettre les phrases et les images venues de l'autre rive à mon intention. Mettre en doute sa bonne foi ? Non, assurément non, car elle refusera obstinément toute rémunération pour ces heures innombrables où elle me transfusera une raison d'être en vie. Elle n'y trouvera donc aucun autre intérêt que l'amitié dont je devine qu'elle a vraiment besoin. Pourtant, elle reste professionnelle, car les messages correspondront rarement à ce qu'elle sait que j'en attends ; il s'agira le plus souvent de réprimandes – méritées j'en conviens – relatives à mes actions du jour. De la nuit aussi. Les conversations nocturnes avec Anne m'ouvrent les portes d'un monde auquel je n'ai pas complètement accès, plus exactement, un monde auquel j'accède sans le faire exprès. Mes activités diurnes me ramènent à la surface de vivants auxquels je n'appartiens plus tout à fait. Je pressens confusément une chute d'importance si je persiste à faire ainsi le grand écart entre le pays d'Éros et celui de Thanatos. Et au cas où je tomberais, je ne suis pas certaine que ce fleuve entre eux deux soit le Styx salvateur qui m'assurerait enfin l'invulnérabilité. Pas originale du tout, je cherche bêtement le secret de la vie. Et de la mort, ça va de soi.

« Tant qu'à jouer les philosophes, autant mettre le paquet… »

Mon corps fonctionne tout seul sans que ma volonté y prenne part. Peut-être épuisés d'avoir trop pleuré, mes yeux ne supportent plus les couleurs. Je repeins petit à petit toute la maison avec du noir, du gris, du blanc et reteins également tous mes anciens vêtements en noir. La penderie est bien sombre, mais tout ce noir m'apaise. La lumière m'incommode au point de m'obliger à porter des verres fumés même dans la maison.

Anne souhaite me voir pour que je lui rende un service. Que puis-je refuser à celle qui, chaque nuit, du bout de sa voix, repousse un suicide qu'elle croit toujours possible ?

Sur sa table de salon, elle a posé des photos de gens que je ne connais pas.

— Colette, nous parlons ensemble au téléphone depuis plus de deux mois, j'ai confiance en votre jugement. Accepteriez-vous de me dire ce que vous pensez des personnages qui sont sur ces photos ? Ça m'aiderait beaucoup.

Prétextant un urgent épluchage de légumes, elle quitte le salon en me laissant seule avec un crayon, un carnet et les photos. Sans même réaliser l'incongruité de sa demande en particulier ni de la situation en général puisque, depuis deux mois, plus grand-chose ne m'étonne, je m'assieds docilement à la table de son séjour, écolière appliquée et, main gauche posée sur les photos tirées l'une après l'autre, je commence à écrire.

Encore aujourd'hui, j'affirme n'avoir rien pensé de particulier à ce moment-là.

Au bout d'un « certain temps », je reprends conscience comme après un évanouissement et ce que je vois me fige. Devant moi, des feuilles du carnet sont éparpillées, arrachées à la hâte semble-t-il, noircies de mots serrés les uns contre les autres sans ponctuation et truffés de fautes ; l'écriture est malhabile, les lignes ondulent en vagues. Non, je ne reconnais pas mon écriture. Ce qui vient de me sortir de cette étrange torpeur, c'est la description détaillée de la mort d'un des personnages photographiés. Le mot a dû cogner sur les parois de mon inconscient comme une boule sur une table de billard… mort… mort… MORT ! J'ai très peur tout à coup. Une bouffée de colère m'envahit : à quoi joue cette femme ? Que me veut-elle ? Je bondis jusqu'à sa cuisine et brandis les feuilles sous son nez :

— Qu'est-ce que tout ça veut dire ?

Indifférente à mon courroux, Anne me fait signe de m'asseoir. Elle sourit calmement et lit attentivement ce qu'un drôle de « je » vient d'écrire.

— Calmez-vous, Colette ; je voulais simplement vérifier, par ce test, que vous étiez vraiment médium.

— Quoi ?!

Le sol, ces derniers temps, a la détestable manie de mollir sous mes pieds.

— Depuis plusieurs nuits, Maman et votre ami Éric m'apparaissent pour parler de vous ; ils disent qu'on vous accorde le don de voir au-delà des choses. Je ne voulais pas vous l'annoncer avant d'en être certaine.

— On m'accorde… Qui ça « on » ?

— Ah ça !

Elle écarte les bras en signe d'ignorance.

— Mais Anne, pourquoi ce don ? Que voulez-vous que j'en fasse ? Et puis, pourquoi est-ce à vous qu'Éric s'adresse et pas à moi directement ?

— Vous êtes encore en état de choc. Vous souffrez trop pour qu'il puisse traverser cette brume qui flotte autour de vous ; c'est pour ça que vous entendez sa voix sans comprendre ce qu'il cherche à vous dire. Plus tard, quand vous serez plus sereine, il saura bien vous atteindre et communiquer avec vous sans avoir besoin de moi.

— Mais qu'est-ce que j'ai à faire d'être voyante ou quoi que ce soit d'autre ? Ça va changer quoi ?

— Oh ! pour vous-même, peu de choses, en tout cas pas tout de suite. Pour les autres, ceux qui viendront vers vous, ça éclairera leur existence.

— Mais je n'en ai plus rien à faire, des autres ! Je crève de chagrin et il faudrait en plus que je m'occupe de leurs problèmes ?

La mesure est comble. On me dit généreuse, mais là, j'étouffe. Indignée, bouleversée, révoltée, je me soucie comme d'une guigne des autres et de leur devenir.

« Et moi donc ! Tu vas quand même pas nous embarquer là-dedans ? Pourquoi pas créer les restos des âmes, avec hydromel à la buvette ? En tout cas, ce sera sans moi. »

Complètement d'accord avec Coco, je répète à Anne ce qu'elle vient de me dire, presque mot à mot. Alors, tout doucement, avec patience et gentillesse, Anne m'explique que c'est peut-être là une des raisons de ma survie obligatoire, qu'il me sera difficile de refuser cette mission, que sais-je encore… Elle voit bien que le choc est trop violent, que je ne suis plus en état de rien comprendre.

— Rentrez chez vous ; nous en reparlerons plus tard.

Je sors de chez elle complètement désemparée.

Seule dans ma voiture, les bras croisés sur le volant, je tente de me persuader que tout ça n'est qu'un abominable cauchemar depuis le début, que je vais me réveiller et qu'Éric va me secouer en éclatant de rire pour se moquer de mon délire. Des enfants surgis de nulle part entourent ma voiture en se poussant du coude. Est-ce un signe, un message ? Non, seulement l'heure de la sortie d'école et ils sont intrigués par cette bonne femme bizarre, le front sur le volant et des cheveux partout qui cachent son visage. Je dois avoir l'air d'une folle, car je les fais fuir en me redressant. Je pars me réfugier près de Lucette.

Ma mère est mon rempart, mon chêne, mon pilier ; elle sait dire et faire les choses qui sauvent en s'étonnant d'en être remerciée. Elle a partagé tant de choses avec moi depuis mon premier cri, notre premier regard, jusqu'à cette catastrophe. Elle s'est surpassée pour me maintenir la tête hors de l'eau, venant peindre avec moi les murs de la maison jusqu'au matin ; s'assurant, avant de retourner chez elle, que je pourrais tenir jusqu'au soir. Là, elle revenait sans montrer sa fatigue ni sa peur que je me noie : « Fatiguée, moi ? Pas du tout, au contraire. Tu sais que j'adore bricoler et justement, en ce moment, je n'ai pas envie de dormir. »

Le pieux mensonge de celle qu'on surnommait « Dodo » tant son besoin de sommeil était grand. Mais là, c'est trop, même pour Lucette ; elle ne sait plus quoi dire. Celle qui sait si bien relativiser les choses et rire d'à peu près tout se sent complètement dépassée. Elle ne peut que guetter sur moi les signaux de détresse, essayer de gagner des miettes de terrain sur le champ d'horreur où je tombe. Elle s'assoit devant moi, renonçant à comprendre, à me raisonner. Il y a devant elle une fille de trente-quatre ans toute raide, les yeux bouffis, le corps tout rétréci, qu'il faut coûte que coûte empêcher de dériver vers la mort ou la folie.

— Bon, écoute-moi, je ne sais pas si tu es voyante ou autre chose, mais je sais que tu es glacée et qu'il faut que tu dormes, alors monte te reposer, je t'apporte des bouillottes.

Je ne me défends plus. Soumise, je m'allonge dans ma chambre d'autrefois, un peu rassurée de voir la même silhouette dessinée par le hasard d'un coup de truelle dans le crépi du mur. Lucette ouvre la porte, deux bouillottes sous le bras, en glisse une sous mes pieds et pose l'autre sur mon ventre. Quoi de plus doux qu'une mère… Pour la remercier, je souris et mes paupières tombent – je crois bien que je pleure. Lucette passe sa main sur mes cheveux jusqu'à ce que je m'endorme.

Après cette sieste réparatrice, je redescends dans la cuisine où Maman, qui me connaît comme si elle m'avait tricotée, m'attend déjà avec la théière pleine, deux tasses, deux tranches de pain grillé. Elle sait que je ne peux encore avaler que du liquide, mais, comme toutes les mamans, elle espère… Et, comme la Lucette unique qu'elle a toujours été, elle a profité de mon sommeil pour réfléchir :

— Je repensais à la conversation que tu avais eue avec Christian, il y a un ou deux ans…

— Oui, et ?

— Et je me dis qu'il avait peut-être raison, après tout. On a plus l'habitude de l'entendre rigoler et dire plein de bêtises, mais tu sais que je l'aime beaucoup, et que je le crois capable d'être sérieux en cas de besoin. Tu veux un peu de miel sur ta tartine ou du beurre ?

Je souris en faisant non de la tête.

— Il t'aime beaucoup, Colette, et il est l'un de tes plus fidèles amis. Pour qu'il ait, à l'époque, bravé sa timidité jusqu'à aller chez toi et te parler de choses graves, c'est qu'il tenait à t'aider. Il ne t'aurait pas donné ce genre de conseil sans y avoir réfléchi avant…

— Tu as raison, Maman. Comment ai-je pu oublier…

— C'est lui qui m'avait raconté, quand vous étiez en seconde au lycée, que tu disais la bonne aventure dans la cour de Charcot en troisième… Alors, je ne sauterai pas de joie si tu installes une roulotte sur le port pour tirer les cartes aux touristes, parce qu'une roulotte tout en bois, ça peut prendre feu, mais si tu as tous ces dons bizarres, après tout, pourquoi pas ?

Surchargée de travail, elle prendra quand même le temps de lire beaucoup de livres traitant de la « maladie » qu'a attrapée sa fille, jusqu'à se familiariser avec la terminologie de ces sciences hermétiques, mais en conservant intactes, dans son jardin secret, ses propres convictions. Convictions pourtant ébranlées le soir même de cette « révélation » par la réaction de son amie Monique : « Enfin, Lucette, tu ne t'étais jamais aperçue que ta fille était médium ? Pourtant, ça crève les yeux depuis qu'elle est petite ! »

Veuve trop jeune d'un pilote d'origine russe, Monique a dû très vite faire face à l'urgence, reléguant ses états d'âme à plus tard. Il fallait travailler, escalader les marches de la hiérarchie pour assumer ses deux enfants dans l'espoir d'un peu compenser « l'absence » par le confort, les sécuriser par la notoriété. Elle a donc repris ses études là où son mariage les avait interrompues, jusqu'à devenir, plus tard, vice-présidente de cette faculté. Elle a trouvé le temps, en outre, de rédiger un manuel de méthodologie qui fait autorité. Monique n'est donc pas une charmante écervelée, même si par osmose posthume elle est devenue un peu « slave », c'est-à-dire excessive dans ses accès de colère et de générosité. Chaleureuse et cinglante, autoritaire et tolérante, Monique est un énorme paradoxe, mais un paradoxe très intelligent. Et puis, elle est une de mes deux marraines de cœur, avec Colette, l'autre amie de ma mère. Sa réponse est donc réconfortante pour Lucette, un peu vexante aussi, car elle n'est pas sans rappeler la subite illumination d'un certain M. Jourdain.

Tant bien que mal – un peu moins bien que mal –, j'assimile l'annonce de ma médiumnité. Confortée par Monique, Lucette en accepte l'augure et entreprend d'annoncer cette incongruité au reste de notre entourage, en glissant cependant des patins sous ses mots. À cause de mon deuil, personne n'ose sourire devant moi, mais je sens que certains soupçonnent un sérieux problème d'embrayage cérébral. D'autres, tout au contraire, ne sourcillent qu'à peine et ponctuent leur réponse d'un hochement de tête entendu souligné d'un « J'en étais sûr ! » ou même d'un « Je l'ai toujours dit ! » L'état de fait est admis. Reste à le considérer sous l'angle d'une faculté que je puisse utiliser.

Anne me bouscule un peu :

— Il va pourtant falloir vous rendre à l'évidence. Vous aurez rapidement des flashs de voyance sauvage, des visions gênantes que vous devrez apprendre à canaliser. Pour ça, il faut accepter de pratiquer.

Comme chaque fois, elle a vu juste. De manière totalement imprévisible, il m'arrive de voir en filigrane des bribes d'existence de gens qui ne s'en doutent pas. Ceux que je croise dans des circonstances pourtant peu propices aux évasions astrales : dans les allées du supermarché, j'entends une grave dispute qui a déjà eu lieu entre un homme et son fils, et je discerne presque aussitôt l'homme en question. Dans une voiture arrêtée au feu rouge, il m'arrive de savoir que le conducteur se rend à l'hôpital, non pour lui, mais pour une personne proche. Pour la plupart, ces multiples « expériences » sont invérifiables. Il arrive cependant que, marchant sur un trottoir et ressentant en moi une détresse étrangère, je m'approche de celle ou celui que je crois être victime de cette détresse et lui propose mon aide. Assise dans un bar le temps de prendre un petit café, si je capte l'anxiété d'une femme en devinant qu'elle attend son amoureux, je le reconnais dans la rue et fais signe à la femme, qui ne l'a pas encore vu, qu'« IL » arrive.

« Et alors ? Tu te crois providentielle en faisant irruption dans leur journée comme une grosse mèche de cheveux dans un bol de potage ? Ça m'étonne que t'aies pas encore pris une baffe !

— Coco, je passe sur ton insolence parce que tu viens toi-même de répondre à la question. »

Mon irruption auprès de ces personnes ne déclenche jamais ni refus ni indignation, comme si la détresse ressentie était vraiment un SOS. Si ça m'était arrivé lorsque j'avais quinze ans, ça m'aurait énormément amusée et j'en aurais certainement abusé. Mais aujourd'hui, je trouve désagréable de me sentir parfois plus voyeuse que voyante.

Depuis la disparition d'Éric, je constate que son prénom m'est imposé – j'allais écrire envoyé – plusieurs fois par jour, *via* la télévision, le poste de radio et les conversations dans la rue. Je m'en ouvre à ma chère Lucette qui, forcément, tique un peu : « coïncidence » est sa réponse. Un vendredi soir où, de passage chez elle, je raconte que, une demi-heure plus tôt, cherchant un magazine de décoration chez la buraliste, j'en ai ouvert un au hasard, sur une page où le prénom Éric s'étalait en grand, bien sûr suivi d'un nom de famille différent du sien, mais quand même, je l'entends me répondre :

— Je suppose que c'était la page du milieu, c'est comme les tartines beurrées…

Un peu lasse de devoir préciser les choses, en l'occurrence que ce n'était justement pas celle du milieu ni la première ni la dernière, je me renfrogne en allumant une cigarette.

— Allez, au lieu de bouder, accompagne-moi au nocturne du supermarché, à La Madeleine, ça me fera plaisir…

Faire plaisir à Maman ? Avec plaisir !

Après avoir garé sa voiture près de l'entrée, Lucette se dirige vers le rayon des livres. Là, malicieuse, elle me met au défi :

— Si ce n'est pas une série de coïncidences, prouve-le ! Sans regarder le rayon, prends un livre au hasard ; nous verrons bien…

J'obéis. Sans quitter le regard de Lucette, je touche le dos d'un livre et, ce faisant, fais tomber son voisin. Lucette ramasse le livre tombé, le retourne en le maintenant ouvert et le tient devant nous deux, ouvert à l'avant-dernière page. Juste avant le mot FIN, le dernier paragraphe s'achève sur l'ultime phrase qui nous éclate aux yeux : « Erik est mort[1]. » Maman reste muette quelques instants, puis se

1. « Erik est mort » : dernière phrase du roman de Gaston Leroux (1868-1927), *Le Fantôme de l'Opéra*, publié en 1909 sous forme d'épisodes dans le journal *Le Gaulois*, puis en livre aux Éditions Pierre Lafitte, 1910.

reprend. Soumise à cette non-coïncidence, elle tente la dérision :

— J'imagine que ce n'est pas le moment d'être tatillonne, mais…

— Mais tu as du mal à taire qu'ici, son prénom se termine sur un K au lieu d'un C !

Voilà bien le destin dans sa malignité : tenter de s'élever du côté de l'astral est un acte de foi solitaire et sévère. Il fait si froid là-haut quand il faut emmener des cellules vivantes au pays de l'essentiel. Soumise à une promesse, j'attends que la mort me délivre le visa du voyage sans bagage. Hésitante et cruelle, elle se joue de moi, me chuchote : « Pas encore. »

Aux vivants qui me portent à bout de bras et à bout de cœur, j'ai promis de ne pas me tuer, tout en espérant secrètement mourir sans le faire exprès, par inadvertance, en dormant pourquoi pas ? Éric viendra me chercher au détour d'un de mes rêves et coupera le fil d'argent qui me retient prisonnière d'une vie sans attrait… Je l'ai vu si souvent couper le fil de nylon de sa canne à lancer lorsque l'hameçon, trop enfoncé dans la gueule, risquait d'abîmer cruellement le poisson ; après quoi, il le frappait d'un coup de manche d'Opinel juste au-dessus des ouïes et c'était fini. Finir, ah ! le doux verbe. L'hameçon que j'ai avalé me fait vraiment trop mal ; ne serait-il pas juste qu'on sectionne mon fil ? Chaque nuit, je m'endors en pensant : « C'est peut-être pour cette fois. » Confiante en mon désir, je veille à bien ranger la maison chaque soir. J'en fignole les recoins pour éviter à ceux qui me survivront le spectacle affligeant du linge défraîchi oublié çà et là ou d'une vaisselle sale entassée dans l'évier. J'assume et codicille mon image posthume.

À l'heure où l'aube soulève lentement mes paupières, je m'apprête chaque fois à me dissoudre enfin dans l'univers d'amour et de lumière dont on dit grand bien dans les pages du « New Age ». Mais les volets que claque ma voisine sur le mur n'ont rien de séraphiques, ni mes bottes jetées en vrac auprès du lit. Elles rappellent à mes pieds qu'ils doivent assurer ma verticalité, me maintenir sur terre et même, si nécessaire, me botter le derrière pour me faire avancer. « Miel ! Encore une journée à vivre. » De ces heures imposées, je fais affaire d'orgueil ; vexée de n'avoir pas plus d'ascendant que ça sur mon humble destinée, je feins, grâce à Coco, d'en être satisfaite :

« Ça tombe bien, justement il restait un placard à ranger, mais tiens bon, ma Colette, tiens encore jusqu'à ce soir, ça ne devrait plus tarder. »

Les heures, cependant, ne s'en laissent pas compter. Ricanantes, elles me narguent et déroulent le temps inexorablement sur un ruban aussi long que mon désarroi, jusqu'à perte de vie ou d'envie, je ne sais plus, vivante malgré moi.

« Malgré toi et grâce à moi ! La mort, c'est pas mon truc. »

Taisant mon envie d'adhérer au Club Privé des Ectoplasmes, je résiste à la tentation du spiritisme. Tant mal que bien, il me faut réapprendre les gestes qui maintiennent en vie. Coutumière de la solitude, je l'avais considérée comme une force, le privilège d'être inégale au plus grand nombre. Vivre sans lui, c'est autre chose. Je ne parviens plus à me situer correctement, ni dans l'espace où ma géographie personnelle est raturée, ni dans le temps devenu une notion de plus en plus relative.

Du temps où je me contentais du schéma rassurant d'un temps linéaire défini en un point par le segment du présent, précédé d'un « moins l'infini » à gauche et d'un « plus l'infini » à droite, ma conception de la voyance oscillait entre plusieurs possibilités. J'admettais d'emblée la possibilité de capter des épisodes passés d'un quidam passant à ma portée, grâce à un phénomène relativement banal de transmission de pensée. J'acceptais d'emblée aussi que pré-voir – voir avant – n'était pas possible, qu'il s'agissait seulement d'une suite de déductions *via* de multiples micro-informations mémorisées à mon insu. Tout au plus supposais-je possible que mon corps astral puisse se renseigner, pendant mon sommeil, sur l'existence passée et présente de mes visiteurs.

« Au rayon du farfelu, ta dernière hypothèse ferait un malheur !

— Coco, si tu as une meilleure explication, je suis preneuse. »

J'avais l'esprit large, mais, confrontée à un temps qui semble me narguer, qui se tortille, se déforme, s'enroule comme une hélice autour de mes certitudes, je sens que mon cerveau…

« … perd pied, c'est ça ? »

Je ne l'aurais pas écrit ainsi, mais Coco a un don pour les raccourcis. Toutes les suppositions sont permises en l'absence de preuves contraires. L'art de la divination relève-t-il du paganisme ou du sacré ? Alors que les autres arts ne m'avaient jamais tracassée, la notion d'art divinatoire m'obsède. Qu'elle soit païenne ou sacrée, la médiumnité m'encombre bougrement ; je ne suis pas loin de la considérer comme une maladie : la médiumnite aiguë et chronique. Comprenant qu'il serait vain d'en nier l'existence, je cherche au moins un moyen d'en dissimuler les symptômes, et c'est par hasard – encore – que je trouve le plus inattendu des boucliers anti-flashs.

Lassée de fondre en larmes devant des étrangers qui, n'en sachant pas la cause, peuvent s'en offusquer, je fais l'acquisition de grosses lunettes noires et m'en félicite bientôt doublement. Non seulement je peux « y aller d'ma p'tite larme » sans alerter personne, mais, les yeux ainsi masqués, je ne « vois » plus les séquences clandestines des vies qui me croisent. Ceci est d'autant plus inexplicable que, lorsqu'un voyant « voit », ce n'est pas exactement avec ses yeux. Mais je ne m'y arrête pas ; croyant tout de bon avoir gagné, je tire mentalement la langue à ma chère Anne, tant je suis satisfaite d'enfin pouvoir la contredire : « Je verrai si je veux, na ! » À l'ombre des regards sous ma frange persienne et cramponnée aux branches de mes lunettes, je crois de bonne foi ne plus voir ni être vue. Candeur, ne me lâche pas…

« Pour ce qui est de passer inaperçue, ton camouflage est foireux ; on s'tortille de rire derrière nous. "Le corbeau" ou "La sorcière", voilà c'qu'on dit de toi. Pire : ce qu'on dit de moi ! Faut reconnaître, lunettes noires, vêtements noirs, et pour égayer ce petit camaïeu d'ombres, un mètre de cheveux noirs, ça étonne. Tu sais quoi ? On détonne. »

Coco souffre parce qu'elle raffole des couleurs, mais elles me blessent vraiment. Quant à ne plus « voir », je me trompe grossièrement.

« Il est temps que quelqu'un ou quelque chose rabatte le caquet de Madame la douée en tout… Au lieu de nous faire des frisettes dans le cerveau, tu ferais mieux de bosser ! »

Avant cette avalanche de turbulences, les soins esthétiques que je prodiguais se déroulaient de façon normale. Pendant la première heure, cependant que j'émulsionnais, rinçais, gommais, désincrustais, épilais et pulvérisais la cliente, nous pratiquions avec entrain la plus vieille, la plus innocente des sophropsychologies ; je veux parler des bavardages nécessaires à propos de ces « touts » et de ces « riens » qui relèguent pour un temps les problèmes graves et les angoisses à l'arrière-plan. Quand le sac de secrets, de confidences variées était vidé, tacitement d'accord au moment du massage, nous passions en silence cette demi-heure exquise où le soin devenait une symbiose entre ce que je donnais et ce qu'elle recevait, magique adéquation où plus rien ne comptait en dehors de cet échange librement consenti entre mes mains et sa peau.

Maintenant, l'hypertrophie sensitive et magnétique – le moyen de définir cela de façon claire – dont j'étais déjà dotée, mais pas à une telle intensité, provoque en moi des réactions exagérées et apparemment injustifiées, ce qui rend malaisée la vie en société. Les ondes émises par les vivants que je côtoie sont captées par les miennes avec un fort grossissement. Ce tri que j'effectue d'abord à mon insu est complètement arbitraire et, aux questions pressantes, indignées qu'on m'oppose – « Mais qu'est-ce que tu reproches à celui-ci ? » et « Qu'est-ce que tu lui trouves, à celle-là ? » –, je suis rarement en mesure de répondre. J'essaie de gérer cette anomalie comme je le peux, mais, en présence de ceux dont les ondes démangent les miennes, je me sens agressée, réellement en danger, au point que les symptômes physiologiques que je développe alors peuvent prendre des proportions considérables : nausées, suées, vertiges, évanouissements ou colère. Au contraire, lorsque le hasard me place face aux organismes dont les vibrations m'attirent, je dois me faire violence pour ne pas créer immédiatement une relation fusionnelle tout aussi néfaste que son contraire. J'utilise à dessein le mot « organismes », car ces attirances ou répulsions concernent tout ce qui est animé : humains, animaux, végétaux, minéraux. Le magnétisme présente néanmoins quelques avantages : il m'aide à soulager certaines souffrances physiques, à en détecter l'origine, à suggérer tel ou tel examen médical auprès du médecin généraliste habituel. En tant qu'esthéticienne, cette faculté me permet de traiter certaines disgrâces avec un maximum d'effets pour un minimum d'intervention. Bref, je maîtrise plutôt bien ces courants d'énergie.

En revanche, depuis quelque temps, quand je passe mes mains le long d'un visage, j'ai parfois la sensation de perdre un peu conscience, d'être comme repoussée à l'extérieur de moi. Je sens que d'autres bras se glissent dans les miens comme dans des manches et que mes mains deviennent de simples gants où d'autres mains se faufilent pour exécuter à ma place des manœuvres inédites sans que j'y puisse rien. Les premières fois, ce phénomène s'est produit en présence de clientes affectivement proches, « la vieille garde » si j'ose dire. C'est Nicole, une cliente adorable qui, la première, formule ce que je ressens sans oser jusque-là en parler. Je viens d'achever le massage ou, devrais-je dire : « on » vient de quitter mes mains et mes bras après avoir effectué le lissage terminal. À peu près revenu à lui, mon vrai « Je » coutumier s'apprête à lui appliquer un cataplasme bienfaisant quand Nicole ouvre les yeux, visiblement bouleversée :

— Colette, c'est incroyable ! Ce n'étaient pas vos mains ; celles-là étaient plus grandes, glaciales pour commencer, puis très vite brûlantes… L'avez-vous senti aussi ?

— Heu… oui, mais je n'y comprends rien ; je ne réalise pas bien ce qui vient de se passer, je vous demande pardon…

— Oh non ! Ne vous excusez pas, c'était extraordinaire. Ces mains ont longuement travaillé sur mon crâne, comme si elles savaient que j'ai reçu hier un coup de bôme sur la tête quand le bateau a viré de bord. Et je n'ai plus mal du tout.

— Ah ? Je n'en ai qu'un vague souvenir.

Nicole devine mon désarroi :

— Colette, je ne sais pas à qui sont ces mains-là, mais je sens qu'elles sont bénéfiques, alors ne soyez pas inquiète. Est-ce qu'on sait vraiment tout ce qui nous arrive ? C'était peut-être l'esthéticienne des anges ? ou peut-être… ?

Je pose sur mon visage un sourire serein et sur le sien un odorant cataplasme avant d'aller me réfugier dans la cuisine tandis qu'elle se repose. Assise sur le tabouret, accoudée à la table, j'essaie de réfléchir. Aurais-je été victime d'un acte de possession ? Y a-t-il vraiment lieu de s'alarmer ? La dernière phrase de Nicole m'incite à croire qu'« on » a voulu me donner, littéralement, un coup de main, tout bêtement. Je n'ai pas encore commencé à me réalimenter correctement ; mes cellules sont si creuses qu'il doit être facile, pour un « esprit » un tant soit peu débrouillard, de passer au travers d'un corps aussi peu dense. D'autres clientes ressentent cette bizarrerie et formulent leur étonnement en mettant les sensations particulières éprouvées au cours de mes massages sur le compte d'une soudaine évolution de ma technique. Je ne démens pas, ça m'arrange.

« Bon, c'est pas tout ça, Colette, mais tu digresses encore ! Où qu'elle est ta soi-disant voyance, dans tout ça ? »

Coco adore me prendre en défaut, mais je ne lui donnerai pas ce plaisir, car malgré elle et malgré moi, la voyante en moi s'est déclarée en plein jour, à la même période.

Comme d'habitude, juste après le massage prodigué à ma cliente, j'applique une pâte cosmétique, ce qu'on appelle un masque, recouvert de grandes gazes imbibées d'une décoction. Connaissant l'enchaînement par cœur, sachant que cette étape annonce la fin du soin, elle passe sa commande – thé, infusion ou café – et s'endort, les paupières closes par deux compresses fraîches, bercée par une musique apaisante. Après avoir quitté la cabine sur la pointe des pieds, je vais dans la cuisine pour préparer la boisson que je lui sers avant qu'elle se relève. Or, depuis quelques jours, juste après le massage, c'est-à-dire juste après avoir « récupéré » le plein usage – exclusif – de mes bras et de mes mains, j'ai l'impression que des phrases sortent de ma bouche sans passer par ma tête.

« C'est pas qu'une impression, je les entends, moi aussi. On s'ennuie jamais avec ma Colette ! »

C'est Irène qui m'en fait part la première. Au lieu de s'endormir une fois enduite de ma « tambouille magique », elle soulève prestement les compresses que je viens de poser sur ses paupières et redresse la tête :

— Mais comment le savez-vous ?

— Pardon ?

— Là, tout de suite, ce que vous venez de dire au sujet de mon mari…

— J'ai dit quelque chose ?

En fait, il me semble bien avoir, quelques instants avant, sursauté à l'écho de ma voix, comme si j'avais eu un moment d'absence, mais je ne me rappelle pas avoir prononcé quoi que ce soit.

— Vous n'… ? C'est vrai que vous avez l'air ailleurs. Êtes-vous souffrante, Colette ?

— Mais non, Irène, je ne pense pas… Qu'ai-je bien pu vous dire ?

— « Je vous sens en danger, faites très attention à votre mari, il peut être violent et je le vois essayer de vous étrangler. » Voilà ce que vous avez dit.

— Quelle horreur ! Mais qu'est-ce qui m'a pris… Oh ! Irène, pardonnez-moi, vous avez peut-être raison, je ne dois pas aller bien finalement.

— Mais si. Je ne suis pas fâchée, étonnée seulement, car il a vraiment voulu m'étrangler dans un moment d'égarement et c'est vrai qu'il peut être très violent.

— En ce cas, il pourrait s'agir d'un…

— Un flash de voyance, exactement. Et j'aimerais bien que vous m'en disiez un peu plus ; essayez s'il vous plaît.

Complètement déboussolée et ainsi prise au dépourvu, je commence à parler de « tout ça » dans le désordre, j'en suis sûre, même si je l'oublie à mesure que je parle. Irène écoute, me remercie, repose ses compresses sur ses yeux et me dit seulement :

— Pour moi, après le masque, ce sera un thé léger sans sucre. Merci, Colette.

Sous pilote automatique, j'entre dans la cuisine, verse de l'eau dans une casserole, allume un brûleur de la gazinière et prends la boîte de thé. Assise, j'ouvre la boîte et verse un peu de feuilles dans la passoire posée sur la tasse. J'attends que l'eau frémisse. Le nez pointé vers des nuages très pressés qui défilent à toute allure sur l'écran de la fenêtre, j'essaie de rassembler mes idées. C'est vite réglé car je n'en ai plus, mais alors là, plus du tout. Je sais qu'il vient de se passer quelque chose de pas ordinaire, mais je ne me rappelle rien.

De retour dans la cabine de soins, je retire compresses et cataplasme, lotionne longuement la peau, l'enduis d'une fine pellicule de crème puis relève le dossier afin qu'Irène puisse boire son thé commodément. Ne contrôlant pas du tout la situation, je n'en mène pas large et elle s'en rend compte :

— Pas facile de vivre avec des dons aussi particuliers, hein, Colette ? Ne vous tracassez pas trop, le soin était extra et ce petit supplément bien intéressant !

— Merci de me dire tout ça. Vous savez, je ne réalise pas vraiment ce qui s'est passé.

— Nous en reparlerons un autre jour. Pour l'instant, faites-moi donc la liste des produits dont j'ai besoin, vous voulez bien ?

Sûr que je veux ! Trop heureuse de revenir à des occupations normales.

« Et moi donc ! »

Il faudra qu'Irène m'en reparle ultérieurement pour que cet épisode soit mémorisé et que je puisse le narrer ici. Tout se passe comme si cette transe particulière dans laquelle j'entre pour percevoir l'imperceptible concernait une autre, parallèle à moi-même, qui n'aurait pas accès à ma mémoire habituelle.

De ce jour, je m'impose de présenter aux clientes mes excuses préalables au cas où je m'immiscerais sans le vouloir dans leur histoire. Certaines m'encouragent à parler plus avant quand les visions que je leur restitue correspondent à ce qui les tracasse, et tentent de me convaincre de mon efficacité dans ce nouveau domaine. Ces inconditionnelles de l'institut apprécient mon travail depuis plusieurs années ; exigeant de moi une qualité constante, elles l'apprécient trop pour tolérer des prestations médiocres et je les en remercie vivement. Pour celles-ci, les « flashs » sauvages sont bien un « plus », comme l'a dit Irène. Ce petit supplément, évidemment offert, les intéresse même au point de consentir à être mes cobayes pour cette nouvelle activité. Conscientes des problèmes que ma médiumnité risque de me poser, ces indulgentes complices de ma mutation promettent le secret. Et, à leur façon, elles ont bien tenu parole en ne le répétant qu'à très peu de personnes à la fois…

Hélas, il arrive que je dérape en présence de celles qui, venant légitimement pour se faire embellir et rien d'autre, ne s'y attendent pas, s'en inquiètent et commencent à bavarder, à se faire peur entre elles, et désertent mon livre de rendez-vous pour s'adresser à des esthéticiennes « normales ».

Mon ami Christian avait décidément raison. Toujours incapable de maîtriser ces instants de clairvoyance qui me figent autant qu'elles, je suis désemparée. Les conséquences sont désastreuses pour mon chiffre d'affaire[1] dont la chute inexorable m'incite à penser que le destin me tire déjà par la manche, à moins qu'il ne s'agisse d'une pitrerie de mon guide spirituel pour me faire admettre quelque grossière évidence. L'intégrité quasi pathologique de tous mes ascendants et le portrait de Jean Jaurès exposé dans le bureau de Pépé Chantrel ont dû influencer mon inconscient, conditionner mes réflexes candides, symptômes d'une philanthropie tout à fait démodée encore appelée « scrupulite chronique ».

« Elle a bon dos, la scrupulite ! Tu oublies nos négligences, nos coups de fatigue, et par là-dessus, les bécasses aux pieds sales chaussées Chanel, celles qu'avaient des auréoles puantes sous les manches en soie YSL, qu'étaient jamais contentes, qu'arrivaient en retard sans s'excuser, qu'avaient pas leur chéquier, bref, toutes celles qu'on a f...ues à la porte. Là-dessus, on se tenait tous les coudes ! »

Coco a raison de me le rappeler ; j'avoue ne rien regretter non plus, même si nos revenus... repartent.

1. Chiffre trop dérisoire pour y mettre un S.

Soulagée d'avoir dépassé le Noël 1988 sans sapin ni guirlande, je m'adonne, poussée par Coco, au rangement des papiers administratifs quand la sonnerie du téléphone me fait lâcher le dossier des cotisations sociales. Sans me laisser lui dire bonjour, Anne me demande :

— Si je vous dis Gilles et Anne-Sophie, que voyez-vous ?

— Ben… Rien. Qui sont ces personnes ?

— Un jeune couple disparu[1] depuis la fin octobre. Un commandant de police m'a demandé de l'aider.

— Vous travaillez toujours avec la police ?!

— Oui, de temps en temps. Mais sur cette histoire, je n'arrive à rien. Je tourne en rond dessus depuis plusieurs jours sans comprendre.

— Ça doit être frustrant en effet, mais je ne vois pas comment je peux vous aider ; je n'ai jamais fait ça. D'ailleurs, je n'ai pas la moindre idée de ce qu'il faut « faire », justement.

---

1. Les « disparus de Fontainebleau » : Gilles Naudet, Anne-Sophie Vandamme et leur chien Dundee, disparus le 31 octobre 1988 pendant une promenade en forêt de Fontainebleau. Le 10 janvier 1989, un garde forestier découvre leurs trois corps sur le plateau de la mare aux Joncs.

— Si, vous pouvez le faire ; arrêtez de penser le contraire, ça nous fait perdre du temps. Allez, on reprend. Écrivez les deux prénoms sur une feuille, maintenez le pendule au-dessus et ne pensez plus à rien d'autre. Je vous rappelle tout de suite.

Je me retrouve seule dans le silence, ma bague cadran solaire suspendue au bout d'une fine chaînette au-dessus des deux prénoms. Difficile de « ne penser à rien d'autre », ne serait-ce que parce que je pense, précisément, à ne penser à rien d'autre. Anne me prête un pouvoir qu'à l'évidence je ne détiens pas ; elle va être très déçue et ça m'ennuie beaucoup. Découragée de ne rien voir, de ne rien percevoir, et fatiguée de garder les yeux fixés sur le papier, je laisse mon regard flotter dans la pièce...

— Allô, Colette ? J'avais oublié de vous dire de fixer une surface brillante ; ça va vous aider. Je vois un immense miroir dans la pièce où vous êtes...

Sur l'instant, je ne comprends pas ce qu'elle veut dire car, à portée de vue, il n'y a aucun miroir. Je me lève et passe dans le salon où il y a deux miroirs, un tout petit et un moyen. Je regarde dedans et... n'y vois que moi.

« Tu me rappelles Rictus, lui aussi regardait notre doigt quand on lui montrait la lune... Tu vois pas le grand miroir ? On en a pourtant bavé à le poser !

— Oh ! Coco, tu as raison, quelle gourde je suis ! De le voir chaque jour, je n'y pensais plus... »

Autrefois tapissé d'un papier vert olive par Papa, à la demande de sa mère, ce salon déjà petit semblait minuscule et sombre. Quand j'ai emménagé à mon tour dans cette maison, ma vie était déjà si terne que ce vert mat m'étouffait.

« On avait l'impression d'entrer dans un catafalque... »

Aussi, après avoir enduit de blanc les autres murs, avais-je recouvert celui en face de la porte-fenêtre de Vénilia doré dans le but de « doubler » visuellement le volume comme avec un grand miroir. Là, debout en train de fixer le papier doré, puis les miroirs en quête de je ne sais pas quoi, je commence à me faire mal aux yeux. Un besoin irrépressible de sommeil me pousse à m'allonger sur le canapé, sous les miroirs qui, depuis très longtemps, ne savent réfléchir que ce qui leur fait face. Paupières closes, je glisse délicieusement dans un profond sommeil. Les pauvres disparus ont-ils profité de mon lâcher-prise pour me transmettre leur position ? Non. Ai-je rêvé d'eux ? Non plus.

Au réveil, il fait grand jour, ce qui, en décembre, signifie qu'il est déjà tard. Je me lève d'un coup, agacée de cette nuit trop longue. Sur mon agenda est noté un rendez-vous à 11 heures ; tout est urgent : boire un café, faire ma toilette, m'habiller et préparer la cabine de soins visage pour la cliente qui sera là dans une petite heure.

Vers 13 heures, ma cliente s'apprête à régler le soin avant de quitter l'institut quand son sac, mal posé sur le comptoir, bascule sur la moquette, laissant s'échapper une partie de son contenu. En me baissant pour ramasser le magazine resté par terre, je suis interpellée par la couverture. La photo y est mal cadrée et les personnages représentés sont ordinaires ; pourquoi suis-je fascinée par cette image ?

Après le départ de la cliente, je me rends à la maison de la presse et trouve rapidement ledit magazine que je rapporte chez moi dans un état de fébrilité incompréhensible, jusqu'à ce que j'en lise la légende : « Les disparus de F. ». Cela me rappelle l'étrange demande faite la veille par Anne. Je l'appelle. Comprenant, à mon discours très décousu, qu'à partir de cette photo, il est possible que je capte quelque chose, elle me donne un rendez-vous téléphonique en fin de journée.

— Colette, cette fois, nous allons rester en ligne et je noterai tout ce que vous direz. Êtes-vous prête ?

Je le crois : tasse à café pleine, cigarettes, cendrier, briquet, pendule, photo du magazine… Manquent l'expérience et l'assurance qu'elle me donnerait. Pourtant, après un silence qui me semble long, je commence à « voir »… En réalité, il s'agit d'abord de sensations physiques : je sens le froid, l'eau, beaucoup d'eau, je sens sous mes doigts de grandes surfaces minérales douces et un peu friables que j'imagine blanches et que j'identifie comme étant du calcaire. J'entends un chien hurler à la mort avant de me sentir étendue sur la surface calcaire, le dos relevé contre une surface de même nature, mais verticale. Et j'entends ma voix prononcer plein de phrases, pas toutes compréhensibles pour moi, comme si j'entendais un enregistrement. J'ignore combien dure ce monologue, mais, à l'instant où j'entends Anne me remercier et me souhaiter bonne nuit, je suis si épuisée que, incapable de monter jusqu'à ma chambre, je m'enveloppe dans le plaid et m'étends sur le canapé.

Quelques jours passent sans qu'elle me sollicite et j'avoue en être soulagée, car cette séance au téléphone m'a épuisée et déprimée.

Entre-temps, mises au fait par Maman de ce que je vis et de l'anorexie qui en résulte, deux merveilleuses amies fomentent affectueusement de me sortir la tête de l'eau et de me faire manger quelque chose. Soazig est revenue tout exprès de Paris pour me faire déguster une demi-douzaine d'huîtres sur la pleine bourriche que Fanfan a sortie de son parc à Cancale. C'est même en mon honneur que, pour la première fois depuis son mariage, Fanfan laisse ses enfants à la garde de Roland ! Le muscadet, les huîtres et les rires que nous avons partagés ce soir-là demeurent en ma mémoire l'amorce de ma résurrection.

« L'amorce d'une sacrée cuite, oui ! Trois verres de blanc sec sur six huîtres, que moi j'ai même pas eu droit à une tranche de pain beurré au demi-sel parce que la veuve Colette avait l'estomac tout rétréci à force de rien bouffer. En fallait pas plus pour que tu déballes tout ton tintouin paranormal. Faut-y qu'elles nous aiment pour t'avoir écoutée sans s'endormir…

— Coco, n'exagère pas, j'ai à peine évoqué le…

— *N'en rajoute pas, je pouffe, j'm'étouffe ! Serait temps qu'ça s'arrête, tout ce bazar, j'en ai ras la natte !* »

En quittant Fanfan et Soazig, ni Coco ni moi n'imaginons que ce « bazar » va devenir… notre avenir, notre futur immédiat, dès le lendemain.

— Allô, Colette ? Venez chez moi le plus vite possible, je veux vous montrer quelque chose…

Par expérience, je sais qu'Anne n'en dira pas plus avant que je sois chez elle.

Lorsque j'entre dans son salon, mon regard est attiré par un magazine ouvert sur la table basse, et j'y vois – avec mes yeux organiques – ce que je voyais avec mon troisième œil au cours de la séance passée : les grosses roches calcaires formant une sorte de canapé, et la végétation particulière qui les jouxtait. Au bord du malaise, je tombe assise dans un fauteuil et je sens des larmes dégringoler en cascades sur mes joues.

— Ça fait un drôle d'effet de voir sur un magazine ce qu'on a vu dans sa tête, hein, Colette ?

J'opine en hochant la tête, puis me penche au-dessus du magazine. C'est stupéfiant de précision. Là, je ne peux plus douter de mes capacités. Anne a dû entendre ma pensée :

— En plus, vous ne pouvez pas feinter en parlant d'une transmission de pensée avec moi puisque je n'ai jamais eu la vision de ce lieu, vous le savez ; je restais fixée sur le lieu marécageux où ils ont dû être tués avant d'être transportés sur la banquette en calcaire.

Elle a raison. C'est à partir de là que j'ai accepté de l'aider sur les enquêtes que lui soumettait la police. Ma seule condition était de rester anonyme : j'avais déjà du mal à garder mes clientes que ma médiumnité intéressait un peu et inquiétait beaucoup.

Si chaque journée me semble une éternité, les semaines et les mois passent sans s'attarder. Chaque soir, pendant quelques minutes, Anne et moi bavardons au téléphone. Elle me transmet parfois des messages qu'elle pense dictés par Éric, plus souvent des souhaits ordinaires que des mots d'amour, d'ailleurs. Je dois, par exemple, déposer un vieux panier de pêche dans le jardin, près du bassin à poissons et, quelques jours après, rapporter de chez mes parents ma petite chaise d'enfant pour la ranger dans un coin secret de la maison. J'obéis sans discuter. Une fois, pourtant, je rechigne :

— Éric me montre des petites poules ; il veut peut-être que vous en mettiez dans le jardin, pour une fête.

— Des poules ? Non, il ne peut pas me demander ça ; il devrait se rappeler que j'ai horreur des volailles. Êtes-vous sûre que ce sont bien des poules ? Et de quelle fête parle-t-il ?

— La fête, je n'en sais rien. Mais ce sont vraiment des poules, sauf que celles qu'il me montre sont petites avec des plumes rousses.

— Des poules de Barbarie, peut-être ?

— Quelque chose comme ça…

— Même de Barbarie, je ne vais sûrement pas acheter de volaille. Tant pis, il s'en passera.

La liste hétéroclite des demandes, que je commence à croire être des « caprices », me fait douter de leur provenance. Je suppose que, dans sa volonté de m'aider, ma chère Anne perçoit aussi des demandes venant d'autres défunts que les miens. Elle et moi avions complètement oublié cette histoire de bêtes à plumes lorsque, quelques jours plus tard...

Lundi 6 mars 1989. En promenade à Rennes avec Lucette près de la place de la Mairie, j'entends la musique d'une chanson de Renaud qu'Éric chantait souvent. Guidée par mes tympans, j'entraîne Maman à marcher un peu plus vite. Et là, au croisement de la rue Ferdinand-Buisson avec la rue d'Orléans, assis sur le trottoir, un clochard fait la manche en jouant de l'orgue de Barbarie. Dans une cage posée près de lui : un petit coq de Barbarie, lui aussi ! À Lucette qui ne comprend pas ma stupeur ravie, je répète les mots d'Anne.

— J'imagine que ce n'est toujours pas le moment de dire « coïncidence »...

— Non, Maman, ce n'est pas le moment.

— Mais c'est le jour de chercher un cadeau pour ta fête... Remets-toi, c'est aujourd'hui le jour de la Sainte-Colette...

Et, prenant mon bras, elle me conduit dans le dédale des petites rues qu'elle arpentait, jeune fille, au bras de sa mère, jusqu'à une vitrine que je ne connais pas, mais dont le H majuscule m'arrête d'un coup :

— Maman, tu ne vas pas entrer là pour moi, quand même !

— Je m'arrête où je veux, ma fille, et pas ailleurs. Allez, viens !

Et me voilà dans la luxueuse boutique, figée, éberluée devant le défilé de somptueux carrés ouverts en éventail, puis refermés l'un après l'autre comme par magie par la vendeuse adorable et discrète qui semble enregistrer mes plus imperceptibles signaux involontaires. Elle devine mon refus de voir ma mère dépenser une telle somme pour moi. Elle devine aussi mon peu de goût pour le vert, le jaune, l'orange et le grenat. Bientôt, elle nous présente des soies à dominante de bleus, du turquoise au violet, passant par le marine et l'indigo, et les referme à peine avant de déplier les carrés où le rose tyrien et l'amarante ont l'audace de flirter avec l'indigo et l'abricot. Elle m'a cernée, la finaude. Et Lucette en profite :

— Là, tu ne peux plus rechigner ; rappelle-toi que je te connais comme si je t'avais faite… Ose me dire que pas un de ces foulards ne te plaît !

— Ceux-là sont splendides, Maman, mais…

— Mais quoi ?

Béotienne en matière de… belles matières, je me crois très maligne en m'orientant vers une version que j'imagine moins onéreuse :

— J'ai peur de n'avoir pas assez chaud avec du twill de soie, et d'abîmer les pans qui sont très longs. Peut-être un petit foulard plus simple, une petite laine par exemple ?

Lucette soupire. La vendeuse jubile, s'agenouille sous le comptoir et en ressort un foulard, un seul, qu'elle déplie à peine, mais ce que j'en vois me suffit pour vaciller tant il me plaît. Sans le déplier complètement, elle le présente sous mon visage en me tournant face au miroir. Je m'y vois presque belle, en tout cas autant que je peux l'être à cette époque. Devinant mon coup de foudre immédiat, Lucette reprend les rênes de la situation ; sac sur le comptoir, carnet de chèques maintenu ouvert sous sa main gauche, stylo toute pointe dehors, coup d'œil sur le ticket, elle libelle, signe, tend le chèque, replie le carnet dans son sac et me fait signe de la suivre comme s'il y avait urgence. Elle me connaît comme si elle m'avait faite et je la connais, moi, comme si elle était ma mère :

— Je n'ai pas pu voir les chiffres, mais j'ai vu combien tu en as écrits… Pas question !

— Colette, je sais ce que je fais ; n'embêtons pas la dame plus longtemps. Viens, j'ai une amie à voir…

Quelle amie ? Monique, la seule qui vive à Rennes… n'y est pas en ce moment. La gorge nouée comme une cravate et le mascara devenu lacrymal, je cherche un mot plus grand que « Merci ». Au temps de mon enfance, elle posait un petit rectangle d'albuplast sur mon genou écorché ; au présent de mon errance, elle pose aujourd'hui un grand carré de cachemire autour de mon chagrin. Je sais que, pour ce faire, elle a, depuis des semaines, épuisé toutes les recettes à base de pâtes et pommes de terre. Muette éperdument, je l'embrasse de tous mes bras. La vendeuse ouvre pour nous la porte de la boutique ; je laisse passer Lucette devant et, retrouvant ma voix, me tourne vers la vendeuse :

— Merci, madame, merci vraiment pour votre patience, et bravo pour votre intuition !

Elle sourit en grand :

— Ç'a été un vrai plaisir ; votre enthousiasme fait du bien et votre maman est une femme formidable !

Le même soir, rentrée à Saint-Malo, j'appelle Anne pour lui narrer l'aventure du coq de Barbarie avec l'orgue du même nom et elle pouffe de rire :

— Ce n'est pas toujours très clair, les messages des morts. En fait, Éric annonçait qu'il vous donnerait un signe. Heureusement que vous ne m'avez pas écoutée, vous seriez bien embêtée avec votre poulailler.

Un autre soir, Anne me transmet un avertissement que nous ne comprenons ni l'une ni l'autre :

— Colette, Éric dit que dans votre salon, il y a écrit « seul contre tous » et que vous devez toucher les lettres de cette formule pour vous protéger d'un danger grave.

— Quel danger ?

— Un personnage qui donne la mort. Vous voyez ce qu'il veut dire ?

— Bah ! Si c'est de ma mort qu'il s'agit, ça m'est égal. Et puis non, je ne vois pas du tout de quoi il parle. Sur les murs, il n'y a rien d'écrit, même pas sur le dos des livres qui sont rangés là. Ou il se trompe, ou vous avez mal compris.

— Il faut chercher encore… Je vais essayer de mieux voir… C'est écrit en lettres anciennes, c'est très…

— Très quoi ?

— Ça me gêne de vous dire ça, mais les lettres qu'il me montre sont… très sales.

— Ma parole, il cherche à me mettre en colère ; le ménage vient d'être fait à fond.

— Si, si, je vous assure ; c'est sale, tout noir, très sombre.

— Ah ! Je crois savoir… Donnez-moi deux minutes.

Munie d'une lampe torche, je me courbe en deux à l'entrée de la cheminée et là, sur la plaque en fonte, en belles lettres anciennes sur l'écusson : « seul contre tous ». Je touche une à une les lettres et reprends le combiné du téléphone.

— Voilà, c'est fait. Effectivement, c'est noir de suie. Ne savez-vous rien de plus sur le danger en question ?

— Non, juste que maintenant, vous êtes protégée. Bonne nuit.

Le lendemain matin, je reçois un appel téléphonique glaçant. L'individu qui a tué Éric veut me rencontrer. Je l'en dissuade aussi calmement que possible. Mais, encouragé par une lettre que j'avais rédigée en sa faveur quand je croyais à la thèse de l'accident, il insiste, ajoutant que ma voix est agréable ! Cynisme ou crétinisme ? La justice a cru bon de l'excuser pour cet « accident regrettable », sans doute pour dédouaner le foyer où s'est déroulée la scène. En effet, le directeur du dit foyer ne prenait pas la peine de contrôler sérieusement les pensionnaires qui avaient déjà été surpris avec des armes ; c'était le cas de celui-là. Il a tenté de me rappeler, depuis des cabines téléphoniques, mais, par principe, je ne réponds plus directement, mon répondeur s'en charge.

Quelques jours après, je me sens nauséeuse et glacée sans raison.

« C'est pas la grippe ni une grossesse, en tout cas. Pas non plus une indigestion, avec le peu que tu nous donnes à manger depuis ta demi-douzaine de creuses avec Fanfan et Soazig… »

Intriguée par ce brusque malaise, je vais dans la cuisine pour me faire un thé, mais un bruit fort me pétrifie. L'impression que quelqu'un a fracassé une fenêtre pour entrer dans la maison. Je me reprends et, par réflexe, retourne dans le séjour pour vérifier l'état des vitres. Elles sont intactes. En revanche, le cadre contenant la photo d'Éric est tombé… à plus d'un mètre de là où il est toujours posé ! Sûrement sa façon de m'avertir d'un danger. En regardant cette fois dans la rue, je vois, debout sur le trottoir d'en face, un individu encore jeune, au faciès ordinaire, à l'attitude veule. Il regarde ma maison avec une insistance malsaine. Je sais d'instinct que c'est le meurtrier. Invisible pour lui derrière le voilage, je continue à le regarder en me sentant maintenant hors de danger puisque Éric vient de prouver qu'il veille toujours sur moi, et qu'Anne m'a assuré que je suis « protégée ». Il reste ainsi immobile, les yeux rivés sur la façade, pendant plus de dix minutes avant de repartir.

« *Pourquoi tu écris tout ça ? Qui ça intéresse, la visite d'un dégénéré dans la rue ?*

— Parce que cette anecdote s'inscrit dans les coups de pied occultes que nous encaissons depuis longtemps.

— *Ah ? Je ne vois pas en quoi…*

— Sois plus attentive, Coco ; tu te rappelles le soir où nous avons fouillé dans la cheminée ? La plaque en fonte où était écrit…

— *Ah ! Oui, seul contre tous… Je me rappelle ce qu'Anne disait, ça m'revient, pardon.*

— Tu es toujours pardonnée, Coco, et pour toujours.

— *J'me doute… Tiens, j'en profite tout de suite pour te dire qu'y serait temps d'arrêter tous ces machins qui m'f…ent la trouille. On pourrait pas revivre comme avant ? Normales, quoi ?*

— Comme avant quoi, Coco ?

— *Ben, comme avant la… le… enfin, tu sais…*

— Avant qu'il ne soit tué ? Avant qu'Éric ne nous aime ? Réponds !

— … »

Coco est ce qu'elle est, mais elle comprend vite. Il y a eu un avant. Nous sommes dans l'après, sans retour possible. Elle le sait comme moi, elle a peur comme moi. Comment se préparer à ce que l'on ignore ? Comment se préparer à ce qui est répertorié dans la liste des impossibles ?

Patricia, fidèle de l'institut, m'appelle pour me demander de dispenser un soin énergétique à son amie Marie.

— Désolée, Patricia, un peu patraque depuis hier soir, j'ai décidé de ne pas travailler aujourd'hui. Votre amie peut-elle venir un autre jour ?

— Non, elle doit repartir demain matin. Elle va très mal, elle a vraiment besoin de vous. Je lui ai tellement parlé de vous, elle…

— Bon, d'accord. Qu'elle vienne tout de suite, je lui ferai un soin et puis j'irai dormir.

Un peu plus tard, j'ouvre la porte aux deux jeunes femmes. Au moment où Marie me tend la main, incapable de toucher cette paume offerte comme un sac de chagrin, j'occupe la mienne à refermer la porte. Je regarde avec attention cette jeune femme jamais vue auparavant. Il y a autour d'elle un halo gris de tristesse qui me met mal à l'aise. Alors que Patricia s'apprête à repartir, au lieu de faire entrer son amie en cabine de soin, je leur propose en hâte une tasse de thé au salon, pensant avoir ainsi le temps de me reprendre. Cependant, le malaise persiste et s'amplifie au point que je me sens parfaitement incapable d'approcher cette personne et encore moins de la toucher. Elle ne me révulse pas, au contraire, j'ai l'étrange certitude que je peux l'aider à condition de ne pas m'approcher d'elle. Patricia s'aperçoit sans doute de mon trouble car, supposant préférable de nous laisser seules, elle se dirige vers la porte :

— J'ai des courses à faire avant de revenir chercher mon amie.

Et elle ressort de la maison.

— Marie, j'ignore ce que Patricia a pu vous promettre, mais je suis incapable de faire le moindre soin sur vous. Il y a autour de vous une sorte de rempart ; quelqu'un ou quelque chose m'empêche de vous approcher. Je ne comprends pas. Excusez-moi.

— Ne vous excusez pas ; je n'ai pas non plus envie d'être touchée. Me permettez-vous quand même d'attendre ici que Patricia revienne me chercher ?

— Bien sûr. Reprenez une tasse de thé ; nous ne sommes pas pressées. C'est bizarre, je vois un jeune homme près de vous. Il... il est mort, je crois... Je vois une voiture, il y a un bruit de tôle fracassée... J'entends parler allemand autour de lui, pourtant il a un prénom français avec le son « A », Thomas, je crois...

Sans vraiment réaliser ce que je suis en train de faire, je parle, je parle, j'évoque ce jeune homme, je raconte un accident et décris une tombe dont il serait souhaitable de changer les fleurs que je vois jaunes et fanées. Marie est bouleversée. Elle tente de m'interrompre, j'en ai très vaguement conscience, mais je lui fais signe de ne rien dire car le jeune homme parle à l'intérieur de moi, très vite, ou plus exactement, comme trois bandes-sons superposées et un peu décalées. Je crois qu'il parle en allemand – langue que je ne connais pas –, je comprends pourtant que je dois transmettre le plus possible de mots sans chercher à en comprendre le sens.

Une heure a dû s'écouler quand enfin « on » m'autorise à cesser ce monologue de traduction. Je constate que, d'abord murée dans son chagrin en arrivant, cette femme peu à peu s'est enfoncée plus profondément dans le fauteuil, a accepté de boire une seconde tasse de thé et même repris un peu de couleur. Elle commence à parler. Elle confirme notamment l'accident de voiture récemment survenu en Autriche dans lequel son mari, Thomas, a été tué, et m'assure de la pertinence et de la précision d'une partie des messages que je viens de lui transmettre, notamment ceux concernant des papiers importants qu'elle doit retrouver. D'autres, en revanche, sont incompréhensibles dans l'instant, mais Marie reconnaît se sentir déjà soulagée d'une partie de sa peine.

Patricia vient d'arriver :

— Ah ! J'ai bien fait d'insister ; j'étais sûre que votre soin lui ferait du bien.

Trop déboussolée moi-même pour lui raconter le « drôle de soin » prodigué à son amie, je lui suggère d'interroger Marie ultérieurement.

Quelques jours plus tard, Marie prendra la peine de m'appeler pour s'étonner de la justesse de certaines descriptions, particulièrement celle de la pierre tombale de Thomas, son mari, qui avait été posée avant qu'elle retourne en Autriche, ainsi que les « fleurs jaunes et fanées » qu'elle a dû jeter et remplacer.

Grâce à la sensation d'avoir fait pour elle ce que Anne a fait pour moi, j'ai la certitude de mon utilité réelle en tant que médium. Venue uniquement pour recevoir un soin, celle qui, sans le vouloir, a bénéficié de ma toute première consultation médiumnique, me téléphonera souvent pour me remercier et me faire part du déroulement des événements que, au cours des années, il m'arrive encore de lui annoncer. Chère Marie, acceptez mes remerciements pour la confiance que vous m'avez donnée en moi-même !

Il semble que je persiste à rechercher – ou à rejoindre – Éric. Je n'en ai absolument pas conscience et ne m'en serais sûrement pas aperçue s'il n'y avait les traces de mes errances de somnambule. Certains jours, je retrouve du sable dans le couloir, alors que je ne vais plus jamais sur la plage : il y en a aussi à l'entrée du garage et sur les roues de la voiture. Un autre fait me trouble : je m'éveille parfois tout habillée sur le canapé du salon, certaine d'avoir, la veille, enfilé un vêtement de nuit et fait l'effort de me coucher dans la chambre. Alors, un jour où les preuves évidentes d'une fugue nocturne s'étalent sous mes semelles autant que dans les dessins des pneus de la voiture, je rassemble ce qui me reste de courage et prends la route de la côte jusqu'à certain petit chemin... Il n'a pas plu cette nuit-là ; les empreintes des pneus de l'Autobianchi sont encore visibles sur le sentier qui serpente vers la plage d'où est parti le bateau qui emportait ses cendres. Longtemps après mes courses éperdues à la recherche de mon chien disparu, je n'ai pas progressé.

Trop de questions m'assaillent qui restent sans réponse. Pas facile de savoir si je suis folle ou pas, mais facile de comprendre que je deviens dangereuse ; je m'inquiète du risque que je fais courir à d'autres lorsque, dans le sommeil, je conduis la voiture. Qui interroger ? J'ai si peur de faire peur que je choisis lâchement de garder mon secret encore quelque temps.

Cependant, à l'autre bout de la Bretagne, ma grande amie Lucie – ma grande sœur de cœur – me tend comme une perche le fil de son téléphone auquel je me suspends, en toute confiance et confidence... Maligne, elle sollicite mes talents de maçon, de peintre en bâtiment et de décoratrice en me flattant assez pour que je me décide à remplir ma voiture de truelles, taloches, pinceaux et à partir la retrouver à Beg-Meil. Preuve que je ne suis pas devenue une femme sage et lumineuse : je ne résiste toujours pas à de gros compliments, même si je les suppose très exagérés. De retour chez moi quelques jours plus tard, je découvre dans ma boîte à lettres une pile d'enveloppes « à fenêtre ». Pressée par ces divers rappels et factures de trouver une issue à mon indigence, et découragée par les pages presque vierges de mon agenda, je téléphone à Anne :

— Allô, bonjour, Anne, c'est Colette.

— Bonjour, comment allez-vous ?

— Pas très bien, j'ai besoin de vos lumières. Depuis plusieurs semaines, les clientes me boudent. Je comprends que mes dons puissent les effaroucher, mais ça n'explique pas tout. Que faut-il que je fasse ?

— J'ai une idée, mais promettez-moi de ne pas vous moquer...

— Me moquer ? Vous savez bien que j'ai confiance en vous, alors...

— Mumm... on va vérifier ça tout de suite : j'ai la sensation qu'un méchant sort a été jeté sur vous.

— Quoi ??

— J'en étais sûre, vous n'y croyez pas, hein ?

— *A priori*, non. Maintenant, si c'est vous qui le dites, je vous crois. Continuez, j'aimerais bien comprendre...

— Oh, c'est tout simple. Sans le savoir, vous faites de l'ombre à une personne envieuse qui a fait, ou fait faire sur vous de la magie noire, un cercle d'isolement, des travaux occultes, quoi.

— Envieuse ? Mais qu'est-ce qu'elle peut bien m'envier ?

— Oh ! Bien sûr pas des biens matériels, plutôt votre force de caractère, l'influence que vous avez sur beaucoup de gens, votre liberté, votre médiumnité, je ne sais pas, moi.

— Ma force ? J'aimerais bien être forte ! Mon influence ? Si j'en avais vraiment, les clientes se bousculeraient sur mon paillasson.

— Écoutez, peu importe ce qu'on vous jalouse ; il faut rapidement parer à cette sorcellerie.

— Je m'en doute, mais je ne sais pas ce qu'il faut faire.

— Moi si. Vous allez faire très exactement ce que je vous indiquerai, et d'ici un mois, tout sera réglé. Pouvez-vous venir chez moi aujourd'hui ?

— Bien sûr. Je vous l'ai dit, les clientes ne m'encombrent guère en ce moment.

— Pensez à m'apporter quelques photos de vous. Quinze heures, ça vous va ?

— Très bien, à tout à l'heure.

J'évite de me poser trop de questions tandis que je roule vers chez Anne. La sorcellerie, je n'y connais rien ; je pensais même que ça n'existait pas. Mais tant de choses impossibles sont survenues qu'à force, je deviens humble.

Assise dans son salon, je lui tends mes photos. Tandis qu'elle les regarde, les touche, les retourne, je joue avec son chien Capi. Un moment, il s'éloigne en grognant de plaisir pour se poser devant un fauteuil vide. Là, bien calé sur son arrière-train, il lève une de ses pattes avant et la maintient en l'air en regardant le dossier du fauteuil avec une étrange obstination. Serait-il malade ? Je m'apprête à le demander à Anne quand soudain il se met à lécher… le vide, toujours avec sa patte relevée !

— Anne, votre chien, il est tout bizarre.

— Non, il est seulement en train de saluer Maman. Vous ne la voyez probablement pas, mais elle est arrivée peu de temps après vous.

Je me sens… en fait, je ne me sens pas. Ma tête est vide. Pas la moindre pensée n'y traîne. Dans mon effort de « voir », moi aussi, la mère d'Anne, mes yeux ont dû presque s'exorbiter car elle éclate de rire.

— Ne faites pas cette tête-là. Vous aussi vous voyez l'invisible.

— Ça m'est déjà arrivé, oui, mais je pouvais penser que c'était mon cerveau qui avait créé l'illusion, tandis que Capi, lui, n'a sûrement pas « souhaité » voir votre mère. S'il agit de cette façon, c'est qu'elle est vraiment là. Pour moi, c'est comme une preuve.

— Oui, je comprends. Bon, maintenant, j'aimerais que vous m'écoutiez attentivement. J'ai écrit une phrase de protection, dictée par Maman et Éric, à l'arrière de votre photo. Je glisse cette photo dans une enveloppe que je scelle. Vous ne devez pas lire ce qui y est écrit avant… (Elle semble écouter quelque chose.) avant la première semaine de mars, donc l'année prochaine. En attendant, placez cette enveloppe à une fenêtre où vous l'oublierez.

— Où je l'oublierai ? Mais ça se voit, une enveloppe collée sur un carreau, pas facile d'oublier ce qu'on voit...

— Éric me montre, chez vous, une fenêtre de couloir que vous n'ouvrez jamais. Posez un rideau devant.

— Ah oui ! vous avez raison ; cette fenêtre est située à l'est, au bout du couloir de l'étage, et je ne m'y arrête jamais. Que dois-je faire d'autre ? »

Après m'avoir assuré qu'Éric n'a pas besoin d'être venu en ce lieu de son vivant pour le connaître, elle m'explique longuement les nombreuses petites choses que je dois faire moi-même pour chasser les mauvaises ondes qui polluent mon existence. Pardon de n'en pas donner le détail, mais ça serait fastidieux et, de plus, je respecte Anne, sa chère tranquillité et son anonymat.

Très intriguée par « tout ça » et déjà un peu rassérénée par sa propre assurance, je retourne chez moi pour « conjurer » sans plus attendre la vilaine sorcellerie dont je semble être victime.

La lumière décline tandis que j'exécute les nombreux petits gestes recommandés par Anne. Les carreaux des fenêtres ont doucement bleui jusqu'à ce presque noir des velours précieux. Enfin, je colle la mystérieuse enveloppe sur la fenêtre indiquée. L'envie me démange de lire ce qui s'y trouve inscrit, mais l'occulte m'impressionne ; je ne triche pas.

Un peu avant minuit, le téléphone sonne.

— Bonsoir, Colette, c'est Anne. Désolée de vous déranger si tard, mais je vois plein d'images bizarres autour de vous et ça m'intrigue. Vous voulez bien que je vous en parle ?

— Bien sûr.

— Voilà. Je vois votre visage, mais vos yeux sont fermés. Vos cheveux flottent autour de vous, deux ou trois fois plus longs qu'en réalité, et puis il y a de grands oiseaux noirs qui volent près de vous et s'accrochent à vos cheveux. Les oiseaux sont silencieux, mais une voix me dit : « Colette, oiseau de nuit. » Ça évoque quoi, pour vous ?

— Je trouve l'image très belle ; ça ferait un tableau superbe, mais ce n'est pas ce que vous me demandez, je suppose... Non, ça ne m'évoque rien de bien intéressant mis à part que mes vêtements sont noirs comme la nuit et que je vis surtout quand le soleil décline.

— Mmmoui... Pourtant, la vision persiste comme si on voulait me faire comprendre autre chose. Colette, vous allez essayer d'entrer dans cette vision ; je suis certaine que vous aurez des réponses.

— Entrer dans... ? Mais je ne saurai pas faire ça.

— Si, si, vous pouvez. Nous allons reposer nos récepteurs et puis vous allez faire le vide jusqu'à ce qu'il n'y ait plus que cette image dans votre tête, d'accord ?

— Empotée comme je suis, ça risque d'être long. N'attendez pas trop longtemps ; je ne vous rappellerai peut-être que demain matin.

Elle éclate de rire.

— Demain ? Mais ça ne demande que quelques minutes de méditation, rien de plus.

— Justement. Je n'ai jamais su méditer sans m'endormir immédiatement. Lorsque j'étais élève à l'école d'esthétique, il y avait un cours de yoga hebdomadaire. À la première séance, le professeur nous a demandé à toutes de nous étendre à plat dos sur le sol, de fermer les paupières et de suivre mentalement les contours de notre corps en gardant les yeux fermés...

— Oui, pour éliminer toutes les pensées ordinaires. Et alors ?

— Et alors... je me rappelle avoir visualisé mon pied gauche, puis ma cheville, puis plus rien...

— Vous avez eu un malaise ; ça peut arriver quand on a comme vous une forte sensibilité médiumnique.

— J'ai des doutes... On m'a un peu secouée ; j'ai ouvert les yeux en demandant ce qui s'était passé. Le professeur m'a répondu, l'air un peu méprisant : « Le cours est terminé, mademoiselle ; ça fait une heure que vous dormez. » Imaginez ma stupéfaction. Je me suis confondue en excuses, mais il a aussitôt ajouté : « Ne revenez pas la semaine prochaine ni jamais, parce que, en plus de dormir, vous ronflez bruyamment et ça perturbe le travail des autres ! »

— Non, c'est vrai ?

— Oui, imaginez ma honte. Tout ça pour vous dire que j'ai beaucoup de mal à bien méditer...

— Taratata. Vous avez beau me faire rire avec votre histoire, ça n'a pas effacé ma vision, alors faites-moi le plaisir de vous y mettre tout de suite. Ah ! un conseil : méditez assise, pas couchée.

Je l'entends rire juste avant de reposer son récepteur. Assise donc, je tente de ne plus penser à rien de concret. Seule une petite lampe est restée allumée derrière moi. Mes yeux, avides de lumière comme tous les yeux, fixent l'extrémité incandescente de ma cigarette jusqu'à s'exténuer, puis se reposent le long des volutes de fumée qui montent s'évanouir sur le blanc du plafond. J'ai vaguement conscience de cette blancheur de l'ombre quand soudain l'ombre vibre, s'embrase jusqu'à l'orange. Je ne suis plus ici, assise dans mon bureau, mais dans un autre lieu, avec d'autres odeurs qui me sont familières cependant. L'orange devient plus vif et des centaines de flèches se plantent dans la couleur, la crèvent avec une telle violence que sur l'orange éclatent plein de petites taches rouges… Ce rouge-là… c'est du sang ! Ces flèches sont des plumes ! L'orange est le tissu qui recouvrait les murs de l'ancien institut…

— Allô, Anne ? Je viens de retrouver des images abominables ! Il faut que je…

— Du calme, Colette, du calme. Vous semblez bouleversée…

— Il y a de quoi, je vous assure. Je crois que les oiseaux de votre vision sont en rapport avec deux histoires insensées survenues un peu après la mort d'Éric. J'avais alors été tellement choquée que je n'ai même jamais pensé à vous en parler ; j'avais dû les occulter…

Et je lui raconte les plumes dans l'institut, les taches de sang, les oiseaux morts sur mon palier, tout. Probablement émue, à la fin de mon récit, elle me parle doucement :

— Vous avez raison, ma vision correspond bien à ces tristes expériences. On a voulu alors vous dire des choses précises. Les plumes et le sang dans l'institut signifiaient sans doute qu'un morceau de votre vie professionnelle se terminait là, à cet endroit, comme pour annoncer le début d'une autre carrière…

— Une autre carrière ? Dois-je comprendre que l'institut est mort en même temps qu'Éric ?

— Oui et non, ce n'est pas son départ qui a pu faire fuir vos clientes, mais sa mort a révélé vos dons de voyance et déterminé le moment de votre vie où vous deviez accepter ce don, en faire un métier.

— Un message du destin, en quelque sorte ?

— Appelez ça comme vous voulez, mais, à mon avis, oui.

— Et les oiseaux morts ?

— Ce couple d'oiseaux morts représentait sans doute la fin de votre amour en tant qu'êtres vivants, peut-être le symbole de l'irrémédiable.

— Dans ce cas, il faudrait que j'oublie Éric ?

— Ne vous braquez pas. On tente de vous faire admettre que ce jeune homme est mort et que vous êtes vivante. Cette évidence-là vous semble cruelle, mais c'est une évidence. On veut probablement vous dire qu'il est dangereux de vivre avec un mort…

Elle a sûrement raison, mais la raison, précisément, ne m'enchante guère.

— Mais qui est ce « on » dont vous parlez chaque fois ?

— Ah, ça !… Parfois, c'est notre guide, notre double… D'autres fois, il s'agit de ceux qu'on a perdus, qui nous protègent et nous guident comme ils le peuvent…

— Ah ?

— Dans ma vision, Colette, les oiseaux accrochaient vos cheveux, vous vous en souvenez ?

— Oui, et alors ?

— Je vous connais assez pour savoir que vous vous cramponnez à vos cheveux comme à un souvenir ; c'est bien ça ?

— Oui, un peu. Éric m'avait fait promettre de ne pas les couper.

— Alors vous vous sentez liée à cette promesse. Je peux le comprendre, sauf que celui qui vous l'avait demandé était un vivant.

Je les vois venir, tous ces « on » spirituels ; cependant, je ne suis pas prête à couper mes cheveux. Instinctivement, j'ai attrapé ma natte et l'ai enroulée autour de mon poignet.

— Ce n'est pas un ordre, Colette, juste une indication. Quand vous éprouverez le besoin de les couper, ce sera peut-être le moment de vivre autre chose… un autre homme, qui sait ?

Je m'en étrangle :

— Ah ! ça, jamais !

— On en reparlera. Dans l'immédiat, je vais vous dire bonne nuit parce que je tombe de sommeil… À bientôt.

Lucette invente mille folies pour me faire sortir de ma tanière. Elle m'emmène fréquemment faire des pauses-crêperie, même en semaine, prétextant un immédiat besoin d'évasion. Elle doit bien sûr jongler avec son emploi du temps pour y parvenir, et je sens bien que ses fugues s'harmonisent aux bémols qu'elle discerne dans ma voix. Le 15 juillet 1989, il fait très chaud en Bretagne Nord, mais comme elle me sait glacée du dedans, elle m'invite à l'accompagner à Dinard où elle a repéré le cadeau d'anniversaire qu'elle me destine : un manteau de fourrure[1] noire ! Fourrure noire aussi pour le cadeau du mois suivant…

18 août 1989. Anniversaire de la mort d'Éric. En ce jour chagrin, je m'apprête à faire un point funèbre sur l'horreur, l'injustice et l'inutilité du sursis qui m'est imposé, à faire l'inventaire des espoirs envolés, des projets enterrés, à envisager une fin préférable à tout ce « faute de mieux » qui me terrorise… Lucette se souvenait-elle de cette date ? Rien n'est moins sûr. En revanche, son intuition lui souffle une idée insolite. Chez son boucher, une affichette signalait depuis plusieurs jours la possibilité d'adopter une chatte adulte, découverte entourée de ses chatons par la bouchère deux

1. Pour les défenseurs des animaux dont je fais partie, je précise qu'il s'agissait de fourrure synthétique.

mois plus tôt. Ces commerçants adorables avaient gardé la mère et la portée, le temps du sevrage, puis le temps de faire adopter tous les petits. Restait la mère. Noire. Ça porte malheur, n'est-ce pas ? D'ailleurs, personne n'en voulait. Sauf Lucette, pour moi. Elle organise secrètement une rencontre entre la chatte et moi en prétextant un apéritif chez les bouchers. J'accepte pour lui faire plaisir et la petite féline fait le reste : elle me voit, me fuit, revient, s'accroche à mon pull, noir, à ma natte, noire aussi, et semble vouloir rester ainsi. Maman, soulagée, sait qu'elle vient de trouver pour moi une bonne raison de me lever chaque matin.

Des chats, je ne sais rien, sinon qu'ils sont tous curieux comme… des chats. À cette boule de soie noire accrochée à mon pull, je fais donc visiter la maison pièce par pièce et tiroir par tiroir, du grenier à la cave. Très vite, elle descend de mon pull et renifle les coins, recoins et rabicoins de mon domaine en me suivant partout avec, semble-t-il, un vif intérêt. Puis nous descendons faire le tour du jardin. J'ai beau m'en défendre, je suis un peu émue de voir cette petite chose trottiner près de moi. Au moment de rentrer, bravant le ridicule, je m'accroupis devant elle, ce que voyant, elle s'assied, les pupilles arrondies dans un visible effort d'attention, et je lui parle :

— J'aimerais que tu te plaises chez moi, mais tu es libre de repartir si le cœur t'en dit, d'accord ? Je laisse les portes ouvertes, alors choisis, mais choisis vite avant que je ne m'attache à toi.

Puis, sans me retourner, sans refermer aucune porte – au cas où –, je remonte dans mon bureau tandis qu'elle reste dans le jardin.

Penchée sur mes papiers, je le reconnais ce vilain sentiment, ce symptôme des vivants : la peur pour l'autre. Je pensais ne plus jamais avoir peur. Le pire m'était arrivé un an auparavant, pire que tout ce que j'avais pu craindre au cours des trente-quatre années qu'avait duré mon « avant ». Je n'avais depuis plus jamais sursauté, plus été sur mes gardes, n'ayant depuis ta mort plus grand-chose à garder. Et voilà qu'une bestiole d'à peine trois kilos, sans bagage et sans nom, fait remonter la peur à la fleur de ma peau. Vrai, ça me semble fou. Une heure a passé sans qu'elle soit revenue. Je décide fermement d'en faire tout de suite mon deuil et d'aller me coucher – sans refermer toutefois les portes laissées ouvertes pour elle. Juste avant d'éteindre la lumière, je marmonne tout haut, un peu par dérision et pour railler ma déception :

— Je m'en fiche. D'ailleurs, je ne sais pas parler chat.

Et Coco se croit obligée de renchérir : *« Moi non plus. »*

Plus avant dans la nuit, j'entends et sens qu'on griffe le tissu de la couette pour l'escalader, puis quelque chose de chaud s'enroule au creux de mes genoux. La petite futée a déjà compris que, sur mon territoire, c'est elle qui sera reine. Alors, pour les coups de griffe dont elle me gratifie fort généreusement, pour les bonds insensés qu'elle fait sur mon bureau en y semant une pagaille indescriptible, pour ses mille caprices dont je suis l'esclave, pour la peur-mal-au-ventre quand elle rentre tard et pour quelques douceurs dont elle est avare : merci, Éric. Chaque soir depuis un an, le petit glas aigrelet de sa montre me rappelait sa mort, puis sa pile vient de mourir, précisément ce soir.

« Si tu racontes ça à Lucette, tu sais ce qu'elle répondra…

— Oui, Coco, elle dira “coïncidence”. »

« Lettre à toi, où que tu sois,

Je t'avais dit que je ne te quitterais pas.

Voilà plus d'un an que je vis près de toi qui n'es pas là, que je te guette, toi qui ne viendras pas, contre l'évidence, contre la raison. Je t'aime obstinément bien que tu sois loin dans l'espace et le temps ; je t'aime sans savoir qui tu es à présent. Tu sembles plus puissant que les vivants pressés qui s'enquièrent de moi, s'empressent autour de moi et brassent surtout le vent.

Ce soir, en t'écrivant, je veux croire qu'il existe un messager capable de transmettre ce courrier… Peut-être ton regard posé sur ces feuillets ? Je souffre moins, mais que je n'oublie rien, sauf le titre de cette chanson que tu me fredonnais parfois : "C'était pour de vrai tout c'qu'on s'est dit, tout c'qu'on a fait[1]" Mes larmes ne sortent plus ; non que je les étouffe, je n'en fabrique plus. Pour combien de temps ? Est-ce une simple trêve ou la fin du chagrin ? Je profite en tout cas de cette accalmie pour t'écrire sans hurler les "pourquoi ?" auxquels tu ne peux répondre.

Depuis ton départ, mon grand-père Chantrel ne s'est plus manifesté. Un an jour pour jour après, la chatte est arrivée, ta

1. « Confidentiel », de Jean-Jacques Goldman.

montre s'est arrêtée ; elle ne sonne plus le soir, son cadran reste noir. Coïncidences ?

La chatte est sur le lit, lovée tout contre moi. Elle s'est donné du mal pour en arriver là. Elle a joué la petite marchande d'allumettes mourant dans la neige sur le paillasson d'en bas (posé au-dessus du conduit de chauffage), attendant tristement que ses plaintes m'alarment, puis a feint d'être ailleurs quand je suis descendue. Consentant toutefois à se laisser porter, elle a soulevé une patte et un peu l'arrière-train pour que j'y glisse mes mains, puis franchi dans mes bras l'escalier qui sépare ses diurnes révoltes de chatte-libre-et-sauvage des câlins de la nuit. Parfaitement assurée, une fois sur l'oreiller, de me faire relever une dernière fois avant de succomber à la tiédeur exquise de la couette où tu aimais t'abriter toi aussi. Manouche a tendu le cou en plissant les yeux pour que je la gratte ; elle s'est laissé caresser puis, soucieuse de ne pas céder trop aisément, a bondi près de l'armoire, hors de ma vue, sans omettre de gémir faiblement, juste assez pour que je la plaigne un peu en abusant de ces affligeantes onomatopées dont raffolent les animaux et les bébés, et que je renouvelle mon invitation. Alors, alors seulement, elle a sauté sur le lit pour s'installer vraiment, piétinant très régulièrement un territoire secret, ronronnant assez fort pour prévenir à distance ses ennemis invisibles qu'ils doivent se retirer.

Les rites qu'elle m'impose scandent ma propre vie, la morcellent et l'ordonnent sans que je puisse rien empêcher. Tu avais pris toute la place ; elle occupe le reste. Tu as sûrement aidé à sa venue ici ; allez, reconnais-le… Comment puis-je mieux t'en remercier qu'en te disant la joie qu'elle me fait retrouver, la simple et incomparable joie d'être vivante pour quelqu'un, puisqu'elle a besoin de moi. Grâce à Manouche, je retrouve, moi aussi, le côté manouche et bohème de ma vie d'avant toi. Alors, pour tout cela : Merci. Merci infiniment. En me voyant adossée à l'oreiller, la reine Manouche m'a rejointe sur le lit, a piétiné mon épaule avant de se coucher contre moi, recouvert deux pattes en enroulant sa queue et replié les autres autour de son museau. La fumée de ma cigarette doit la gêner. Elle fait mine de dormir, une joue débordant de sa tête et l'autre mollement posée tout contre son épaule. Le bruit que font les pages lorsque je les replie au dos de mon carnet trahit sa vigilance ; ses oreilles tressaillent et un furtif coup de langue traduit son agacement. D'accord, Manouche, tu as gagné. Laisse-moi seulement signer et j'éteindrai la lampe.

Crevette encore,

Colette si je la retrouve »

« Et moi, je compte pour du beurre sans sel sur une tranche de pain rassis ? Pour un bol de bigorneaux ramassés à la sortie des eaux usées ? Pour une…

— Stop, Coco ! Tu es moi aussi, tu le sais, alors respecte au moins mon temps d'écriture à un jeune homme que, toi aussi, tu aimais.

— *Pardon.*

— Bon, pour te faire plaisir, je recopie la signature :

"Crevette encore, Coco toujours, Colette si je la retrouve"

Là. Tu es contente ?

— *Oui !* »

Une fois encore, novembre a cédé le pas à décembre qui s'est effacé d'assez bonne grâce derrière l'année 1990, laquelle a parcouru son premier mois sans moi. Aujourd'hui, samedi 3 février, mon cerveau procède à l'état des lieux. Beaucoup de choses changent. Rescapée d'une palette riche de sensations et de sentiments divers mais sans couleur, j'ai du mal à reconnaître dans cette survivante la Colette polychrome d'autrefois, comme si mon portrait initial avait été gratté, lavé, épuré jusqu'à n'y laisser que l'esquisse essentielle. Hélas, ça ressemble plus à une ébauche maladroite qu'à un trait parfait hautement signifiant... pour tout dire, je trouve cette moi bien terne. Ni sage pénétrée des secrets de ce monde, ni sœur de charité emplie de compassion pour ceux qui souffrent encore, je ne suis plus qu'une vieille fille qui a perdu ses béquilles de bonheur puis de douleur. Ni heureuse ni triste, je pense que plus rien d'important n'arrivera désormais. Je n'en souffre pas. Je m'ennuie. Plus exactement, ça m'ennuie d'être encore en vie. Mes proches se donnent pourtant du mal pour me ranimer. Tous ces anges bien vivants subissent mes silences, mes navrants soliloques, attentifs à mes dires, au début, à étouffer leurs bâillements ensuite. Ils tracent autour de moi de solides parenthèses, de précieux garde-fous. Pour tout cela, pour leur présence vigilante et pour n'avoir pas eu peur de mon chagrin ni de ma mornitude, je les remercie infiniment. Maintenant un peu lasse de vivoter dans cette tour d'ivoire, je veux ne plus les laisser porter mes valises. Ce qui me navre, dans mon actuel isolement, c'est qu'il ne soit pas absolu. Ceux qui m'aiment savent m'en déloger et ça serait discourtois, injuste même, de leur fermer la porte au nez. Discourtois et injuste, mais nécessaire désormais.

Ce matin justement, un vieux rêve remonte à la surface un matin, tandis qu'André sacrifie une nouvelle fois à la cérémonie du café salvateur avant de partir faire un tour en mer.

— Papa, j'aimerais vraiment devenir gardienne de phare ; tu pourrais te renseigner et...

— Tu y penses toujours ? Mais je croyais que ça t'avait passé ; tu n'en parlais plus.

— Je n'en parlais plus, mais j'y pensais, crois-moi.

— Et l'institut ?

— Je le ferme.

— Et la voyance ?

— Oh ! La voyance... J'en suis encore à me demander si c'est utile et, même si ça l'est, je ne sais pas si c'est bénéfique ou dangereux... Tu comprends, ce qui ne devrait être qu'une aide à certaines de leurs décisions devient, pour trop de consultants, une sorte de dépendance, une drogue, un asservissement. Ça me fait peur, ce pouvoir qu'on me prête. Je ne suis pas sûre d'avoir la carrure mentale requise.

— Mouais, c'est toi qui vois. Alors tu veux vraiment que je me renseigne ?

— Oui. Tout de suite si tu peux.

Papa travaille alors encore aux Services maritimes, en collaboration avec le service des Phares et balises ; il appelle ledit service où une permanence est assurée le week-end et obtient donc rapidement la liste des contraintes auxquelles doivent se soumettre les aspirants à cette fonction. Mais le « Grand Ordinateur » rejette ma disquette : les phares sont déjà presque tous informatisés désormais et, de plus, leurs gardiens doivent être d'abord des forts en maths, condition hautement rédhibitoire. Exit la lubie de vivre recluse au milieu de la mer.

Le lundi suivant, apprenant ma déception et comprenant que le phare cache un grand besoin de silence et d'isolement, Annie, une cliente charmante de l'institut, me parle alors d'un couvent de bénédictines où elle fait parfois de courtes retraites. Elle raconte tellement bien, avec tout à la fois recueillement et humour, que l'idée me séduit. Après tout, pourquoi pas ? Quelques années plus tôt, ça m'aurait semblé farce de devenir couventine, mais je ne suis plus celle que j'étais alors. Et même si je ne me sens pas envahie d'une soudaine piété, je sais qu'il est possible, moyennant divers travaux de jardinage, maçonnerie, peinture, nettoyage et autres, d'y être ma vie durant logée-nourrie-blanchie à l'écart du monde. Las ! Cette disquette-là aussi est rejetée pour cause d'inadéquation entre mes biorythmes et la journée des moniales réglée par saint Benoît sur l'œuvre de Dieu. En effet, la liturgie des heures suppose – impose ! – de prier ensemble huit fois par jour : vigiles, laudes, vêpres, prime, tierce, sexte, none, complies.

« Là, tu m'as inquiétée sérieusement ! Quand je pense que le tic-tac d'un réveil nous rend dingues... Et puis prier quoi ? qui ?

On connaît même pas les paroles, à peine la musique. Moi, je te "prie" de ne pas chercher l'Esprit saint mais de retrouver au plus vite le tien avant que le mien s'lasse !

— Coco, je te comprends, mais avoue que c'est tentant de ne plus s'occuper de la comptabilité, des papiers, de tout ce qu'on ne sait pas faire, quoi ! »

Déterminé à me ramener sur mon droit chemin, le « Programmateur suprême » m'empêche de rassembler la somme nécessaire à la fermeture administrative de mon existence. Pour l'heure, point de suicide, fût-il fictif, social, nulle fuite autorisée. J'attends sans rien deviner de ce qui m'attend en retour, tant il est vrai, hélas et heureusement, que les voyants ne perçoivent rien de ce qui les concerne.

En ce début d'année, comme l'avait annoncé Anne, les clientes reprennent rendez-vous ; mes inquiétudes s'apaisent. L'hiver devenu vieux se prépare à tirer bientôt sa révérence.

Samedi 3 mars. En attendant Papa, je prépare le café et, parce que l'air est froid, mais qu'il n'y a pas de vent, j'installe notre plateau sur la table du jardin, près du bassin à poissons. Hier encore indifférente au monde végétal, je serais rentrée dans la maison pour m'occuper en attendant le bruit de sa voiture. Ce matin, je découvre, étrangement bouleversée, les tout premiers bourgeons épargnés par les dernières giboulées. Ce n'est pas encore le printemps, mais ici je constate que la sève printanière affole la nature. Et cette émotion nouvelle me submerge jusqu'aux larmes. Sécateur à la main, je m'offre quelques fleurs du jardin de mon père quand j'entends sa voiture. Prise en flagrant délit, je m'avance vers lui, le bouquet à la main, prête à demander pardon, mais :

— Ah ! Ça fait plaisir de te trouver aussi souriante ; j'avais perdu tout espoir de te voir un jour flâner au jardin et cueillir des fleurs…

— Vrai ? Tu n'es pas contrarié ? Comme ce sont les arbustes plantés par ta mère, je…

— Dis-moi, pour poser des questions aussi bêtes, t'as suivi des cours ?

« Celle-là, tu l'as bien cherchée, Colette !

— Coco, savoure le café, la cigarette, les premiers parfums du printemps et, surtout, surtout, tais-toi. »

— Tu continues toujours à discourir avec ton double ? J'ai beau le savoir, ça m'étonne encore. Remarque, c'est plutôt drôle... Tiens, pendant qu'on prend le café, pose ton bouquet dans l'arrosoir, il est plein d'eau. Et, si tu as un peu de temps, on pourrait préparer la commande pour le jardin.

Et nous nous absorbons dans les pages du catalogue « Willemse » sur lequel, déjà, Mamy Juliette faisait ses emplettes horticoles. Je me sens fière et heureuse d'être invitée pour la première fois à ce que je devine être un rituel sacré pour mon père.

Après son départ, courbée comme une voleuse – désormais dédouanée – sur tout ce que je viens de trouver au jardin, je souris toute seule en refermant la porte. Avec d'infinies précautions, je dépose sur la table mon précieux larcin-cadeau ; je veux le savourer, premier bouquet de l'année !

En l'honneur de mes fleurs, je prépare un autre café que je vais me servir dans une jolie tasse avec même une soucoupe. La cuillère argentée n'est là que pour le bruit, l'esthétique du moment, mais ce matin, j'y tiens. Avec un claquement sec, l'allumette s'enflamme et frôle pour l'embraser ma deuxième cigarette. Quel vase vais-je choisir ? La fine porcelaine réchauffe mes mains tandis que mon nez hume le liquide brûlant. Ah oui ! L'énorme pot rond et blanc que Lucie m'a offert ; lui seul saura tenir sans gêner leurs couleurs cassis-fleurs, forsythias et fragiles jonquilles. Après les mois grisés de noroît et de pluie, mars me fait sursauter par la soudaine débauche dans laquelle se vautre une nature hardie : le vert tendre des jeunes pousses, les jaunes dégradés jusqu'au cœur des narcisses et ce rosé « vieille cretonne d'embrasse bretonne »... Quelle audace !

Inondant le salon de l'éclatante jouvence et en toute impudence, mes fleurs révèlent, hélas, la suie que les feux d'hiver ont posée sur les murs. Autour de ce bouquet, la pièce paraît terne, comme un vilain écrin. C'est dit, il faut laver, changer les meubles de place, reblanchir tous les murs. Et me voilà partie dans un de ces marathons de nettoyage maniaco-frénétiques dans lesquels s'investissent la plupart des femelles aux abords du printemps.

Un nouveau jour commence à poindre. Exténuée, mais ravie, je m'affale comme une brute sur le canapé pour contempler mon œuvre une dernière fois avant de m'endormir tout habillée, une couverture sur moi, la chatte sur la couverture.

Dimanche 4 mars. Les cloches de l'église de Saint-Ideuc rappellent aux bonnes gens qu'avant de s'empiffrer de pâtisseries dominicales, il serait convenant d'aller suivre la messe. Les gâteaux m'indiffèrent, la messe aussi je l'avoue, mais j'aime bien les cloches. Mes yeux doivent lutter contre une lourde paresse, mais la plainte familière, le savant malaxage de l'obstinée féline qui enfonce ses pattes avec entêtement sur mon ventre me réveillent tout à fait. Pendant quelques instants, je garde les yeux fermés pour le plaisir exquis de sentir sur ma joue ses longues moustaches inquiètes. Une patte-de-velours me caresse les paupières puis les lèvres, comme pour ouvrir enfin les conduits de la vie. Et vivre, pour un chat, c'est avant tout manger ! Amusée, je sais devoir obtempérer. Au premier mouvement que je fais pour me lever, Manouche s'est élancée en trombe vers la cuisine en miaulant sa victoire. Croquettes sur mesure agrémentées d'un peu de vrai yaourt et deux comprimés de levure, elle dévore et me nourrit de son bonheur.

Il trône, mon bouquet, dans ce séjour tout neuf et ma vue se repaît du spectacle tranquille. Aurai-je vraiment assez de ce dimanche pour rénover aussi l'étage qui se languit ? Avant d'aller traquer la poussière dans les chambres, j'ai envie d'aller prendre mon café au jardin. Les bourgeons me promettent pour bientôt d'autres fleurs, d'autres teintes un peu folles. Les poissons du bassin sortent des profondeurs et, au bruit de mes pas, s'attroupent à la surface. Manouche aussi trépigne ; elle raffole de ces petites miettes déshydratées qui leur sont destinées. Je pressens le printemps, mais l'hiver est tenace et la froidure, bien vite, me ramène à la maison.

Oserai-je demander de l'aide à Dominique ? Elle s'est maintes fois proposée, mais tout de même, c'est dimanche… À l'instant où j'empoigne le panier à chiffons et à brosses, le téléphone sonne.

— Colette ? C'est Dominique ; je suis seule aujourd'hui, as-tu besoin de mon aide ?

— Tu me coupes le souffle ! Je pensais à toi… Comment as-tu deviné ?

— C'est tout bête. Hier, j'ai fait de grands rangements chez moi et je me suis dit que toi aussi…

— Ben oui ! Alors tu peux venir ?

— Fais chauffer le café, j'arrive !

Après avoir fait cul sec à nos tasses, nous délimitons nos champs d'action respectifs. Dominique s'occupe de la partie est et je ratisse à l'ouest… Quelques heures après, Dominique repart en me laissant ravie : tout l'étage resplendit !

À l'aube du 6 mars, je profite d'une éclaircie pour ouvrir rideaux et fenêtres et savourer encore le spectacle apaisant des piles ordonnées, des vitres transparentes quand mon regard s'arrête sur quelque chose de blanc sur la tablette sous la fenêtre : l'enveloppe mystérieuse !

Sur la côte nord de Bretagne, les tempêtes hivernales salissent les façades, écaillent les volets et salent tant les carreaux que l'on préfère, ici, attendre des jours meilleurs pour laver les fenêtres et nettoyer les vitres. Ne l'ayant plus revue, cachée sous le rideau, je l'avais oubliée. En nettoyant les vitres, Dominique a dû la décoller et la déposer là. La recommandation d'Anne me revient en mémoire : « Vous ne devez pas lire ce que j'y ai écrit avant la première semaine de mars. » Or, nous sommes en mars, dans sa première semaine, et en plus, c'est ma fête aujourd'hui !

« *Tu te rappelles le coq de Barbarie à Rennes ?*

— Oui, Coco. Aujourd'hui, ça me semble loin.

— *Alors, tu l'ouvres, ton courrier magique ?* »

Fébrilement, je décolle l'enveloppe jaunie par toutes les lunes et tous les soleils passés devant cette fenêtre. Au dos de ma photo, je déchiffre l'écriture d'Anne : « Je demande la protection de Maman et d'Éric pour Colette contre l'usurpatrice. » Rien de magique là-dedans. Un peu déçue, je cherche vainement à comprendre le message. Vers neuf heures, je m'apprête à appeler Anne lorsque la sonnerie retentit. C'est Lucette ; sa voix est bizarre :

— D'abord, bonne fête ma fille !

— Merci Maman, c'est adorable d'y penser, mais ta voix est… Est-ce que tout va bien ?

— Pas vraiment. Je m'inquiète pour toi. Réponds-moi franchement : as-tu envisagé de louer l'ancien appartement où habitait Éric ?

— Bien sûr que non, je n'y ai même jamais pensé. Pourquoi me demandes-tu ça ?

— Parce que du courrier adressé à ton nom arrive depuis quelques jours dans la boîte à lettres de ton frère Alain, dans l'immeuble voisin. Je n'ai pas ouvert les lettres, bien sûr ; à vrai dire, je ne savais pas quoi faire.

— Mais de qui sont ces lettres ? Y a-t-il des noms d'expéditeurs ?

— Oh ! Ce ne sont pas du tout des choses personnelles ; les enveloppes sont marquées de sigles EDF GDF, Compagnie des eaux, etc.

— Écoute, je ne comprends pas, mais je peux t'assurer que je n'y suis pour rien.

Renseignements pris le jour même auprès de ces services, nous découvrons qu'en effet, mon homonyme a loué l'appartement laissé vacant après le drame. Est-elle « l'usurpatrice » ?

— Allô, Anne ?

— Oui, bonjour, Colette, comment allez-vous ?

— Mieux, beaucoup mieux, merci. Mais hier, j'ai trouvé l'enveloppe de protection que vous m'aviez donnée, vous vous rappelez ?

— Oui, bien sûr et alors ?

— Vous y demandiez une protection « contre l'usurpatrice », mais à quoi pensiez-vous en l'écrivant ?

— À rien. J'ai écrit ce qu'on me dictait sans chercher à comprendre, pourquoi ?

Je lui relate les faits qui se sont déroulés depuis hier. Elle s'en étonne.

— Je n'ai pas la sensation que cette femme qui porte votre nom soit dangereuse en elle-même ; je pense qu'il s'agit là d'un signe pour annoncer que la protection a été effectuée et qu'à présent, vous ne craignez plus rien. Mais c'est tout de même curieux. Avez-vous l'intention de la rencontrer ?

— Non. Je serais incapable de retourner dans cet immeuble ; ma mère ira sûrement lui rendre son courrier…

En effet, Lucette se rend le lendemain chez cette jeune femme pour lui restituer le courrier égaré et l'avertir aussi des appels qu'elle risque de recevoir à ma place.

— Alors, elle est comment cette Colette-là ?

— Tout à fait normale. Elle m'a remerciée de m'être déplacée pour lui rendre son courrier et a pris note de ton numéro de téléphone pour y renvoyer les appels qui ne lui seraient pas destinés, c'est tout.

Je rappelle Anne pour lui transmettre ce pas grand-chose à dire.

— Votre mère a raison ; cette femme n'a rien à voir personnellement avec votre histoire, mais il me vient une idée… Le fait que votre nom, porté par une autre, soit entré dans ces murs signifie aussi que cette courte vie avec Éric est vraiment terminée. C'est une autre Colette qui vivait avec lui ; c'en est encore une autre qui vit désormais dans l'appartement qu'Éric et ses parents occupaient auparavant.

— Il faut laisser les morts enterrer les morts, c'est ça ?

— C'est ça. Vous n'avez pas le droit de tuer la Colette que vous êtes devenue. À ce propos, avec un peu de retard, je vous souhaite une bonne fête !

D'où vient que la douleur, encore à peine surmontable il y a quelques semaines, s'estompe ? Je m'en rappelle l'intensité et ma mémoire en souffre, mais ce n'est plus de la douleur, seulement un vide, une immobilité à l'intérieur de moi. Peut-être mon corps, lassé de trop de larmes, s'est-il fabriqué l'antipeine adéquat. Soulagée et désappointée à la fois, je me résous aux absences, la sienne et celle de mon chagrin. N'ayant à l'heure présente d'autre motif réel d'exaltation joyeuse que Manouche, la chatte chez qui je vis[1], et momentanément privée de ce qui peut nourrir un grandiose espoir ou désespoir, je me cale prudemment dans un coin abrité de cette sérénité inattendue, attentive à ne pas faire de vagues, à ne pas réveiller la peine par un faux mouvement de mon esprit. Ne pas réfléchir, ne pas projeter de déductions hâtives dans le futur, aussi immédiat soit-il.

L'instinct de vie m'émerveille quand j'en observe les effets physiologiques ; la cicatrisation d'une plaie vive sur une peau, une écorce, me fascine. Pourquoi celle de l'âme me navre-t-elle en ce cas ?

---

1. Celles et ceux qui ont des chats comprendront…

« Parce que Colette se rêvait éthérée et qu'elle se découvre mesquine, acharnée à survivre. C'est bien toi qui demandais à mourir, il n'y a pas si longtemps ?

— Oui, sans nul doute c'était moi, mais je me trompais d'envie. J'avais seulement envie de ne plus vivre et, quoi qu'en dise mon dictionnaire, ce n'est pas la même chose. Ne plus vivre serait être là encore un petit peu, juste assez pour apprécier de n'y être plus. Mourir, c'est certainement très différent.

— *Pour info, je ne suis pas pressée d'en savoir plus à ce sujet.*

— Désolée, Coco, mais je tiens à en écrire plus à ce sujet. »

Le dictionnaire offre une réponse laconique : *Mourir = Cesser de vivre.* Sans être plus que ça tatillonne, je trouve la définition frustrante. Des philosophes se chamaillent sur les rayons de ma bibliothèque sans se mettre d'accord sur la question. La Bible elle-même, que je m'oblige à parcourir « des fois que… », ne dit pas clairement ce qu'il advient de nous « après ». Peu encline à attendre sereinement une hypothétique et lointaine réjouissance comme le Jugement dernier, je cherche comme tout le monde un « tout de suite », un « maintenant ». Trop de vivants que j'aimais ont conjugué le verbe mourir sans que ma grammaire d'amour y puisse rien changer. Mes yeux voient encore que la mort est pâle. Mes oreilles retiennent qu'elle est silencieuse. Mes mains se rappellent qu'elle est dure et froide. Ma mémoire pour toujours sait l'affreuse évidence : la mort n'invite pas que des vieillards usés puisqu'il avait vingt-six ans, celui qui s'est fait tuer peu après m'avoir dit au creux du téléphone : « À demain, ma Crevette ! » Depuis, je sais aussi que la mort se fiche bien de la parole donnée. Coutumière de cette houle qui, au début, berce l'âme lentement, puis se creuse jusqu'à devenir une vague violente, je compose le numéro de téléphone de Lucette.

— Allô, Maman, je ne te dérange pas ?

— Écoute, ce n'est pas le moment... La petite Julie va mal, très mal.

Julie est la seconde fille de mon frère Alain.

— Qu'est-ce qui se...

— Depuis cette nuit, sa fièvre augmente et elle a commencé à se vider. Impossible de la faire manger ou boire. Le médecin m'a dit de me tenir prête à l'emmener aux urgences.

— Déshydratation subite ? Elle risque de mourir ! Pardon, je te rappelle plus tard.

Je raccroche, ne sachant pas si je dois filer chez ma mère pour l'aider. Cette petite est si jeune, j'ignore si je peux la magnétiser sans dommage. Dans le doute, j'attrape en vrac ma veste, mon sac, mes clés et m'apprête à ouvrir la porte pour sortir quand : « Colette, tu dois sauver la petite Julie ! » Je sursaute, diaphragme bloqué quelques secondes, le temps de réaliser que cette voix de femme m'est familière... mais à qui est-elle ? « Allonge-toi maintenant, tu dois la sauver tout de suite. » Le timbre est celui de Lucette, mais plus grave. « Maintenant ! » J'obéis à cet ordre en m'étendant sur le canapé et j'attends en m'efforçant de ne pas m'endormir – je m'endors toujours n'importe où et dans n'importe quelle position dès lors que je n'ai rien à faire ou que j'ignore quoi faire. Mes yeux sont-ils ouverts ou fermés, je ne m'en rends plus compte. D'un coup, je me sens au bord d'une grande étendue liquide, comme un lac. Au loin, j'aperçois une silhouette un peu floue qui ressemble à ma grand-mère Alida, plus jeune que dans mes souvenirs ; elle tend vers moi ses bras chargés d'une chose en forme de rien. À mesure qu'elle avance, je me sens poussée à avancer aussi. L'image devient plus nette ; c'est bien Alida, et c'est un tout petit enfant qu'elle porte et dépose dans mes mains, pas plus grand qu'un jouet. Alida – plutôt son reflet – s'estompe, diminue vers le lointain jusqu'à disparaître. Une vilaine marbrure entre le grenat et le gris enveloppe la petite fille. Mes mains sentent sa fièvre. Elle rétrécit jusqu'à tenir dans ma seule main gauche et, de cette minuscule poupée, un liquide foncé s'écoule et dégouline entre mes doigts. Ce liquide me brûle, mais je sens qu'il faut le laisser couler. Lorsque, enfin, plus rien ne s'échappe de l'enfant, ma main droite prend dans le lac de l'eau pure et brillante dont j'asperge l'enfant comme une pluie bienfaisante. Une vision parasite me renvoie aux images des baptêmes auxquels j'ai assisté au long de ma vie et qui, pour la première fois, ont un sens. Mon cerveau flotte un peu, je perds le fil de ce que j'étais en train de faire. Que faisais-je ? Ah ! Je veux retourner dans la vision des gouttes de pluie bienfaisante sur l'enfant… Impossible. Je ne vois plus ni l'eau, ni l'enfant. Une fatigue inconnue m'immobilise…

Je me réveille après ce que je crois être un temps de sommeil très profond, épuisée, glacée et fiévreuse à la fois, le ventre douloureux et gagnée par une irrépressible envie de vomir. Je me relève et titube jusqu'aux toilettes. Là, affligée de tous, vraiment tous les symptômes de la petite Julie décrits par Maman, je reste en un certain lieu… un certain temps. Jusqu'à ce que la sonnerie du téléphone m'enjoigne d'en sortir :

— Maman ? Est-ce que la petite est…

— Tout va bien ! Je t'appelle parce que ce qui vient de se passer est complètement incroyable. Je crois que tu l'as sauvée… Comment as-tu fait ?

— À vrai dire, je ne suis pas sûre de l'avoir fait exprès ; c'est Mémé qui m'a dit de le faire…

— Ma mère ?!

— Oui. Sans elle, je n'aurais même pas pensé à essayer ce genre de chose ; je n'avais pas la moindre idée de ce qu'il fallait faire. Mais raconte-moi plutôt ce qui t'a fait penser que j'agissais.

— Parce que, quand le médecin est revenu, il s'apprêtait à la faire transporter aux urgences. Elle était livide, glacée, molle, sans réaction, les yeux révulsés, comme une poupée de chiffon. Et d'un coup, on a vu sa peau se recolorer, son corps bouger, ses yeux s'ouvrir en grand, et elle a dit : « V'ai foif, moi ! » J'ai foncé à la cuisine remplir un verre d'eau qu'elle a bu entièrement sans rien rejeter ! Le médecin était sans voix ; il n'a rien compris. En tout cas, je suis certaine que tu lui as sauvé la vie. Bravo et merci !

S'ensuit une conversation un peu surréaliste à l'issue de laquelle Lucette semble moins étonnée que moi. Jamais je n'avais vécu une telle expérience, tout au moins pas à l'état de veille consciente. Pour l'heure, je me réjouis du mieux-être de la deuxième fille d'Alain.

« Et moi, je m'en réjouis aussi, mais là, j'ai rien compris. Rien. »

Février 1991. Nicole, lumineuse et fidèle cliente, me fait présent d'un livre qui, elle le sent, va « tout changer ». Habile, elle sait qu'il vaut mieux me suggérer une idée que me l'imposer ; or, si elle croit fermement à mon avenir dans la voyance, elle sait aussi que seul un événement extérieur à mon quotidien en sera le déclencheur. Ce livre est le premier écrit par Maud Kristen : *Pour en finir avec Mme Irma*. Sur la couverture, je reconnais la jeune femme pétillante déjà vue à la fin de l'été 1987, dans l'émission télévisée « Les dossiers de l'écran ».

Je dévore le livre en une soirée. En plus de son propre parcours relaté sans complaisance ni fausse modestie, dans lequel je discerne la désespérance de l'enfant qu'elle fut, point commun semble-t-il à de nombreux médiums, je découvre la prise de conscience de ses facultés, suivie de l'acceptation de l'état de voyante, assez similaires aux miennes. Son recul lucide et caustique face au charlatanisme, souvent ruineux, parfois toxique, de trop nombreux « collègues » indignes, me rassure en ceci que je ne me reconnais pas non plus dans ces personnages bouffis de suffisance et de stupidité. Quel soulagement d'apprendre qu'on peut être voyante sans être à demi folle et que « médiumnité » n'est pas nécessairement synonyme de médiocrité ni de démence. L'intelligence aiguë, l'extrême pertinence et l'humour décapant dont cette jeune femme fait montre me conquièrent tout à fait. Quelque part dans ce livre, je relève deux mots qui vont, en effet, bouleverser mon existence : « Delta Blanc ». Cette association est née d'une belle rencontre entre Chantal Hurteau-Mignon, astrologue, psychologue et psychanalyste d'une grande compétence, et Maud Kristen, voyante de haut vol, écrivaine de talent. Ensemble, elles ont établi un code de déontologie à l'usage de professionnels des arts divinatoires désireux de respecter leurs consultants et de se respecter eux-mêmes. Après avoir frappé mon front d'un coup de « Bon Dieu, mais c'est bien sûr ! », je leur téléphone.

Chantal, la présidente, m'explique longuement ce qu'est Delta Blanc, ainsi que les impératifs auxquels doivent se soumettre les adhérents de l'association, notamment la consultation préalable avec un psychanalyste déjà renommé. Ne connaissant pas précisément la différence entre un psychanalyste et un neuropsychiatre comme celui que j'ai consulté presque dix ans auparavant avec le résultat qu'on a vu plus haut, j'hésite un peu. Chantal, me devinant perplexe, m'explique que cette démarche a pour but de s'assurer que les membres admis dans l'association ne soient pas porteurs de névroses, voire de psychoses possiblement dangereuses pour des consultants. Alors j'accepte. Il est difficile de s'y faire admettre. La rigueur morale et la discipline qu'elle évoque ne me rebutent pas, au contraire. Son discours éblouit mon cerveau fatigué comme un rayon de soleil au bout d'un long tunnel. C'est dit ! Je pose immédiatement ma candidature et Chantal me donne rendez-vous pour le 1er juin.

Samedi 1er juin 1991, dans le train Saint-Malo-Paris. Comment résister au plaisir de l'observation, pourtant souvent décevante, des gens ? Spectacles fugitifs qui à la longue se superposent jusqu'à laisser une seule image, un seul visage, une silhouette, comme les calques d'un dessin animé, une image banale, rassurante aussi. Inlassablement, mes yeux continuent de chercher ta silhouette, ton visage. Je sais que tu es mort, mais je te cherche encore. Tu sais, je rêve : et si tu traversais ce wagon-bar où je t'attends ? Si tu t'asseyais là, derrière moi, je n'aurais pas besoin de mes yeux pour te voir ; je saurais que c'est toi et je n'aurais plus froid. Chaque fois que je sors, je pars à ta recherche. Je croise des bribes de toi : sur un bras ton tatouage, sur un écran ton rire, sur un quai ta démarche, mais ce ne sont que de pauvres indices qui jalonnent ma route jusqu'à ce que… Avant de disparaître sur ta moto, tu m'avais dit : « À très bientôt ! » Comment douter de toi, de ta promesse ? Je crois toujours que tu seras à ce rendez-vous. Peu importe où. Peu importe quand. Tu seras là, c'est tout.

« *Reviens sur terre, Colette.* (Mon autre moi n'aime pas me savoir en divagation.)

— Non, Coco, je ne suis pas folle, enfin, je ne crois pas.

— *Justement, c'est pas bon signe ! Tous les fous disent pareil.*

— Coco, attends que j'aie fini d'écrire la suite avant de me juger.

— *Vivant ou pas, t'es plus à ça près, ma pauvre Colette ; ce voyage à Paris, t'es sûre que c'est une bonne idée ?*

— C'est la seule que j'aie, autant y aller… »

Pendant le trajet, je tente de comprendre mon impatience à la perspective d'être admise dans un « groupe » pour me reconnaître le droit d'exercer ce métier. Tout ce qui peu ou prou évoque un « groupe » – rassemblement, manifestation, foule, association, réunion de famille et autres – me hérisse, m'insupporte. Enfant, je préférais la compagnie d'une pile de livres à celle de camarades « jupes-plissées-bleu-marinées-partant-gaiement-par-tous-les-temps » faire des feux de camp dans la forêt en beuglant vilainement des marcheeeuu quasi militaireeeuu... Seuls le sifflet et le beau ceinturon de l'uniforme des scouts de France trouvaient grâce à mes yeux. Heureusement dotée d'une « masse » musculaire réduite à sa plus simple expression, j'avais évité les pièges cruellement tendus aux gamins trop indépendants par les fédérations sportives. Adolescente, je n'étais pas non plus friande des surboums où la musique forte, les copains collants et les copines surmaquillées me donnaient plus envie de rire et fuir que de flirter, les yeux à la renverse, plaquée contre un tee-shirt suant surmonté d'une bouille de jeune mâle acnéique. Je riais donc, puis m'enfuyais.

Plus tard, la perspective de passer le samedi après-midi dans une cave enfumée où mes semblables se partageaient généreusement toutes sortes de microbes par l'intermédiaire de curieux cigares mal roulés qu'ils nommaient « joints » ne me séduisait pas non plus. Ces coûteux mégots sentaient moins bon que les baguettes d'encens qui se consumaient dans ma chambre pour cacher à mes parents la franche odeur des braves « Gauloises » que je savourais seule en faisant mes devoirs, pleine de reconnaissance pour « la Régie » qui, elle, roulait correctement ses cigarettes et les vendait beaucoup moins cher que ces calumets de l'empeste. Même les oriflammes brandies par les hippies ne me disaient pas grand-chose : « Make love, not war » ? Je n'avais pas encore fait l'amour ni connu la guerre. « Sous les pavés, la plage » ?

Si ce slogan m'avait séduite par sa pertinence poétique, il ne symbolisait pas pour moi un quelconque fantasme d'évasion ni de liberté puisque, là où j'habitais, ça sentait le varech à chaque grande marée et la plage s'étalait juste au bout de la rue qui n'était pas pavée. « L'imagination au pouvoir » ? Trop vaste pour être bridée, la mienne me tenait déjà en son pouvoir, aussi ce drapeau-là symbolisait-il plus une constatation qu'une revendication. Rien, enfin, ne laissait prévoir qu'un jour je m'efforcerais de m'intégrer sérieusement à un quelconque groupe associatif.

« Et tu te racontes, et tu te délaies, et tu te mires dans tes phrases comme un chat dans un plat d'andouille en vitrine de la charcuterie. Tout ça pour arriver à quoi ?

— Tout ça pour en arriver au fait que, certes, je suis médium et voyante par nature, mais je ne le suis pas encore socialement. »

La voyance reste pour moi une fonction floue, un art mal défini, presque une anomalie ; si je dois m'en servir pour aider les autres, comme l'affirmait Anne, et en vivre, il faut que cet art soit aussi un métier.

« Et alors ? Où est le problème ?

— Coco, il y a deux problèmes, le premier étant que ce n'est plus à toi que je parle, mais au lecteur. Compris ? »

Coco boude ; ça lui passera. L'autre problème pour moi est que la voyance ne s'enseigne pas, même si la pratique et le temps nous aident à affiner nos perceptions, à peaufiner nos prédictions. Ce drôle de métier n'est sanctionné par aucun diplôme, aucune reconnaissance officielle. La divination est une discipline exempte de toute discipline, socialement parlant. Il n'est pas si facile de braver l'interdit, aussi frondeur soit-on, de franchir sans frémir la limite qui sépare les « honnêtes gens » des « hors-la-loi ». Si j'ai de temps en temps distribué sans vergogne quelques coups de pied aux cultes, c'est sans grand enthousiasme que j'envisage d'entrer dans la sulfureuse confrérie des proscrits, des bannis et des excommuniés.

« Hou là ! Comme tu y vas... On ne brûle plus les sorcières, tu sais.

— Je sais, Coco, mais, puisque tu ne boudes plus, sache que je suis mal à l'aise dans la gigantesque nébuleuse qui m'entraîne malgré moi. J'ai besoin d'un aval, d'un encouragement et d'une reconnaissance corporatifs. Intérieurement, je nous pose, à toi et à moi, un ultimatum : si ces femmes ne nous donnent pas leur caution morale, nous ne pratiquerons plus jamais la voyance, même gratuite pour les amis, d'accord ?

— *D'accord.* »

Amusée de sentir Coco s'endormir, comme souvent quand je « phrase » comme elle dit, je m'endors aussi.

Arrivée gare Montparnasse, je descends du train sans bagage, mais avec, comme dans une chanson de Brel, « une valise dans chaque main[1] ». Dix-huit ans de pratique dans les soins esthétiques remis en question par moins de trois années d'une médiumnité attrapée par malheur, et puis, sous mes semelles, la tristesse qui s'y colle depuis que la vie m'a claqué la porte au cœur. En provinciale méfiante, terrorisée par cette ville immense « avec tout ce qui s'y passe », j'ai opté pour une tenue de camouflage en denim assez usé pour ne pas faire envie, la peur de l'agression l'ayant emporté sur le souhait légitime de faire bonne impression.

1. « Les Timides », chanson composée, écrite et créée par Jacques Brel, 1964.

Assise dans le taxi, Coco, qui trouve insensée cette démarche aventureuse, tente de m'en dissuader, mais il est trop tard pour reculer. J'indique au chauffeur l'adresse du psychanalyste chargé de vérifier mon degré d'innocuité. Je songe qu'il serait judicieux de tester ainsi tout individu envisageant de se consacrer aux autres. C'est la seconde fois que je vais rencontrer un « psy ». De psychanalyste à neuropsychiatre, il n'y a, pour la néophyte que je suis encore, qu'un seul et tout petit pas, et le rappel de ma première expérience, contée plus haut, me donne le fou rire.

— Vous êtes arrivée ; ça fait soixante-huit francs.

Le taxi vient de s'arrêter devant la plaque de cuivre de Roland B. Je tends la somme demandée au chauffeur qui, intrigué de me voir rire, s'empresse d'empocher les billets sans demander son reste à cette touriste qui semble se moquer de lui.

Je ne suis pas fière en poussant la porte du cabinet de consultation. Après tout, que sais-je de moi-même ? Ce psy pose des questions auxquelles je réponds du mieux que je peux, sans forfanterie, certaine que cet homme-là me devine encore mieux qu'un voyant. Sûr qu'il saura tout ce qu'il veut savoir. Enfin, il se lève, me tend la main en souriant :

— Vous pouvez vous présenter devant le jury de Delta Blanc.

Fin de la première épreuve.

Soulagée d'apprendre que je ne suis pas toxique pour autrui, j'ai quand même eu peur. Afin de remettre en ordre mes neurones dispersés, je décide de me rendre au siège de l'association à pied, en songeant dans chaque rue qu'Éric a dû passer par là à moto… avant… Qu'il me montrerait, lui, les mille choses que je croise et regarde sans les voir. Car, si les yeux des autres sont les miroirs de leur âme, les miens sont devenus deux glaces sans tain.

Qui n'a pas observé une Bretonne traversant Paris pour la première fois, le nez sur son petit plan, ne saura jamais bien ce que veut dire « empotée ». Les quatre centimètres du plan que je scrute durent plus de deux heures au bout de mes chaussures. Exténuée, poussiéreuse, décoiffée et de nouveau anxieuse, je sonne à la porte.

Une femme superbe, calme et chaleureuse m'invite à entrer ; je reconnais Chantal Hurteau-Mignon. Quelques instants plus tard arrive Maud Kristen. Je suis impressionnée par ces deux jeunes femmes qui, par leurs convictions transcrites sur le livre de Maud, ont réussi l'exploit de me faire quitter mon rocher où depuis longtemps j'étais collée comme une bernique. Ces femmes-là sont connues, « passées à la télé ». J'ai beau m'en défendre, je suis impressionnée. Après le court préambule des amabilités requises, commencent les questions, d'abord sous forme d'entretien : « Comment avez-vous su que vous étiez capable de faire acte de divination ? Comment avez-vous eu connaissance de notre association ? Qu'en attendez-vous ? Que pensez-vous pouvoir apporter à vos consultants ? », etc. Après quoi, les deux femmes m'avertissent qu'elles vont me soumettre à un questionnaire aléatoire de culture générale. Impossible en effet de feinter…

Elles m'interrogent longuement à tour de rôle. Les thèmes se succèdent, s'entremêlent, se superposent si rapidement que mon cerveau n'a pas le temps de réfléchir, d'analyser, d'évaluer. Je réponds donc de façon franche, instinctive, sans me soucier de plaire ni de me faire accepter, ce qui, je m'en doute, est le but. Je défierais quiconque de pouvoir leur mentir tant leur vigilance est affûtée. J'ai la sensation de faire un bond en arrière, aux épreuves orales du baccalauréat. Ouf ! L'heure de la récré a sonné. Elles se concertent d'un regard et me tendent en souriant une feuille de papier :

— Nous sommes heureuses de vous accueillir dans l'équipe de Delta Blanc. Si vous voulez bien signer votre bulletin d'adhésion…

Je suis très, très fière. En sortant de l'immeuble, je suis sûre que plein de bonnes choses vont m'arriver. Maintenant, je me sens vraiment voyante puisque acceptée par ces as en matière de divination. Merci, Chantal ! Merci, Maud ! Ravie et survoltée, je repars à pied vers la gare. Je me surprends même à courir tellement je suis contente !

Même jour dans l'autre sens. Dans le train, c'est en m'asseyant au wagon-bar que j'ai la sensation de poser mon fardeau pour la première fois depuis la fin de l'été 1988. Pour reprendre une phrase d'une de mes clientes, Laurence, la littéraire, la gourmande, la rêveuse : « J'ai fini de labourer ma nuit. » Je sais en cet instant que ce jour marque la fin de mon deuil, que je suis de nouveau disponible pour la vie, pour les autres. C'est bon d'avoir trente-sept ans : je peux poser mes fesses sur un tabouret et allonger mes jambes sur le tabouret suivant sans que le contrôleur ne me dise rien – quinze ans auparavant, il ne se serait pas privé de me réprimander. Mais c'est bon aussi de ne pas les paraître : le jeune serveur du bar de la place Saint-Michel m'a offert mon café cet après-midi « parce qu'une jeune demoiselle avec des yeux comme ça… ».

De Paris jusqu'au Mans, je m'étonne encore : que mon appartenance à Delta Blanc me réjouisse à ce point m'intrigue car, ici et maintenant, je me sens allègre, légère et rassurée d'avoir obtenu le « diplôme » symbolique que représente l'adhésion à l'association.

« Du coup, plus question de se défiler, on est parties pour l'inscription à l'Urssaf, les petites cartes commerciales et tout.

— Oui, Coco ! »

Dans le train qui nous ramène vers notre rocher, notre destin condescend à se dévoiler enfin.

« Bon. Contente que ça te soulage, Colette, mais j'aimerais bien une pause. Une tasse de café chaud, ça te dit ? »

Après avoir posé devant moi le gobelet fumant, je commence à fureter de l'œil alentour. Assis non loin de moi, un garçon semble s'absorber dans la lecture d'un ouvrage rebutant : *Comment devenir étudiant en Sciences-po.* Son visage traduit un découragement grandissant au fur et à mesure des pages qu'il soulève. Il doit sentir mon amusement, car il relève la tête. Je ris franchement, lui aussi, nous devisons joyeusement jusqu'à Saint-Malo et devenons bons copains. Sans le savoir, il m'aide en me choisissant comme confidente ; il me raconte sa vie, rigolant et râlant tour à tour, braillant ses déceptions dans le combiné du téléphone, et chuchotant de même ses rêves, ses espoirs… bref, un garçon de vingt ans absolument normal, en fait, avec en plus un vrai talent de comédien : il essaie de me persuader que mon amitié lui est indispensable et j'ai la faiblesse de le croire. Épaté que je puisse lire aussi clairement son passé dans les reflets d'un verre de vin blanc, il imagine des flashs là où il n'y a guère que de simples déductions faciles à faire pour peu qu'on ait eu vingt ans… vingt ans avant lui. On se flagorne, on rit, par moi il apprivoise le monde des adultes ; par lui je reprends un peu vie. Merci, Jean-Maurice !

Les premiers jours de ce nouveau juillet s'apprêtent à allumer ma trente-septième bougie. Mes phalanges pianotent, ma cervelle s'impatiente et ma plume se tortille. L'envie d'écrire me reprend. Je désespère de perdre cette ridicule manie d'aligner des pensées, des réflexions vaseuses sur les pages d'un carnet. Pour succomber sans honte à mes crises de mentisme, j'apprécie l'atmosphère superficielle d'un bar. La table côté fenêtre du bar de l'hôtel de l'Univers ou l'angle du comptoir à l'entrée de La Caravelle conviennent parfaitement à ce genre d'exercice. Ce soir, le soleil pourrait bien se coucher en beauté sur la cale de Rochebonne… Va pour une fugue au bar de La Caravelle d'où je verrai la plage, la mer et le coucher de soleil.

Comme les ratures en marge de mes gribouillages, les soirs s'alignent sur le rebord de mon histoire, ternes, sans surprise. Réfugiée en hauteur sur un grand tabouret à l'angle du comptoir, je cherche sans y croire un regard où me répandre, un sourire où me lover. De vieux piliers s'abreuvent à l'autre bout du bar, tranquillement échoués, couperosés, contents. L'heure de l'apéritif, c'est l'heure du mouillage au port de « Rassurance » pour ces barques de chair qui n'attendent personne depuis bien longtemps. Ils ne donnent rendez-vous chaque soir qu'à eux-mêmes, finalement, même si des tas de prénoms justifient leur présence. Tous ceux qui disparaissent sont remplacés par d'autres qui leur ressemblent tant qu'on ne sait même plus s'il en manque à l'appel. Je dois être comme eux, mais je ne m'en rends pas compte ; je veux encore un peu croire à ma différence. Allergique aux clans, aux bandes, je reste toujours seule à me remémorer, à refaire mes guerres. Mes compagnons pressés de tout vivre, de tout faire plus vite que les autres sont même morts en avance. Je suis le vétéran d'un tout petit bout d'histoire, sans témoin pour m'aider à traverser ma nuit jusqu'au-delà de leurs tombes.

Des jeunes viennent s'asseoir, deux par deux, amoureux juste un peu, juste assez pour nous faire mal à nous, les solitaires. D'une radio dégoulinent des mélodies sucrées quand j'aimerais entendre une harmonie sacrée.

« *On n'a qu'à retourner à la maison, qu'est-ce que t'attends ?*

— Je n'attends rien, Coco, enfin, rien de possible ; j'ai seulement plus envie d'être ici qu'ailleurs pour l'instant. »

Je ne sais plus vomir ni la médiocrité dans laquelle je m'installe, ni l'imbécillité qui me laisse de marbre. Je digère sans effort l'atmosphère ordinaire, peut-être grâce à la vue qui donne dans le grandiose. Les ridicules nuages de cette fin de juillet reculent apeurés devant le fantastique incendie sur la mer que le soleil propage. Les visages caressés par ces ors qui s'enflamment deviennent presque beaux…

Attendre, exaltée, celui qui attendait le moment d'être là et savoir qu'il veillait à ne pas se hâter, à savourer le temps de l'ultime minute, c'était un ravissement. Comme nous étions vivants alors ! Échouée dans ce bar où nous venions ensemble, j'attends encore. Depuis plus de deux heures, je griffonne des phrases sur le petit carnet qui ne me quitte pas. J'attends faute de mieux, seulement pour n'en pas perdre le réflexe. Avoir la vie devant soi et ne savoir qu'en faire est indécent. Quelle histoire insolite pourrais-je inventer ? Quel détail immédiat me lancerait sur la piste d'une quelconque aventure ? Pas un éclat de rire, pas même une émotion pour jalonner ma route, à peine des sensations, réflexes de survie. L'aventure intérieure est dit-on la plus noble. La plus ennuyeuse aussi.

Mes yeux cherchent un garçon qui serait un peu toi. Mais tous ces « nouveaux mecs » sont faits d'une autre pâte. Craintifs et un peu lâches, sans rêve et sans audace, attentifs avant tout à se créer un « look » comme ils disent sans rire. Leurs cheveux, leurs caleçons, leurs chaussures les fascinent et les trahissent. Ils ne sont que cela, vitrines bien conçues, enfants trop bien nourris, futurs hommes protégés. Pas une cicatrice pour rendre intéressants leurs visages trop lisses. Deux par deux assortis, tous estampillés des marques « tendance ». Leurs scooters sont bien propres, ne servent à aucune fugue : ils ne vont qu'au ciné et au café. Ils se donnent l'impression de braver l'interdit en s'asseyant au bar pour dissoudre un whisky dans un maxi Coca… Ils te feraient pouffer. Tous des premiers de la classe, avides d'être riches, d'avoir de grosses voitures pour conduire leurs enfants à Disneyland ou pire…

Ah ! En voici un nouveau. Ses cheveux sont plus longs, ses jambes interminables et dans un vrai Levi's. Vais-je m'y attarder ? Oui, puisqu'il pose sa cigarette dans mon cendrier, qu'il commande une Tuborg pression, pas un Coca-machin, et qu'il me demande si j'accepte un verre. Longues jambes, bien élevé, gentil, que demander de mieux ? J'accepte le verre.

Jean-Philippe se raconte, avec humour, sans forfanterie. Nous nous rendons ensemble dans une boîte de nuit où, m'ayant rapidement accordé sa confiance, il me fait tour à tour jouer le rôle de grande sœur et celui de copain. Célibataire, autonome et séduisant, il a encore l'âge de draguer les filles dans les boîtes de nuit, mais pas encore celui de choisir judicieusement. Alors, je l'accompagne et, selon mes mimiques lorsqu'il s'approche de l'une ou de l'autre, il sait s'il peut insister ou fuir. Nous papotons comme deux gamines dans les rayons du prêt-à-porter, nous déjeunons en terrasse de petits bistrots, bref, nous nous offrons l'insouciance qui lui manquait autant qu'à moi. Mon foie et mon image de marque doivent souffrir un peu des marathons-bistrots que nous courons ensemble, lui cherchant sa princesse et comptant sur mes flashs pour la lui désigner, moi retrouvant mes marques, mes réflexes de vivante. Cette saine rigolade me fait sûrement plus de bien qu'une cure d'anxiolytiques.

Le 3 août 1991, est-ce pour parfaire l'image pour le moins fantaisiste qu'on me prête déjà qu'il m'emmène voir « Johnny[1] » en concert – en plein air – à Dinard ? N'étant ni lui ni moi assez grands pour tout voir, nous organisons un roulement : le temps d'une chanson, je suis sur ses épaules et pendant la suivante, c'est moi qui le supporte. Les jours suivant le concert, mes vertèbres entassées les unes dans les autres me rappellent mon âge : pas encore canonique, mais plus celui de me livrer à ce genre d'exercice. Qu'importe, ma convalescence commence plutôt bien. Grand merci, Jean-Philippe !

---

1. Johnny Hallyday, bien sûr… Qui d'autre ?

Un autre soir à La Caravelle. Revivre de belles choses en souvenir de tout ce qu'on s'était offert ? Il n'y a ici personne pour me faire croire à toi. Seulement moi, mon stylo, mon carnet et un verre très froid d'amnésie facile. Combien de soirs encore cela suffira-t-il ? Je voudrais m'étirer après m'être si longtemps recroquevillée, fuir enfin la torpeur des souvenirs enfouis et survenirs enfuis. Comment le paysage ose-t-il rester le même quand rien n'est plus pareil ? Lunettes noires devant mes yeux, coudes plantés sur le comptoir, poings enfoncés au milieu des joues, je m'évade sur les ailes d'une muse philosophique, à moins que je ne m'enfonce dans une vraie gueule de bois.

— Oh ! Pardon.

Quelque chose de brutal vient de faire déraper un de mes coudes sur le comptoir, ce qui a eu pour conséquence de faire tomber ma tête sur le verre – sans le casser – et mes fesses ont bien sûr glissé du tabouret…

— Et miel ! Pouviez pas faire attention ? Ah ! ça alors… Jean-Louis ?

— Oui, mais… Colette ? Eh bien ! si je pensais… Je ne t'ai pas fait trop mal ?

— Non, non, ça va ; je crois que je m'étais endormie. Que fais-tu là ?

— Quelques jours de vacances avec mes enfants, et toi ?

— Pas de vacances et pas d'enfants non plus ; je vis ici.

— Tu es restée à Saint-Malo ? Après le bac, je croyais que tu étais partie à Paris pour faire carrière dans les arts, les expos, les décors de théâtre… Qu'est-ce que…

— Je suis toujours dans les arts, les arts divinatoires.

Son visage traduit tour à tour la surprise, l'inquiétude, le fou rire et une énorme curiosité :

— Tu n'es pas trop pressée ? (Je secoue la tête négativement.) Alors asseyons-nous auprès de la fenêtre pour bavarder tranquillement. Qu'est-ce que je t'offre ?

Soucieuse de ne pas raconter trop de bêtises, je commande un double café.

— Ça fait tellement longtemps que je ne t'ai vue... Je veux tout savoir.

— Tout, c'est beaucoup !

— Ne crains rien, j'ai le temps. Je suis tellement heureux de te voir. Allez, raconte-moi...

Jean-Louis semble sincère. Après tout, possible que ça m'aide de dessiner pour lui l'esquisse de mon parcours.

Le récit de ma vie a intéressé ce bon copain de classe. Au début. Puis il s'est endormi. Un peu mortifiée et très amusée, j'ai repris mon carnet pour y écrire la suite, espérant y déceler un message oublié, un « secret signifiant » devenu perceptible sous l'éclairage nouveau que le temps donne aux souvenirs. Pourtant, quand le barman a fait l'annonce rituelle de l'heure de fermeture, nulle lueur n'a jailli de mes pages noircies. Jean-Louis a sursauté, bafouillé des excuses aussi confuses que lui avant de se sauver. Je ne l'ai jamais revu.

Sa fuite m'a confortée dans ma résolution de ne plus obtempérer lorsqu'on me prie de bien vouloir conter ma vie. Soucieuse de conserver l'estime des amis qui me pressent de questions, je détourne prestement l'attention sur eux-mêmes. Par quelques onomatopées admiratives, scandalisées ou horrifiées, j'encourage et légitime leur joie de se raconter. J'ai tout lieu de m'en féliciter puisque, depuis, l'on dit de moi que j'ai « de la conversation » et on ne s'en lasse pas.

Yannick, le barman, a suivi de loin la scène de loin :

— Tu sais, s'il s'est endormi, ce n'est pas forcément qu'il s'ennuyait.

— Ah ? Et pourquoi d'autre ? T'as une idée ?

— Peut-être, oui. Moi, je crois que tu l'as hypnotisé.

— Ça m'aura échappé ; ce n'était pas mon intention. (Le fou rire me gagne.) Mais dis-moi comment j'ai pu endormir ce gars sans le faire exprès ?

— Avec tes yeux, pardi !

— Mes lunettes, tu veux dire.

— Non, justement pas ; je t'ai vue les retirer au bout d'un quart d'heure, même que ça nous a tous étonnés, vu que tu les portes toujours.

— Après tout, c'est possible ; je lui parlais d'une époque où je n'en portais pas et...

— Et il s'est endormi très peu de temps après. Faut dire que tu ne le quittais pas des yeux.

— C'est drôle, je ne m'en souviens pas. Tu as sans doute raison, je devais le regarder fixement sans le voir. Quand même, ce n'était pas une raison pour s'endormir.

— Dame si ! Je te jure bien que je ne serais pas fier si tu me fixais de cette façon.

Yannick va s'enquérir des commandes de trois nouveaux clients.

Allons bon, ça continue. Qu'est-ce que j'y peux ? Mes yeux organiques m'ont causé beaucoup de soucis avant d'être rangés derrière des lunettes noires, alors ça n'est que justice si mon troisième œil, lui, s'est ouvert tranquillement, sans me faire souffrir ni me ridiculiser. Yannick prépare le plateau, retourne servir les trois clients et revient pour essuyer quelques verres, mais son torchon rechigne, caresse mollement les lourds bocks retournés, et lui-même semble las.

— Tu as l'air fatigué, Yannick, ça ne va pas ?

— Si, si, mais il n'y a personne et je m'ennuie quand je ne travaille pas, c'est tout. Tiens, raconte-moi des trucs ; tu me fais toujours rire, toi.

— Pas sûr que ça te fasse rire, mais je vais te poser deux questions : c'est quoi pour toi, des yeux de voyants ?

— Ben, des comme les tiens, pâles, métalliques, des yeux qui font peur, quoi, pourquoi tu me demandes ça ?

— Attends, je vais te dire après. Maintenant, la seconde question : peux-tu me citer des noms de voyants ou de voyantes célèbres ?

— Bien sûr ! Yaguel Didier et puis… zut, j'ai son nom sur le bout de la langue… la petite brune très mignonne, tu sais…

— Maud…

— Maud Kristen ! C'est ça. Et alors ?

— Et alors elles ont toutes deux les yeux bruns. Et toc !

— Ça alors ! Oui, maintenant que j'y pense, t'as raison.

Il semble songeur. Tandis qu'il étale son torchon sur le dessus de la machine à café pour le faire sécher, une idée saugrenue me traverse l'esprit…

— Dis donc, à ton avis, le troisième œil, c'est de quelle couleur ?

— Quoi ?!

— Laisse tomber, Yannick, je plaisante. Allez, je rentre chez moi. À bientôt.

Assise dans ma voiture, en tournant la clé du démarreur, je rigole avec Coco de l'embarras dans lequel ma question a dû plonger le barman. Mais très vite, ma farce se retourne contre moi et les mots dansent la sarabande sous ma frange…

troisième œil... double vue... visualiser... vision... flash... appareil photo... image...

« Ah ! Non, Colette, ne retombe pas dans tes visions et tes hallucinations ; y'en a marre !

— Non, Coco, ni vision ni hallucination. Des réflexions seulement. »

De retour à la maison, je m'assois à mon bureau pour noter à la hâte quelques idées en vrac. La fonction de voyante me trouble depuis qu'elle me concerne, mais ce soir, c'est le mot « voyance » qui m'interpelle. Usuellement, le verbe voir signifie « appréhender, percevoir le monde à l'aide de ses yeux ». Or, en état de voyance, ce ne sont pas mes yeux organiques qui « voient », même si je les utilise au début de la séance pour situer, dans mon registre d'évaluation personnel, la personne venue me consulter. J'en ai besoin aussi pour servir à cette personne la tasse de café ou de thé que j'offre avant de commencer le travail, mon troisième œil ne m'étant, pour ce faire, d'aucun secours. Mais, dès l'instant où l'on pose devant moi les photos demandées qui me servent de support, mes yeux gavés d'images réelles s'effacent pour laisser place à un tout autre mode de perception. Mon cerveau semble occulter le monde matériel qui m'entoure au présent jusqu'à ce que m'envahissent des sensations ponctuelles piochées dans le passé, le présent et le futur de qui est devant moi. Mais si je devenais aveugle ; si je perdais un jour l'usage de mes yeux, percevrais-je quand même ce monde imperceptible aux cinq sens recensés ? Ou le sens de la vue excite-t-il plus que d'autres le don de double vue ?

Après tout, quand j'effectue un soin énergétique, les yeux clos, je perçois, par l'intermédiaire de mes mains dans le champ magnétique de l'autre, de nombreux événements passés, présents et à venir concernant cette personne… Donc, pas de quoi s'inquiéter : même aveugle, je pourrais exercer. Et si je devais perdre l'usage de mes mains ? Resterait encore l'ouïe, capable d'utiliser la voix du consultant comme support de prédiction (je n'ose plus, cette fois, utiliser le mot « voyance ») ; c'est ce qui rend possibles les consultations téléphoniques immédiates, je suppose. Oui, mais je suis un peu sourde. Et puisque j'en suis là, autant continuer : l'odorat utilisé comme instrument de divination donnerait lieu à des scènes désopilantes. Un support olfactif étant indispensable, nos visiteurs se laisseraient-ils renifler sans émoi ? Devraient-ils apporter une fleur fanée vestige du dernier bouquet reçu ? Une part du fromage qu'ils affectionnent le plus ? Enfin, sollicité pour connaître l'avenir, le goût serait de mauvais goût, je pense.

Ces hypothèses farfelues n'ont d'autre ambition que de faire sourire, à moins qu'un étudiant en quête d'originalité n'y décèle un sujet de thèse. À cet audacieux, à ce téméraire, je souhaite bonne chance car, en plus d'étudier à fond les performances des organes sensitifs, il lui faudra baptiser ces nouvelles méthodes de divination. Futures pythonisses, êtes-vous prêtes à inscrire sur vos cartes de visite : Amanda, infaillible toucheuse ? Laurie, extranarreuse[1] ? Thibald, oyeur astral, etc. ?

« Eh ! Si c'était ça, tes réflexions, Colette, tu pouvais aussi bien les épargner aux lecteurs. Enfin moi, ce que j'en dis… »

---

1. Merci à ma cousine Michèle qui a inventé ce mot tellement plus gracieux que *senteuse* ou *renifleuse*.

Golfe du Morbihan, juillet 1991. Monique, l'amie d'enfance de Lucette et ma seconde marraine, est malade. Je l'aide comme je peux en gérant l'intendance de sa maison tandis qu'elle gère son cancer. Bien qu'elle s'en défende, elle a peur ; elle refait trop souvent son testament pour prétendre sérieusement partir d'un cœur léger. Il faut lui assurer qu'on a besoin d'elle, ce qui est vrai, la supplier de vivre lorsqu'elle feint de tout laisser tomber. Elle se fait prier, fait la fière devant nous, se moque de nos angoisses tant qu'on les lui expose, mais quand le quotidien nous distrait de son drame, elle se retrouve seule face à sa peur à elle, infiniment plus noire, je crois.

Le soir, après le dîner, on entend plein de petits bruits dans les greniers. Les vieilles maisons soupirent toujours quand l'humidité nocturne fait travailler les boiseries chauffées par le soleil dans la journée. Ordinairement, nous n'y prêtons guère d'attention. Ce soir pourtant...

Monique est à Paris pour une nouvelle séance de chimiothérapie. Frédérique, sa fille, est montée pour lire dans sa chambre. Tandis que je finis de ranger la cuisine, je me sens bizarre ; les bruits deviennent insistants, de plus en plus sonores. Immobile, le balai tout droit à côté de moi et la pelle à poussière au bout de mon bras, je tends l'oreille et entends des pas, cette fois, très distinctement. Je renvoie fermement ma natte dans mon dos, hausse les épaules et m'apprête à vider le contenu de la pelle dans la poubelle.

— Colette, tu as entendu ?

Allons bon ! Je n'ai donc pas rêvé. Frédérique a peur, sa voix la trahit. Moi aussi, pourvu qu'elle ne s'en aperçoive pas. Un voleur, un maniaque a pu très facilement s'introduire dans la maison tandis que nous étions occupées au jardin. Pour nous rassurer, j'émets distraitement l'hypothèse que peut-être un oiseau de nuit, un grand duc, ça s'est déjà vu… Mais elle hoche la tête sur le mode dubitatif ; les heures de la nuit sont propices aux idées farfelues. Pour clouer le bec aux pensées délirantes que je la sens près de formuler et que je ne suis pas loin de partager, je pars visiter le premier grenier avec une lampe torche : pas de grand duc, pas de voleur, même tout petit, mais les pas reprennent avec un bel entrain dans le second grenier !

— Veux-tu que j'aille voir de l'autre côté ?

Courageuse, mais pas téméraire, j'ai posé cette question très mollement.

— Oh oui ! S'il te plaît, vas-y ; je suis incapable d'aller me coucher avant de savoir ce que…

Frédérique étant très enceinte de son deuxième enfant, Monique m'a chargée de veiller sur toute sa descendance. Consciente de l'importance de ma mission, j'invoque mentalement mes guides, mes héros, de Pépé à Éric en passant par Fantômette et Alice de la Bibliothèque verte. Arrivée dans le second grenier, je n'entends plus un son. J'avance un peu (très peu !), toujours pas le moindre bruit. Je m'enhardis et traverse l'endroit franchement pour fouiller derrière les valises et chaises de jardin qui y sont entassées. Rien. Complètement rassurée, je m'apprête à redescendre quand, juste au moment d'attraper la rampe d'escalier, je sens un souffle passer sur mon cou. Pas un courant d'air, non, un vrai souffle chaud. Au même instant, j'entends très nettement un soupir. Pétrifiée, j'attends la suite. La voix de Frédérique me fait sursauter :

— Colette, qu'est-ce que c'est ? Du sang ?

Affolée de ne plus m'entendre, elle aussi a emprunté l'escalier et vient de s'arrêter devant un sac en plastique posé sur la dernière marche avec, dessus, une flaque de liquide rougeâtre. Ce sac vient d'arriver là, sinon je l'aurais vu en montant ou j'aurais posé le pied dessus. Je ravale mon dégoût et pose un doigt dedans ; c'est tiède, ça y ressemble beaucoup. Je réfléchis très vite : éviter à tout prix une crise de nerfs à une femme enceinte. J'assure un peu ma voix et dis, aussi légèrement que possible :

— Ce doit être une fuite dans le toit.

Revenue dans la cuisine, je m'empresse de jeter le sac dans la poubelle. Mais Frédérique n'est pas une imbécile ; elle pense, elle aussi, à un fantôme qu'on a dû déranger. Elle semble assez bien le prendre, mais propose qu'on dorme toutes les deux près de sa fille, « des fois que ce fantôme voudrait lui faire du mal ». Après avoir glissé deux grands couteaux de cuisine sous nos oreillers, je lui suggère de dormir, l'assurant de ma vigilance. Confiante peut-être et fatiguée surtout, elle s'est assoupie. Longtemps, je tends l'oreille en vain. Je lutte contre la somnolence et puis, vers 4 heures, je sens une présence, j'entends un frôlement, un bruit de tissu froissé. Bizarrement, je n'ai plus peur. Pensant qu'il peut s'agir d'un esprit égaré (mes lectures m'ont appris un tas de choses), je parle doucement :

— Qui êtes-vous ? Pourquoi êtes-vous là ?

En guise de réponse, la présence prend corps et je vois une femme âgée, menue et de petite taille, vêtue très simplement avec, je le remarque, un tablier noué à la taille. Le reste de la chambre ne m'est plus perceptible ; je suis comme déplacée dans un moment et un endroit choisis par cette femme. Elle est assise près d'une fenêtre que je reconnais être celle du séjour. Son visage est tourné vers cette fenêtre et semble ne pas me voir. Je crois comprendre :

— Vous viviez ici, sans doute, mais ça n'est plus votre place. Vous devez partir là où vous savez.

Elle semble se lever et puis… et puis plus rien.

D'après les bavardages recueillis le lendemain auprès des commerçants du bourg et la description qu'ils m'ont faite de l'ancienne propriétaire, je pense avoir vu juste. Elle a continué à déambuler la nuit dans les greniers tout le temps que j'étais là, mais elle ne m'est plus apparue. Peu après, j'ai dû m'absenter quelques jours pendant lesquels ni Frédérique ni Monique ne l'ont entendue. Dès mon retour, elle a repris ses errances. Ce genre de phénomène semble avoir lieu surtout en présence de certains vivants ; j'en fais partie bien involontairement. Cela survient parfois dans d'autres maisons où je suis conviée ; cela se produira peut-être encore. Alors ? Alors rien, je ne tente pas d'expliquer, je raconte, c'est tout.

Août 1991. Monique va beaucoup mieux ; elle n'a plus besoin de moi. De retour à Saint-Malo, je cherche dans des livres semblables anecdotes racontées par d'autres. J'en trouve des centaines où leurs auteurs, comme moi, racontent sans comprendre. Je reste sur ma faim quand le hasard, taquin, laisse tomber sous mes yeux un ouvrage récent écrit par le père François Brune : *Les Morts nous parlent*[1]. Voyons ça de plus près… C'est que je suis un peu lasse de décoder les messages qu'Éric semble m'envoyer ; ils ne sont pas tous clairs. Je me sens parfois coupable : et si, dans le même temps, il devait s'épuiser pour traverser mes ondes un peu rétives ? Pleine de bonne volonté, pleine d'espoir aussi, je crois enfin possible de capter sa voix et celle de tous les autres. Pour le moment, ne me sont perceptibles que de très courtes phrases ou des mots isolés. Ces manifestations se produisent en moi sans passer par le conduit auditif. Craignant de n'être après tout qu'un bien piètre « canal », je crois utile de me faire assister par la technologie.

Respectant le mode d'emploi indiqué dans ce livre, je m'astreins à me déplacer dans la maison avec le magnétophone, comme le font les jeunes gens dans les rues. Mais l'appareil est lourd, encombrant, de plus je suis gênée par la proximité de ce circuit électrique. C'est une des raisons qui me font refuser l'usage de magnétophones pendant les consultations. Mes épaules et moi-même décidons de concert de ne mettre l'appareil en route que la nuit. Ne disposant pas de mécanisme capable de différer la mise en marche de l'enregistreur, je prévois d'attendre le moment où je tomberai de sommeil pour appuyer sur le bouton…

La première nuit, pour être sûre de m'endormir dès mon entrée dans le lit, je fais le ménage « en grand » une partie de la nuit pour épuiser mon corps, et c'est en titubant de fatigue que je m'affale sur ma couette et que j'appuie… sur le mauvais

1. *Les Morts nous parlent*, François Brune, Éd. Le Félin, 1988.

bouton. Le lendemain, rendue méfiante, je colle un morceau de sparadrap sur la bonne touche pour la reconnaître sans erreur et reprends frénétiquement mon safari-poussière. Je me déchaîne tant qu'en m'asseyant un peu sur le canapé du salon pour souffler, je m'endors. Enfin, la troisième nuit et celles qui suivent, j'ai bien rodé l'enchaînement et effectue désormais les manœuvres dans les règles de l'art. Chaque matin au réveil, je rembobine la cassette et l'écoute attentivement en montant le son au maximum pour ne rien perdre des messages qu'on m'y a peut-être imprimés. De la chambre à la salle de bains, de la salle de bains à la cuisine et de la cuisine au bureau, je tends l'oreille vers l'appareil que j'emporte partout.

Y eut-il beaucoup de messages sur ces cassettes écoutées chaque jour pendant plus de deux mois ? Non, pas un seul. D'autres sons furent-ils perceptibles ? Oui. De temps en temps, un long vacarme insupportable que j'identifiai, après avoir baissé le son, comme étant d'affreux ronflements, les miens sans aucun doute. Je reconnus aussi le bruit très caractéristique d'un chat qui se gratte furieusement. Ainsi ai-je passé de nombreuses nuits inconfortables, coincée entre Manouche et le magnétophone qui couinait de façon lancinante, et de nombreux matins à attendre un miracle qui n'eut jamais lieu, pour seulement apprendre que je ronflais en dormant. Je m'en serais bien passée.

Je mets fin à ce martyre très amusant à raconter, mais douloureux à vivre. Cette expérience me conforte dans ma conviction que je dois laisser mes morts en paix et recevoir sereinement les signes qu'ils m'adressent comme un cadeau, non comme un dû. Ceci n'engage que moi.

« Et moi ! Je te rappelle que depuis le début, c'est qui qui te dit de leur f...tre la paix, hein ? c'est qui ?

— C'est vrai, Coco, tu sais que je suis lente.

— *Hélas.* »

Septembre 1991. Encore un peu scolaire, j'ai attendu « la rentrée des classes » pour officialiser mon art divinatoire, en faire état, le tarifer. Après avoir rempli le dossier d'inscription à l'Urssaf, fait paraître quelques annonces sur la feuille de chou de l'époque, et fait imprimer des cartes commerciales, j'attends que le bouche-à-oreille promis par mes amis et clientes fasse boule de neige. Fort heureusement, mon institut de beauté continue à m'intéresser beaucoup et à me faire vivre, ou survivre selon les périodes.

Quand les consultants prennent rendez-vous, je suis contente et impatiente de les recevoir. Mais quand j'entends leurs pas dans l'escalier extérieur, je n'en mène pas large.

« Dis plutôt que tu as le trac ! »

Coco a encore raison. J'ai le trac. Entre le bruit des pas sur les sept marches de l'escalier extérieur, l'arrêt devant la porte, le coup de sonnette, et le moment où j'ouvre cette porte, je me demande ce que je vais bien pouvoir raconter à ce monsieur ou à cette dame. D'emblée, pour mettre à l'aise la personne autant que moi-même, je propose une boisson que je prépare dans la cuisine, juste en face du séjour où la personne prend place. Ce simple préambule nimbe notre huis clos d'une certaine quiétude. Ensuite, après avoir prié la personne de ne rien me raconter pendant que je procède au test préalable à l'aide de quelques cartes, je parle de sa vie passée et présente. Si ce test ne convainc pas la personne, elle le dit simplement, termine sa boisson et repart sans rien me devoir. Au contraire, si elle se reconnaît dans ce que j'ai décrit, elle accepte tacitement de poursuivre la séance. Cette rigueur héritée de la déontologie Delta Blanc est devenue ma

« griffe » ; elle rassure celles et ceux qui craignent le charlatan ou, simplement, qui appréhendent de passer une heure en face de quelqu'un qui les rebute.

23 décembre 1991. Ce lundi précédent Noël, Anne m'appelle et insiste pour que je vienne la chercher – elle ne conduit pas. Je la sens très agitée. Habituée à ses bizarreries, qui ne sont jamais de simples caprices, j'obtempère. C'est la première fois qu'elle vient à la maison. Dès le seuil, elle passe devant moi et se dirige directement vers le salon où elle tombe en arrêt devant le mur à miroirs, ceux dans lesquels j'avais tenté vainement de capter les disparus de F. en décembre 1988. La supposant capable d'y recevoir des visions, je reste dans la partie séjour sans faire de bruit pour ne pas la déconcentrer. Après quelques minutes, elle revient vers moi, apaisée et souriante :

— C'est extraordinaire ! Que ce soit dans votre maison, en plus, c'est une drôle de coïncidence…

— Vous parlez des miroirs encadrés ?

— Non ! C'est dans le mur doré qu'il y a un passage… C'est mieux qu'une télé !

Ne trouvant rien à dire, vaguement inquiète, je cherche une contenance :

— Une tasse de thé, Anne ?

— Non merci, je dois rentrer tout de suite… Reconduisez-moi chez moi, s'il vous plaît.

Pendant le trajet, elle ne dit rien ; son visage est extatique. Aurait-elle vu la Vierge dans mon salon ? Je n'essaie pas de l'interroger, je sens qu'elle ne répondrait rien.

De retour chez moi, j'apporte dans le salon de quoi « méditer » : théière, biscuits, châle sur les épaules, et tabouret entre la porte-fenêtre et le mur à miroirs. Je n'y vois rien de particulier. Ça ne peut quand même pas être dans un rouleau de Vénilia qu'Anne a pu trouver un passage ! Et puis un passage de quoi ? pour qui ? pour aller où ? J'en suis là et quelque chose me dit que je n'irai pas plus loin. Théière vidée, je la remporte avec la tasse dans la cuisine et recommence à vaquer à mes occupations.

Vers 20 heures, Anne m'appelle, surexcitée :

— Colette, pouvez-vous aller tout de suite dans votre salon ?

— Oui, que se passe-t-il ?

— Allez-y tout de suite, c'est urgent, je le sens !

Soumise à ses demandes, aussi farfelues soient-elles, je garde le téléphone à la main, reprends le tabouret de piano de l'autre, et m'installe de nouveau face au mur doré.

— J'y suis.

— C'est épouvantable, je vois tomber un personnage très important en Russie, c'est très grave. Je ne sais pas comment il s'appelle, mais je l'ai déjà vu à la télé ; c'est celui qui a une grande tache sur le front…

— Mikhaïl Gorbatchev ?

— Oui, un nom comme ça… Dans votre mur, je vois plein de gens passer habillés en rouge ; ils déchirent des cartes de géographie comme celles qui étaient punaisées sur les murs dans les écoles… Mais qu'est-ce qu'ils font ? Dommage, je ne vois plus rien… Vous êtes toujours devant le mur, au moins ?

Là, je pique un fard parce que, assoiffée, je suis entretemps partie sur la pointe des pieds jusqu'à la cuisine pour prendre un verre d'eau…

— Bien sûr !

Mes joues doivent passer à l'écarlate.

Ce soir-là, j'avoue douter de la santé mentale d'Anne. Le surlendemain, apprenant par la radio la démission de Gorbatchev, je me sens piteuse.

Le 30 décembre, Anne me demande de nouveau de me tenir « pour elle » devant le mur du salon. Cette fois, je tiens parole sans faire le guet buissonnier. Dans le récepteur du téléphone, je l'entends marmonner des phrases confuses, puis s'exclamer :

— Les cosaques à cheval vont à toute vitesse vers un palais immense ! C'est la guerre, là-bas ! L'homme avec la tache sur le front parle à la télé comme s'il était mort.

Et le lendemain matin, le monde entier voit et entend Gorbatchev déclarer la fin de l'URSS.

Ce que j'en pense ? Pas grand-chose ; je me sens complètement dépassée devant cette petite femme toute simple. Et je vais bientôt découvrir que, parallèlement à l'ordinaire de sa vie quotidienne, elle est, pour certains « grands » de ce monde, un repère essentiel…

Marie, la jeune femme qui avait suscité ma première séance spirite, travaille et vit en Autriche. Un soir, elle m'appelle, un peu fébrile :

— Bonsoir, Colette. Il s'est produit aujourd'hui quelque chose de tellement dingue que je dois absolument vous raconter ça. Je participe en ce moment aux « négociations de Vienne » où ma mission consiste à rendre compte des capacités d'armement dont les pays disposent.

Je suis estomaquée ! En visualisant mentalement la petite jeune femme à boucles blondes et visage de poupée, j'ai un mal fou à l'imaginer en train d'ajouter ou soustraire des tanks, des bombes ou pire encore, avec sa calculette. D'ailleurs, je pouffe sans chercher à dissimuler mon fou rire.

— C'est juste pour expliquer pourquoi, ce midi, je déjeunais à la même table que des personnages vraiment importants sur le plan international. Placé juste à côté de moi, le nonce du Vatican, un homme très agréable, entame la conversation de façon banale : « Vous parlez parfaitement l'allemand, l'anglais et le russe, mais j'ai l'impression que vous êtes française. » Je réponds oui. Il me demande alors de quelle région. Quand je lui dis Bretagne, à Saint-Malo, il sursaute : « C'est incroyable ! Notre Saint-Père est quelquefois en relation avec une voyante de Saint-Malo ; elle l'aide à organiser les parcours de ses voyages pour limiter les possibilités d'attentats. Nous avons appris récemment que c'est en regardant un mur doré dans sa maison qu'elle capte les informations du futur. » Aussitôt, Colette, je pense au mur de votre salon, celui qui est recouvert de papier doré. Je lui dis que je connais cette voyante et qu'elle s'appelle Colette. Il marque un temps d'arrêt et répond que oui, ce prénom est bien associé à l'histoire, mais qu'il s'agit d'une autre dame dont le prénom est… Je ne m'en souviens plus…

— Anne ?

— Oui ! c'est ça ! Vous la connaissez ?

— Oh ! Oui, très bien ; nous travaillons parfois ensemble sur des enquêtes policières et je sais qu'elle est souvent en contact avec un ami d'enfance de Jean-Paul II, polonais comme lui, mais elle ne m'a jamais embauchée pour aider le pape personnellement. Je ne suis qu'un vecteur, un canal entre le mur doré et Anne.

Suivent quelques papotages avec Marie, puis nous nous souhaitons bonne nuit. Ahurie, éberluée, je repense à tout ce qu'elle vient de raconter. C'est tellement loufoque que j'explose de rire en songeant tout particulièrement à mes ancêtres, tous agnostiques, qui, de l'ailleurs où ils existent peut-être, doivent eux aussi s'entretaper dans le dos en s'accordant à dire que la fille d'André et Lucette est décidément une bonne femme pas ordinaire.

Le temps du deuil s'achève. Celui d'Éric autant que celui de la Colette disparue avec lui. De son là-bas, il aide mon travail dans l'ici. L'infernal décalage qui inlassablement a gommé, effacé, déchiré un à un mes rêves et mes projets semble à présent rassasié ; toutefois, rendue humble, prudente et circonspecte, je ne crie pas victoire. Je le chuchote seulement.

Un jour, pour la première fois depuis la création de l'institut Colette, je sens une vraie lassitude à la perspective de recevoir une cliente que, pourtant, j'apprécie beaucoup. La semaine suivante, je ferme matériellement et administrativement l'institut pour me consacrer à la voyance. Parallèlement, je trouve un travail de « ghost writer[1] » auprès d'une grande maison d'édition. Excellent exercice que celui d'écrire les livres des autres !

1. Locution anglaise traduisible par « écrivain de l'ombre » ou « nègre » en écriture.

Enfin, les années font ce qu'elles sont censées faire : elles passent et les mois suivent ; même les jours qui étaient devenus si lents retrouvent leur tempo. Ma vie, comme des millions d'autres vies, se déroule dignement entre calme et tempêtes, entre exaltation et sérénité. Je m'y sens à ma place. En retrouvant la capacité de m'extasier, contempler, déguster, rire de tout ou presque, je la savoure pleinement, jusqu'à ce que Papa se prenne les pieds dans les filets de trop de cancers à la fois pour les vaincre.

28 juillet 1998, 22 h 30. Il fait déjà sombre. Agenouillée au fond du jardin, je sarcle au pied des deux derniers rosiers encore envahis de ces herbes que l'on dit mauvaises quand, précisément, elles volent aux rosiers les nutriments de la terre. Soudain, mon œil enregistre une lueur en bas de la maison. En me relevant, j'aperçois en effet la lumière allumée par la porte vitrée de la chambre que mon père s'était réservée lors de mon installation dans cette maison. D'abord, je suppose l'avoir laissée allumée depuis la veille et ne la voir maintenant que parce qu'il fait sombre. Je retourne dans l'atelier, puis dans cette chambre où j'actionne l'interrupteur. La lumière s'éteint. Normal. Je retourne au fond du jardin pour rassem-

bler mes outils et, de nouveau, la lumière jaillit derrière la porte-fenêtre. L'installation électrique n'est pas en cause, je le sens. Je retourne cependant actionner l'interrupteur et, une fois revenue au fond du jardin, je constate que la lumière se rallume. Quand je rapporte les outils pour les ranger dans l'atelier, ce phénomène se produit une dernière fois.

Bien sûr, je songe à mon père, étendu depuis dix jours dans une chambre de soins palliatifs, mais, tout condamné qu'il soit par un cancer généralisé, il vivait toujours à 22 heures. Hors Papa, quel autre défunt a pu allumer cette chambre, et surtout pourquoi ?

Au petit matin, la sonnerie du téléphone me sort du lit. C'est Maman :

— Désolée de te réveiller, mais… pour ton père, c'est fini. Il est mort vers 6 heures.

Au bout de ses forces, il a laissé couler sa chaîne d'ancre. D'abord soulagée pour lui après les longs mois de torture infligée à son corps, et d'espérances déçues à son esprit, je regrette de ne pas avoir réagi aux messages lumineux de la veille. Voulait-il que je force l'entrée de l'hôpital pour aller le voir ? Ou était-ce sa façon de me dire au revoir en faisant clignoter l'ampoule de sa chambre comme un phare ? Peut-être me le dira-t-il quand ce sera mon tour.

Le soir de son inhumation, un peu avant le coucher du soleil, quelque chose d'immense semble se préparer. Depuis la fenêtre de la cuisine, découvrant sur les arbres et les murs alentour des couleurs inédites, je quitte la maison et descends rapidement jusqu'à la cale de Rochebonne. Là, je n'ai pas assez d'yeux pour capter l'entièreté de ce qui lève l'un après l'autre les visages des promeneurs d'après-dîner avant de les immobiliser. La baie de Saint-Malo s'apprête à rendre hommage à son marin. Le ciel d'abord marbré emmêle ses couleurs comme j'imagine qu'il le fit au commencement du monde. Du levant jaillit l'indigo glacé, lacéré d'acier que les vents d'ici brossent en hiver. Ensuite l'outremer, écorché de garance, défaille dans le cobalt en frôlant l'orangé, se relève turquoise devant le rose tyrien vibrant de céladon avant de se noyer dans la pourpre marine. Alors, dans l'embrasement ultime du ponant, une coupole arc-en-ciel comme un immense vitrail déverse sur la mer son faisceau de lumière, depuis son infrarouge jusqu'à l'ultraviolet. L'on dirait que les dieux nous versent l'hydromel au-delà de l'ivresse, jusqu'à ce que la mer éteigne l'une après l'autre les couleurs épuisées.

Ce pourrait n'être rien qu'un long passage hallucinatoire, la somptueuse construction mentale d'une fille pleurant son père. Le lendemain pourtant, Lucette m'appelle, la voix émue :

— Hier soir, es-tu allée, toi aussi, voir le spectacle sur la digue ? Je n'avais jamais vu une telle succession de tableaux ; on aurait dit que toute la baie saluait ton père une dernière fois !

Je me rends ensuite au port des Bas-Sablons pour une promenade-pèlerinage sur le ponton où se trouve encore le bateau d'André. Là, je salue celui-ci, celle-là et puis ces autres plus loin qui, tous, pêcheurs, régatiers, plaisanciers, évoquent « un ciel comme on n'en avait jamais vu ! » et ceux qui, parmi eux, ont bien connu André et disent, chacun avec ses mots, ce que j'ai senti la veille : « Fallait qu'ce soit pour le commandant, une levée pareille avec toutes les couleurs à la fois… »

En plus de symboliser le début de mon orphelinat, ce départ inaugure une nouvelle façon de vivre, un si profond besoin de solitude que je mets fin à une relation plus tout à fait amoureuse, pour suivre à ma façon le chemin de mon père. J'y rencontre des personnes qui l'ont bien connu, bien aimé, qui m'apprennent en même temps, chacune à son époque, chacun à sa façon, l'admiration et l'inquiétude que je lui inspirais. Je connaissais son inquiétude à l'égard des étrangetés dont je faisais métier. En revanche, découvrir qu'il m'avait admirée, notamment pour ma peinture… me redonne le goût de peindre vraiment, c'est-à-dire cette fois pour montrer mon travail. Et ma bonne étoile, prête à tout pour me faire plaisir, me fait rencontrer, l'été de l'année 2000, une femme formidable, qui dirige une galerie d'art et un café-restaurant dans une ancienne voilerie. Elle accepte, en plein service du déjeuner, d'entrapercevoir quelques toiles entassées dans le coffre de ma voiture puis, impatiente de retourner répondre aux souhaits de sa clientèle, me conseille de la rappeler en fin d'année. D'abord un peu heurtée, je comprends, au cours du déjeuner que je prends dans ce lieu d'exception où une amie m'a invitée pour mon anniversaire, que c'est à ce moment-là qu'elle reçoit et examine les candidatures des artistes désirant y exposer. Elle prend le temps, gentiment, de m'assurer que ma peinture l'intéresse. Quelques mois plus tard, elle vient voir, posément cette fois, mon travail. Après une soirée chaleureuse partagée devant la cheminée, elle décide de me faire confiance et, pour la première fois, mes toiles sont présentées dans une vraie galerie ! Grâce à elle, je peux, non pas encore vivre de ma peinture, mais gagner de quoi continuer à peindre et à exposer, ce qui est déjà un vrai luxe pour une artiste.

À force de ne plus entendre ni sentir ni voir Éric, je comprends que, de la même façon qu'il avait, en son temps, libéré Pépé de sa mission près de moi, Papa, une fois mort, a dû, à son tour, libérer Éric : « Tu peux y aller, je veille sur elle, maintenant. Bonne chance ! »

C'est ensuite mon merveilleux oncle, Henri Chantrel, qui doit affronter une leucémie incurable. Elle ne le lâchera pas, mais lui offre de temps en temps l'illusion de la rémission.

Été 2005. Cette maladie altère, année après année, la vitalité de cet oncle que j'aime infiniment. Yolande, ma tante, me fait savoir qu'il souhaite me voir, en ajoutant : « Il a dit : avant qu'il ne soit trop tard. » Habituellement, je choisis l'avion : Rennes Saint-Jacques – Marignane : 1 h 40. Cette fois, sans raison particulière, je quitte Saint-Malo à bord de ma Fiat, en songeant plusieurs fois le long de la route que je perds un temps précieux pour Henri. La Gavotte, enfin. J'arrive devant « Les Blondines », leur villa, un peu avant l'heure du thé. Supposant Henri et Yolande encore endormis dans leur sieste, j'arrête la voiture sans bruit sur la pointe des pneus, j'ouvre la grille et traverse la cour tout doucement. Je sais n'avoir pas fait le moindre bruit, pourtant ils sont là tous les deux, sortis au même instant, me souriant aux éclats. J'en pleure de bonheur. Yolande, encore très alerte, sautille jusqu'à moi et m'embrasse à pleines joues. Henri s'efforce de rester droit et de descendre les trois marches de la terrasse sans se tenir au muret. Amaigri, épuisé, radieux pourtant, il m'étreint de ce qu'il lui reste de force ; mes larmes se bousculent. Tandis que ma tante retourne dans la maison, il m'entraîne sur la terrasse, le regard un peu ailleurs.

— J'ai toujours su que Lucette avait obéi à autre chose qu'un simple choix en te donnant le prénom de notre sœur disparue. Physiquement, tu ressembles de plus en plus à ton père, mais intérieurement, tu me fais penser à ce qu'elle serait devenue si…

C'est la première fois qu'Henri évoque devant moi la petite Colette. Bouleversée, je ne trouve rien à dire. Je l'écoute. Privées de cordes vocales, ses confidences sont un râle douloureux à prononcer pour lui, douloureux à entendre pour nous. Assis l'un près de l'autre sous le platane, nous regardons les collines estompées de l'autre côté de l'autoroute. Soudain, un très ancien projet remonte à la surface. Puis-je ? Dois-je ? C'est tellement fragile, un vieux monsieur quand il se sait mourant.

— Tonton, je suis très émue que tu me parles de ta grande sœur. C'est peut-être le moment d'exhumer une vieille idée que je n'avais jamais osé te soumettre… (Il me regarde avec une belle lumière dans les yeux.) Il y a tant d'années que je n'ai plus revu ce tableau que… Est-ce que vous l'avez donné ? perdu ? ou…

— Tu vas être très déçue, mais je dois t'avouer que je n'en sais rien. Après la mort de ton Pépé, Lucette me l'avait destiné d'office puisque moi seul avais connu Colette. J'en avais été heureux, très heureux. En revenant aux Blondines, je l'avais suspendu au mur du bureau, mais c'était rapidement devenu trop douloureux de voir tous les jours cette enfant, immobile dans son cadre. Je l'avais décroché et rangé dans l'armoire. C'était il y a longtemps. Je peux seulement te dire qu'il n'est plus dans l'armoire. Alors, si tu veux partir à sa recherche dans la maison, je te donne carte blanche ! Au fait, c'était quoi, ton idée ?

— Le faire restaurer par un vrai professionnel afin que Maman puisse revoir ce tableau « ravivé », et puis le redescendre pour toi ici, aux Blondines.

— C'est une idée magnifique. Fais-le… si tu le retrouves… Odile l'a peut-être jeté un jour de grand rangement, tu sais que ta cousine est redoutablement efficace…

« D'ailleurs, c'est pas prudent de rester assis sur ce banc au milieu des feuilles sèches que le mistral a entassées ; si Odile voit ce fouillis, on risque tous les trois de se retrouver à la déchetterie… »

— Qu'est-ce que tu dis, Colette ?

— Rien d'intéressant, Tonton, c'est seulement Coco qui grince.

Je retrouve le tableau dans un placard, au fond du garage, coincé entre des palmes, de vieilles rabanes de plage, des masques, des tubas, des lampes à gaz pour le camping, une vieille toile de tente et autres objets hétéroclites. Le temps, la maltraitance infligée par les strates quasi géologiques des objets mal identifiables entassés par-dessus, et les sautes d'humeur météorologiques, ont beaucoup abîmé la toile et le cadre. Le jour de mon départ, Tonton m'aide à l'envelopper dans une couverture avant de le déposer sur le siège arrière de ma voiture. Nous nous sommes tout dit et, grâce au tableau, nous sommes certains de bientôt nous revoir, au moins le temps pour lui de retrouver la petite Colette, sa grande sœur de dix ans.

En arrivant à Saint-Malo, j'arrête la voiture devant chez Lucette pour y porter la toile. Ma mère ne sait rien de mon projet. Lorsqu'elle entre dans le salon et qu'elle voit le visage de sa sœur, elle marque un temps d'arrêt.

— J'avais hâte que la vraie Colette revienne te voir.

Lucette sursaute un peu. Je pense que c'est la déception de voir l'état pitoyable de la peinture. Mais non.

— Mais qu'est-ce que tu racontes ? Ma grande sœur, je ne l'ai jamais connue. C'est toi, ma vraie Colette !

Aujourd'hui, à presque quatre-vingt-cinq ans, elle ne mesure toujours pas ce que cette phrase a libéré en moi.

« Le lecteur non plus !

— Ne sous-estime pas les autres intelligences, Coco ; le lecteur déjà parvenu à cette partie du livre aura compris sans qu'il soit besoin d'en écrire plus à ce sujet.

— *C'que j'en dis, c'est pour t'aider, mais bon, après tout, c'est toi l'auteure… Moi, je suis le faire-valoir de Mme Colette, la Maïzena dans la sauce trop claire, le beurre qui tient les radis sur le pain, la…*

— La moitié vilainement jalouse de notre entité. Je sais que cette aventure d'écriture est longue, très longue, mais patiente encore un peu ; nous arrivons au terme de cet ouvrage. Dans moins de vingt pages, nous pourrons reprendre nos dialogues sans témoin.

— *Eh ben ! C'est pas dommage…* »

Ensuite, je pars en quête du meilleur artisan restaurateur de peinture. Pour ce faire, je sollicite Pierre-Marie Leduc, l'excellent luthier de Saint-Servan, artisan d'exception, fervent de la belle ouvrage. Il parle avec enthousiasme de Catherine Lemercier, une jeune femme qui, justement, travaille à la restauration d'un grand tableau de la cathédrale. Je l'appelle immédiatement. Voix claire, vocabulaire châtié, modestie personnelle non affectée, orgueil professionnel non dissimulé, voile de tristesse… D'emblée, j'ai envie de la rencontrer. Mais pas n'importe comment, aussi l'invité-je à déjeuner dans mon jardin :

— Mademoiselle, j'ai un travail très particulier à vous confier, mais, avant de vous le montrer, je souhaite en savoir plus sur vous, votre vie, tout. Est-ce que ça vous gêne ?

— Non, au contraire ! Quand et où ?

Champagne, bouquets et langoustines achetés vivants et cuits immédiatement, muscadet, confidences, sorbets, émotion car elle vient de perdre sa maman, fous rires parce que cette résiliente courageuse a développé un humour très subtil, nous passons un moment délicieux. Au moment du café, je lui conte l'histoire de Colette, puis celle du tableau. En la voyant pleurer, je lui serre la main :

— C'est à vous et à vous seule que je confie ce travail. Je sais que vous en prendrez soin et que le résultat sera magnifique. Consacrez-y tout le temps nécessaire ; travaillez dessus quand vous en aurez vraiment envie.

Catherine repart avec le tableau.

Quelques mois plus tard, elle revient et, avant de me le montrer, me confie que, chaque soir, elle remontait le tableau dans son appartement situé à l'étage, « pour ne pas laisser la petite fille seule dans l'atelier ». Déjà acquise à sa noble cause d'artisane artiste, je suis séduite : un coup de foudre d'amitié ! Quant au tableau, le résultat est sublime. Nous trinquons joyeusement avant qu'elle retourne à son travail.

J'appelle Henri, qui séjourne avec Yolande chez Lucette, et l'invite à venir chez moi. Seul. J'ai disposé le tableau de façon à ce que le visage de Colette soit à la hauteur de l'enfant de dix ans qu'elle était avant de mourir. Henri entre, m'embrasse, et s'immobilise devant sa sœur. Je recule doucement pour ne pas le gêner, qu'il oublie ma présence. Je vois qu'il pleure, non comme le vieux monsieur d'aujourd'hui, mais comme le petit garçon d'autrefois. J'ignore combien de temps dure ce long dialogue entre eux. Je me rappelle seulement avoir entouré de mes bras un vieux petit garçon bouleversé, en larmes.

Alors que je m'apprête à emballer le tableau pour le lui restituer, il pose son bras sur le mien :

— Non. S'il te plaît, garde-le ici, avec toi, chez toi. C'est sa place maintenant. Merci, tu viens de me faire un cadeau merveilleux. Je suis très heureux… Tu viens dîner avec nous chez Lucette, ce soir, hein ?

Un peu sonnée par cette débauche d'émotion – du jamais-vu chez un Chantrel –, je m'assois le temps d'un café et d'une cigarette. Ce soir-là, avant le dîner chez Maman, il glisse dans ma poche une enveloppe :

— J'exige que toi et cette jeune femme soyez récompensées à la hauteur de ce que j'éprouve. Partage cette enveloppe avec elle et ne m'en parle plus jamais.

Et quand un Chantrel exige, il est d'usage d'obtempérer. Le lendemain, j'invite Catherine à une pause-café à la maison. Elle m'écoute relater l'émotion et le bonheur de mon oncle, la veille, et finalement accepte de partager avec moi le cadeau d'Henri.

Je retourne chez Lucette pour transmettre à Henri les remerciements émus de Catherine. Et, peut-être pour atténuer le pathos dans lequel la petite Colette nous avait plongés, Coco se penche vers Henri, assis près de moi, et lui glisse à l'oreille :

« Tonton, j'ai bien partagé l'enveloppe avec Catherine Lemercier comme tu l'avais demandé, mais… qu'est-ce que je dois faire de ce qu'elle contenait ? »

Elle regrette aussitôt cet interlude humoristique car, à force de rire, Tonton s'étouffe dangereusement.

Catherine, depuis, a suivi son amoureux, un vulcanologue renommé, en Italie. J'ignore si nous nous reverrons un jour, mais je pense tendrement à elle chaque fois que je regarde le portrait de la petite Colette : tous les jours.

Depuis de nombreuses années, chaque 1er novembre déclenchait en moi une bronchite d'environ deux semaines. Si la cause rationnelle en était évidemment le tabac, la date me laissait chaque fois un peu perplexe. De même, je ne comprenais pas la fascination que Léofanti – que d'ailleurs je croyais s'appeler Léo Fanti avant d'en savoir plus – et sa sépulture exerçaient sur moi depuis tant d'années. Je n'aurais pas cherché à en savoir plus si M. Hasard n'avait servi de malicieux entremetteur.

C'est seulement en 2010 que Lucette se décida à me raconter ma première mort, encouragée par une émission télévisée dans laquelle Didier Van Cauwelaert évoquait sa propre première mort – et sa réanimation bien sûr – comme pouvant expliquer un « savoir » particulier qu'il détient sans l'avoir appris volontairement, et sa sérénité face à la mort. Je n'ai pas retrouvé ce document télévisuel, mais je livre ici un extrait de ce qu'il confia, en décembre 2013, à Catherine Barry lors d'un entretien intitulé : « Didier Van Cauwelaert nous donne les clés de l'impossible ». À la question : « Quel est le sens de la vie pour vous ? », il répondit : « J'ai le privilège de ne jamais avoir eu peur de la mort. Peut-être

– c'est une hypothèse – parce qu'ayant fait un arrêt du cœur à la naissance, j'y ai été confronté très tôt. Ce qui pourrait expliquer également mon aptitude à éprouver, depuis toujours, une empathie joyeuse et naturelle pour les êtres et les choses. Quoi qu'il en soit, nous sommes tous, chacun avec nos spécificités, au service de la vie. Nous avons un rôle à jouer dans le mouvement général de la création, y compris après la mort. Je pense qu'il y a autre chose après. Une forme de conscience qui dépendra de ce qui nous sera nécessaire et des besoins de l'univers, au moment où nous mourrons. »

Réconfortée d'apprendre que mourir n'avait pas empêché cet homme de rester – ou devenir – intelligent, érudit, bienveillant et plein d'humour, je songeai qu'être morte autrefois avait dû me faire du bien aussi, et que, pendant cette absence, j'avais reçu une sorte d'Enseignement Digest grâce auquel il m'arrive fréquemment de peindre, dire, prédire et écrire des choses infiniment plus intelligentes que moi. Peut-être, dans ce temps suspendu, ai-je vu, compris et intégré ce qui allait devenir ma clairvoyance. En plus d'être une bénédiction pour la paresseuse procrastineuse que je suis, cette révélation d'un savoir assimilé sans effort déprogramma définitivement la bronchite annuelle.

Enfant, j'accompagnais Lucette au cimetière du Nord de Rennes lorsqu'elle devait rafraîchir et fleurir la tombe ; chaque fois, nous retrouvions la statue de la tombe voisine avec le même ravissement ; la contempler me suffisait. Plusieurs années après que les défunts Chantrel eurent été transférés au petit cimetière de Saint-Samson, Lucette m'emmena à Rennes, entre autres pour revoir la tombe d'Adolphe Léofanti et, cette fois, m'en apprendre l'histoire.

Fils d'un architecte rennais renommé, Adolphe peignait et sculptait avec suffisamment de talent pour concourir au prestigieux prix de Rome en mars 1890 – une autre version évoque le Salon des Indépendants à Paris. Hélas, livrée en retard à cause d'une défaillance du transport ferroviaire, sa sculpture n'avait pas été admise à concourir – la version du Salon des Indépendants évoque un mauvais accueil fait à la statue. Ce qui est certain, c'est que, dans le train qui les ramenait, lui et son œuvre, jusqu'en Bretagne, l'artiste se suicida avant l'arrivée à Rennes. Après les obsèques, à la demande de la famille Léofanti, ladite statue fut érigée sur la tombe du sculpteur.

En novembre 2013, collaborant à un ouvrage consacré aux artistes maudits, je me rendis à Rennes, dans ce même cimetière, afin de photographier sous tous ses angles la demeure ultime de cet artiste effectivement maudit. Assise sur le bord de la tombe qui a depuis longtemps remplacé celle des Chantrel, je me sentis bêtement émue en songeant à la petite Colette tombée là, et infiniment reconnaissante envers cet artiste qui fit peut-être en sorte qu'elle ne meure qu'un peu. Fut-ce pour se libérer des limbes où les suicidés, dit-on, sont condamnés à une morne errance ? Qui peut savoir ?

Ce soir-là, de retour à Saint-Malo, en glanant sur le Net de quoi nourrir le texte destiné à accompagner les photos, je découvris le nom de la dernière œuvre créée par Léofanti et, du même coup, le rôle déterminant que, même disparu depuis 1890, le sculpteur avait joué dans mon existence : j'étais morte sous une statue nommée « La Résurrection », puis revenue à la vie devant « L'Espérance », statue située dans une niche de l'entrée, réalisée par Jean-Baptiste Barré, le maître de Léofanti ! Je réalisai du même coup que, âgée de quinze mois à peine, j'avais déjà le goût de l'à-propos et de la contradiction… Soixante années – et quelques – plus tard, c'est le même arrosoir en zinc qui fait maintenant office de fontaine dans le bassin de mon jardin. Sans rancune ! Et c'est le même manteau de fourrure dans lequel Lucette m'avait enveloppée le 1er novembre 1955 que je pose sur mon lit en hiver. Avec gratitude !

Saint-Malo, février 2017. C'est dans la maison de Papy et Mamy, assise dans le fauteuil de Pépé, coudes posés sur la moleskine du plateau de sa table, que je termine ce livre aujourd'hui. À ma gauche, la fenêtre offre à voir le jardin dessiné et créé par Papa, planté et fleuri par Mamy. De part et d'autre de cette fenêtre, deux armoires bibliothèques posées en biais, l'une vitrée et l'autre pourvue d'un grand miroir, créent l'illusion du bow-window auquel je continue de rêver. Sur le mur à ma droite, un cadre joliment mouluré, doré à la feuille d'or, entoure le tableau peint à l'huile par Charles Nitsch, portraitiste réputé au début du XXe siècle dont cinq toiles sont toujours visibles au musée des Beaux-Arts de Rennes. Protégée par son cadre, toujours sage et souriante, Colette Chantrel, ma tante inconnue, continue à veiller sur moi, c'est en tout cas ce que je crois.

Si la mort, dans ces pages, fut pesante, indécente, assommante à longueur de chapitres, c'est qu'elle a tout autant phagocyté ma vie dès ma petite enfance et qu'elle a révélé, voire généré, mes dons particuliers. Elle a persévéré, elle m'a disciplinée durant toutes ces années sans se laisser attendrir, sans jamais faiblir ni baisser la faux, jusqu'à faire de moi une femme suffisamment solide pour l'avoir endurée et fragile bien assez pour maintenir ouverte la blessure nécessaire, la faille médiumnique. Je n'ambitionnais pas de devenir cette femme ; j'aurais même préféré ne jamais rien savoir de mes concitoyens, de leurs tourments intimes et suivre, je l'avoue, un tout petit bonne femme de chemin. Pour être très honnête, autant dire que j'avais tout bonnement envie d'être heureuse. Quelle ingratitude quand j'y pense ! Alors, pour tout le mal que la mort a su me faire, pour le bien que parfois elle m'autorise à rendre, je dois lui dire merci, non pas du fond du cœur, mais du bout de l'esprit.

« *Toujours aussi distraite, tu allais oublier de remercier Papa qui, à grands coups de pied au c…, nous a enseigné l'art de nous relever quand même, nous relever toujours. Pense aussi à remercier cette sal…rie de vie pour les coups de pied occultes !*

— Non, Coco, pas distraite. Apaisée. »

Conclusion

L'irrationnel fascine et attire la foule comme la fascinent et l'attirent les fauves au cirque ou dans un zoo, c'est-à-dire dans la mesure où elle ne risque rien. Les fauves dans des cages, les mages comme des images dans les pages d'ouvrages banalisés, ou vaguement animés dans la paisible innocuité d'ondes télévisées. Voilà comme on les aime. Mais qu'un tigre s'évade de sa cage à rayures tristement verticales pour une petite balade dans le sinusoïdal d'un chemin vicinal, et claquent les chevrotines au râble du fugueur ! Qu'un brave paroissien entrouvre son troisième œil et révèle, ébloui, ses perceptions astrales, et les chapelets frondeurs changent leurs grains de buis en projectiles de poivre pour aveugler en hâte cet inquiétant Cyclope ! Ou, enfin, qu'un quidam, abjurant et belote et joutes de comptoir, s'escrime à l'entrechoc des lames du tarot – divinatoire cette fois –, et aussitôt se claquent les portes au nez de l'imprudent, du malheureux bretteur !

Plus jeune, j'ai donné de mon temps pour montrer, démontrer et instruire mon prochain de ce qui me semblait juste. Après tout, ayant eu la chance d'avoir à ma disposition une bibliothèque conséquente et un entourage intelligent capable de m'aider à synthétiser mes acquis successifs, je trouvais naturel de les partager. Mon prochain n'avait sans doute pas que ça à faire car, s'il opinait du chef juste assez pour avoir la paix, il repartait bien vite, excédé, vers un quotidien étriqué, mais consommable tout de suite. J'avais du temps à perdre ; c'est heureux, car il ne m'a jamais été rendu. Plus sûrement que mes rides, mon mépris fatigué face à l'ignorance satisfaite annonce ma vieillesse. Je n'ambitionne plus de monter au créneau pour défendre une science ou une philosophie. Je ne nie pas la science, oh non ! Tout me semble au contraire minutieusement prévu, méthodiquement organisé, mais le sens de ce tout m'échappe complètement, me privant du même coup de toute pertinence philosophique. Aussi bien, en ce cas, pouvais-je baisser les bras, laisser tomber la plume[1] ? Non ! Si la science et la philosophie me semblent hors de portée, la déontologie et l'éthique me concernent intimement.

Quand le nombre de ceux qui vivent en marge du tangible dépassera celui des hausseurs d'épaules et leveurs d'yeux au ciel, on les accueillera plus favorablement, on leur donnera raison et « ça » s'intégrera au patrimoine des évidences. Ce ne sera pas plus vrai qu'avant, mais ce sera admis. Une vérité

---

1. Pour les jeunes lecteurs rompus aux pratiques informatiques, la plume, dans cette phrase, est bien reliée au monde des volatiles, mais en tant qu'instrument destiné à écrire, à la main, sur un parchemin d'abord, sur du papier ensuite. Entre cette plume et votre clavier, il y eut le porte-plume, le crayon à mine de plomb dit crayon à papier, le stylo-bille, le stylo-feutre, tous tombés en quasi-désuétude jusqu'à la future panne électronique mondiale.

peu vraisemblable pour le plus grand nombre – c'est-à-dire ni « tendance » ni « vue à la télé » – génère de harassantes polémiques, blesse nombre de certitudes, quelquefois même coûte la vie (Orphée, Socrate). Un mensonge crédible – c'est-à-dire « tendance » et « vu à la télé » – est souvent mieux reçu et peut se retrouver adopté, voire prôné. De nombreuses similiréalités furent ainsi établies avant d'être reléguées au ban des aberrations folkloriques, rendues caduques dès lors par de nouvelles pseudo-vérités hier considérées comme légendes. Avoir tort ou raison au royaume de l'inexactitude et de l'incertitude m'indiffère complètement.

À ceux qui ne croient en rien, qui font exclusivement confiance aux cinq sens répertoriés par la Faculté et rejettent tout le reste, je n'ai rien démontré ni prouvé puisque non seulement je ne souhaite pas convaincre, mais j'en suis incapable ou, plus précisément, je ne le suis pas encore. Bien qu'il s'agisse ici du sujet d'un autre livre, je peux cependant confier que la piste que j'explore est très éloignée de ce qu'imagine le quidam ordinaire : celui qui, à l'énoncé d'une découverte qui le dépasse, soulève la visière de sa casquette, promène l'index sous son nez et, sur un hochement de tête, prononce sa sentence : « J'dirrai rren là-d'sus mais j'sais c'que j'sais » et la ménagère de plus ou moins mon âge, celle qui croise ses bras potelés sur sa poitrine ptôsée et lipidineuse en marmonnant : « Çui-ci qui croit qui sait tout, y ferait mieux d'se taire passeque ses trucs compliqués, ça s'mange pas en ragoût ! »

Prudente, j'utilise avec parcimonie les mots vérité et réalité car, depuis environ toujours, on persécute l'initié téméraire qui, prenant connaissance d'une miette de LA vérité, se fait généreusement un devoir de la partager avec ses contemporains. Aveugles et résolus à préserver leur confortable cécité, ceux-ci se moquent bien de vivre dans l'erreur ; du moins sont-ils vivants et si nombreux à s'en contenter qu'ils se donnent raison, fort démocratiquement. J'ignore si la science percera un jour les mystères de la divination, ni même s'il est souhaitable qu'elle y parvienne, mais je suis convaincue que, lorsqu'on parviendra à juxtaposer le plus grand nombre possible de témoignages donnés par mes semblables et ceux qui les consultent, on aboutira à une intéressante présomption de réalité. Cette enquête n'aura de valeur que si chacun de nous accepte de renoncer au fantasme d'une notoriété somme toute illusoire pour n'être que sincère, tout bonnement. En ce qui me concerne, n'étant guère encombrée d'une quelconque auréole, je n'ai aucun mérite à ouvrir toute grande la porte de mes coulisses, à écrire ce qui m'est réellement arrivé ou, plus lucidement, ce que j'ai vraiment eu la sensation de vivre.

Ces dons de clairvoyance et de médiumnité étaient-ils accrochés aux hélices de mon ADN ? Ma glande pinéale s'est-elle gonflée de colère, allergique aux pétards et aux feux d'artifice qui ébranlèrent la ville juste avant ma naissance ? – N'allez pas croire que… Simplement, je suis née moins de deux heures après le 14 Juillet. Ces curieuses facultés sont-elles enfouies depuis l'enfance dans les non moins curieuses boules de chair que je porte encore sur le front, bien cachées sous ma frange-persienne ? Ou est-ce d'avoir souvent trébuché sur les trottoirs de la vie qui m'a rendue fragile, anormalement poreuse ? Ma foi, je n'en sais rien et je peux bien avouer que cela m'indiffère.

« *Comme disait Papa : "Je m'en flagelle le cubitus avec une patte d'allégorie femelle !"* – C'est probable, ma Coco. »

N'ayant pas eu le choix, je n'ai aucun mérite à avoir intégré toutes ces bizarreries.

Donner au visiteur un éclairage nouveau sur sa vie, ses interrogations, ses doutes, tout ce qu'il connaît, mais dont il ignore la vraie cause. Mettre en lumière les talents qu'il a oubliés, négligés ou pas encore découverts, trop tourné vers un passé douloureux en lequel il espère encore. Le remettre en contact avec ses capacités de mise en perspective, de résilience, de débrouillardise. Lui désigner les portes qui s'ouvrent pour lui de tous côtés, qu'il ne voit plus, trop occupé à frapper à la seule qui ne s'ouvrira pas. Lui rappeler que ce qu'il espère correspond souvent à ce qu'il détient sans s'en apercevoir. Voir le passé, pré-voir l'à-venir, ce sont des performances qui m'étonnent autant qu'elles étonnent mes visiteurs. Bien sûr, je suis très fière de leur faire reconnaître comme « cadeaux » ce qu'ils prenaient pour des calamités, et d'y joindre le mode d'emploi quand je le peux. Je suis plus fière encore de pouvoir les faire rire pendant quelques minutes, mettre entre parenthèses leurs échecs, leurs angoisses, faire un gigantesque pied de nez au malheur, remettre les pendules à l'heure d'un peu plus tard, changer le lourd tocsin en joyeux campanile, autant de petits miracles qui m'enchantent infiniment. Miracles puisque, en riant avec moi à la fin de la consultation, quelque chose en eux parfois lâche prise et leur donne accès à une précieuse formule magique :

« Et si on jouait à être heureux, pour voir ? »

De tout mon cœur, je remercie :

Alida *et* **Jacques**, **Juliette** *et* **François**, *pour avoir, en s'aimant, respectivement conçu* **Lucette** *et* **André**.

Lucette *et* **André**, *mes chers auteurs, pour m'avoir enseigné les arts si nobles que sont le rire, le système D, le courage, l'intégrité, le goût de vivre et toutes ces choses qui sont des passeports pour le bonheur.*

Alain *et* **Yves**, *mes frères très bienveillants et toujours indulgents envers leur aînée « allumée ».*

Julie Ollivier, *ma nièce, cette fée quotidienne, pour m'avoir assistée en silence, connivence, patience et humour pendant la rédaction de ce livre.*

Yolande, **Henri**, **Claude**, **Odile**, **Michèle**, *témoins généreux et confidents amusés des déboires et délires de leur nièce et cousine malouine.*

Mes merveilleuses institutrices, *pour avoir décelé, sans les décourager, la plupart de mes talents.*

Jocelyne *dont j'ai oublié le patronyme, pour avoir inventé, chaque jour d'école, le fabuleux feuilleton quotidien qui m'a encouragée, sans doute, à raconter, moi aussi, des histoires fabuleuses.*

Fanchon (Françoise David), *pour m'avoir, sans le savoir, permis d'apprendre à relativiser.*

Maryvonne Hilaire, *pour m'avoir transmis au piano sa technique et sa passion.*

Albert Smague, *pour avoir éclairé mon savoir balbutiant en philosophie.*

Nicole*, *Marie*, *Irène*, *Francine et autres fidèles *de l'institut de beauté Colette, pour leur confiance et leur fidélité.*

Anne, la voyante *qui, la première, mit en mots la médiumnité que j'hébergeais sans le savoir.*

Maud Kristen*, la talentueuse voyante et auteure, pour son premier livre qui a bouleversé mon destin, et pour avoir ratifié ma candidature à l'association Delta Blanc.*

Chantal Hurteau-Mignon*, pour m'avoir légitimée dans l'univers de la voyance, puis accompagnée de son amitié jusqu'à ce jour.*

Annick*,* ***Yves*** *et* ***André****, mes adorables voisins, pour leur gentillesse, leur foi en moi et leurs chaleureux encouragements.*

Lucie Bertholom*, pour être à jamais ma grande sœur bientraitante, c'est-à-dire en toute tendresse, toute franchise, sans complaisance.*

Hélène Gédouin*, la talentueuse responsable des éditions Marabout, pour avoir deviné « un vrai bon projet » dès l'ébauche de ce livre.*

Aline Sibony-Ismaïl*, ma chère éditrice, pour son enthousiasme, sa perspicacité et son accompagnement chaleureux.*

Isabelle Macé*, pour la pertinence et la sagacité de ses précieuses corrections.*

Colette Chantrel*, la jeune tante inconnue dont je porte le prénom, avec émotion et fierté, attentive à ne pas l'user ni le galvauder.*

Marc*, grand ami d'André, pour avoir démontré et stimulé mon aptitude à l'écriture.*

Coco*, mon double inséparable, mon contraire nécessaire, pour son insolence burlesque, sa grossièreté délibérée et sa dérision dont ma gravité a besoin.*

Mon pied gauche*, pour s'être si violemment séparé de ma jambe que les mois d'immobilité forcée m'ont laissé, enfin, le temps d'écrire.*

***Éric**, pour la si jolie histoire partagée, et pour ce livre que son amour et sa mort m'ont inspiré.*
***Celles et ceux** qui, par un mot, un fou rire, une chanson, un tableau, un geste, m'ont éclairée.*

Photocomposition Nord Compo

Imprimé en août 2017 chez Grafica Veneta en Italie

pour le compte des Éditions Marabout.
Dépôt légal : août 2017
ISBN : 978-2-501-11808-8
7203525